双循环格局下旅游与贸易互动关系及溢出效应：

基于中国—东盟的实证及经验借鉴

陈　乔 / 著

九州出版社

JIUZHOUPRESS

图书在版编目（CIP）数据

双循环格局下旅游与贸易互动关系及溢出效应：基
于中国－东盟的实证及经验借鉴 / 陈乔著 . -- 北京：九
州出版社，2022.11

ISBN 978-7-5225-1392-8

Ⅰ . ①双… Ⅱ . ①陈… Ⅲ . ①旅游业—国际合作—经
济合作—中国、东南亚国家联盟②国际合作—经贸合作—
研究—中国、东南亚国家联盟 Ⅳ . ① F592.3
② F593.303 ③ F125.533

中国版本图书馆 CIP 数据核字（2022）第 216158 号

双循环格局下旅游与贸易互动关系及溢出效应：基于中国－东盟的实证及经验借鉴

作　　者	陈 乔 著
责任编辑	李 品
出版发行	九州出版社
地　　址	北京市西城区阜外大街甲 35 号（100037）
发行电话	（010）68992190/3/5/6
网　　址	www.jiuzhoupress.com
印　　刷	北京亚吉飞数码科技有限公司
开　　本	710 毫米 ×1000 毫米　16 开
印　　张	15.5
字　　数	246 千字
版　　次	2023 年 6 月第 1 版
印　　次	2023 年 6 月第 1 次印刷
书　　号	ISBN 978-7-5225-1392-8
定　　价	96.00 元

前　言

  随着中国—东盟自贸区升级《议定书》的签署和"21世纪海上丝绸之路"建设的逐步推进,中国与东盟各国间的旅游与贸易往来日益密切,交流合作也更加频繁。中国与东盟已互为重要的旅游客源地和目的地,东盟也连续多年成为中国第二大贸易伙伴。旅游和贸易作为"民心相通"和"贸易畅通"的重要内容,在传播文明、增进友谊、经济协作等方面发挥着重要作用,深入研究贸易与旅游之间的相互关系和影响效应,对促进中国—东盟旅游与贸易互动发展、促进区域经济一体化、构建更加稳固的中国—东盟命运共同体,都将具有重要的理论和现实意义。虽然旅游与贸易如此重要,但遗憾的是旅游与贸易的相关问题并未引起学界的普遍关注,关于旅游与贸易相互影响的文献并不多。具体到中国与东盟各国,仍然有如下问题需要进一步深入探讨:当前中国—东盟旅游和贸易飞速发展,取得了可喜成绩。旅游与贸易之间是否存在相关性?如果存在相关性,那么旅游发展对贸易增长的促进作用有多大?贸易发展对旅游增长的促进程度又如何?旅游与贸易之间的作用机理是什么?如何才能实现旅游与贸易互动发展?

  围绕这些问题,本书以中国与东盟各国出入境旅游和进出口贸易为例,梳理已有理论和文献,基于格兰杰因果检验结果,选择互为因果关系且彼此方向相反的两组旅游流和贸易流:"出境旅游—进口贸易"和"入境旅游—出口贸易"为研究视角,分别从规模、结构、质量(效益)三个维度,综合分析旅游与贸易相互影响的基础理论,并提出研究假设。随后,结合数据深入分析中国—东盟旅游与贸易发展的现状和特征,探究旅游与贸易之间的相互影响及作用机理。最后,根据理论框架和实证结果提出中国—东盟旅游与贸易互动发展的可行性对策与建议。具体而言：

首先，结合旅游与贸易相互影响的基础理论，提出研究假设。（1）基于规模视角，从消费决策理论和乘数效应理论出发，探讨旅游与贸易规模相互影响的理论机理，提出旅游与贸易通过塑造彼此间的信任度、发现商机、促进购买和消费等方式实现互动发展的研究假设。（2）基于结构视角，从产业关联和知识关联理论出发，理论研究指出：旅游和贸易在不同部门和产品分类下，对彼此的作用，在程度上有差异，且结构波动幅度对彼此增长具有负效应。（3）基于质量和效益视角，在消费者效用最大化原则下，理论探讨：不同质量和效益下，旅游与贸易存在非线性关系，并提出研究假设，为后文的实证研究奠定理论基础。

其次，对中国—东盟旅游与贸易发展的现实考察，认为：（1）旅游发展势头强劲。旅游规模不断上升，旅游业四大核心部门差异明显，除受金融危机影响，导致东盟各国出境和入境旅游下降外，其他年份均出现不同程度的上升。（2）国际贸易持续增长，但增速放缓；各国贸易差异较大，越南、老挝、缅甸和柬埔寨等国发展较快，但各国进出口贸易的潜力有待挖掘和释放。受交通条件、经济基础、内部战争等因素影响，各国贸易效益差异较大。（3）"出境旅游与进口贸易"和"入境旅游和出口贸易"互为因果，彼此促进；而出境旅游与出口贸易、入境旅游与进口贸易仅为单向因果；"出口贸易与入境旅游"耦合协调度低于"进口贸易与出境旅游"。整体上，旅游与贸易具有明显的同升同降趋势。

再次，在理论基础和研究假设的基础上，以中国与东盟 10 国为例，以 1995—2017 年出入境旅游人数和进出口贸易额面板数据，构建计量模型，分别从规模、结构、质量三个维度探讨旅游对贸易的影响。实证研究表明：其一，旅游对贸易的影响具有长期性、动态性的特点，并随着时间推移，呈现出逐步减弱的趋势，且出境对进口的推动作用大于入境对出口的推动使用；其二，旅游景区对进口和出口贸易作用最大，旅游结构波动与贸易增长呈负相关；其三，旅游质量与贸易增长存在非线性关系，随着旅游质量的提高，旅游对贸易的促进作用逐步减弱。接着，从规模、结构、效益三个方面探讨贸易对旅游的影响，发现贸易对旅游具有拉动效应，但不同的贸易产品和贸易类型对旅游增长的拉动作用存在差异。分析门槛效应模型结构发现，旅游与贸易存在基于旅游质量双重门槛的非线性关系,当旅游质量逐步突破门槛值时,贸易对旅游的拉动作用会减弱。

最后,研究中国—东盟旅游与贸易之间相互作用的机理发现,旅游与贸易相互影响主要通过如下四条路径实现:"旅游—塑造彼此信任—贸易""旅游—缩小文化差异—贸易""旅游—促进经济发展—贸易""旅游—完善交通设施—贸易";同时,旅游与贸易通过科技创新、对外开放、信息化建设的调节效应来实现互动发展。另外,结合前文的理论和实证研究,分别从互动路径建设、制定发展政策、发挥相互溢出效应等方面,提出推动中国—东盟旅游与贸易互动发展的政策建议。

目　录

图表目录

第一章

绪　论

第一节　中国—东盟旅游与贸易发展的背景分析

中国和东盟①山水相连、文化交融、血脉相亲。东盟不仅是"海上丝绸之路"的必经之地和重要枢纽,而且是我国的重要贸易对象,特别是随着"一带一路"建设逐步推进,中国与东盟各国人文交流日益紧密,经济往来更加频繁。中国和东盟双边贸易额由 1995 年的 203.41 亿美元增长到 2017 年的 5155.53 亿美元,年均增长高达 105%。目前东盟已经超越美国,成为继欧盟之后的中国第二大贸易伙伴。随着中国—东盟经贸合作的广泛深入开展,中国与东盟各国旅游交流与合作也不断升温。2017 年,中国和东盟国家间游客量高达 4690 万人次,其中,中国赴东盟各国旅游的人数约 2561 万,同比增长 105%;东盟各国到中国旅游的人数约 2129 万,同比增长 22%;2018 年中国与东盟旅游人数更是达到历史新高,旅游人数突破 5000 万。②目前中国和东盟彼此互为最大的旅游客源地和目的地,国际贸易与国际旅游在飞速发展的同时,两者之间的联系也越来越密切。

"丝绸之路经济带"建设,要创新合作模式,全面推进"政策沟通、设施联通、贸易畅通、资金融通、民心相通",全面推进沿线各国经济繁荣与区域经济合作。由此,引起了国际社会的广泛关注,并成为学界研究的热点[1]。旅游和贸易作为"民心相通"和"贸易畅通"的重要内容,在传播文明、增进友谊、促进区域经济协作等方面发挥着重要作用。那么,不同的规模、结构、质量、效益水平下,旅游与贸易的相互影响又会发生什么样的变化? 作用强度如何? 具体有何种差异? 演进规律和作用机理怎样? 这些问题都需要我们进行深入研究。

---

① 东南亚国家联盟(Association of Southeast Asian Nations),简称东盟(ASEAN)。成员国有:马来西亚、印度尼西亚、泰国、菲律宾、新加坡、文莱、越南、老挝、缅甸和柬埔寨。
② 数据来源:2017 年和 2018 年《中国—东盟旅游合作与发展报告》。

本研究正是基于上述现状和问题,拟以中国与东盟出入境旅游和进出口贸易为研究对象,定量测度不同旅游与贸易发展视角下,旅游与贸易间的相互影响效应和作用机理,以揭示贸易与旅游互动发展存在的问题及对策,从而为促进中国—东盟经济快速发展和区域一体化建设,提供科学的参考依据。

第二节　旅游与贸易发展的目的和意义

一、旅游与贸易发展的目的

旅游和贸易作为国民经济的重要组成部分,在促进国与国之间"民心相通"和"贸易畅通"方面发挥了重要作用。在世界各国旅游与贸易快速发展过程中,二者间的关系和相互作用,引发了部分学者的关注和兴趣。学术界对旅游与贸易的研究,大致经历了从特定单一国家,到多国或洲际的演进,研究方法也由简单线性回归、单纯时间序列,逐步向面板数据、门槛模型、工具变量法、系统 GMM 等转变。总体来看,研究对象更加广泛,研究方法更加多样,研究成果也日益丰富。随着学者们对旅游与贸易研究的不断深入,旅游与贸易之间的关系也日益清晰,并普遍为人们所接受,即旅游与贸易相互促进,共同发展。虽然中国—东盟在旅游和贸易领域取得的成绩已是有目共睹,中国与东盟各国在旅游和贸易方面的合作对世界经济发展的作用不言而喻,但是以中国—东盟旅游与贸易为研究对象的文献并不多,也鲜有研究从规模、结构、质量(效益)维度方面,探究旅游与贸易的相互影响效应。鉴于此,本研究正是希望从这些相对欠缺的领域进行探索性研究,将研究目标定为:全面刻画中国—东盟国际贸易和旅游发展的时空演变历程,并从旅游和贸易的规模、结构、质量(效益)等不同角度,深入探讨中国—东盟旅游发展对贸易增长和贸易发展、对旅游增长的影响效应。在此背景下,进一步探索东盟旅游与贸易之间相互影响的关键因素,探讨旅游与贸易相互作用的机理。最后,针对当前贸易与旅游互动发展中存在的问题,并在中国—东盟自贸区背景下,提出旅游与贸易互动发展对策与建议。

二、旅游与贸易发展的意义

（一）理论意义

其一，完善国际旅游和贸易的理论框架体系。旅游与贸易是近年来学界的一个研究热点，始终贯穿于旅游经济学研究脉络。从理论上讲，理顺旅游与贸易的关系，有助于丰富旅游和贸易理论研究框架。当前学者们对旅游与贸易间的相互关系，基本存在四种论断：贸易发展促进旅游增长、旅游增长促进贸易发展、贸易与旅游相互促进，以及两者无显著相关性。虽然不同学者提出了不同观点，但是"兴趣与关注"假设，即"旅游引发贸易，贸易促进旅游"日渐成为学术界的共识，特别是孙根年、赵多平、冯学刚、马耀峰等学者潜心研究，通过大量案例和实证使这一论断被人们普遍接受。那么，在肯定了旅游与贸易相互促进的前提和中国—东盟自贸区"升级版"签署宏观背景下，中国—东盟旅游与贸易在发展过程中，对彼此促进作用到底有多大？影响程度如何？旅游发展政策制定过程中，是否应该考虑贸易增长效应？贸易发展政策制定过程中，是否也应该考虑旅游增长效应？贸易与旅游如何实现良性互动，互动发展？迄今学界仍未得出一致结论。旅游和贸易作为发展中国家获取外汇的重要途径和国民经济战略性支柱产业，迫切需要从理论和实证上对上述问题加以探讨。

其二，丰富了国际旅游与贸易相互关系的研究内容。本研究以全面分析中国—东盟旅游与贸易的发展现状及关系为基础，重点探讨了旅游发展对贸易增长、贸易发展对旅游增长的影响效应。东盟是中国第二大贸易伙伴，同时也是重要的旅游客源地和目的地，然而当前针对东盟贸易与旅游的研究较少涉及，以往的研究多是从规模视角，将贸易划分为进口和出口两个方面，利用线性回归或格兰杰因果检验等方法，探讨二者的关系和作用，缺乏用多维度视角研究贸易对旅游的影响，研究结果的可信度和价值有待商榷。本研究在把贸易划分为进口贸易和出口贸易的基础上，从贸易发展的多个维度（规模、结构、效益）与旅游增长之间的关系上进行探索式解析，拓展了该领域的研究内容。同时，还将旅游分为出境旅游和入境旅游，从旅游发展的多个维度（规模、结构、质量）上，探讨其对贸易增长的影响效应。此外，在前文所述旅游与贸易相互作用的基础上,进一步梳理背后可能的原因,探究影响两者关系的因素,从中介效应和调节效应视角,揭示旅游与贸易相互作用的机理,丰富了旅游与贸易之间关系的研究内容。

(二)现实意义

旅游与贸易作为"五通[①]"中"民心相通"和"贸易畅通"的重要内容,在传播文明、增进友谊、促进区域经济协作等方面发挥着重要作用,然而较少有学者以中国和东盟各国旅游与贸易之间的相互影响作为研究对象。这对于政治上更加互信、人文交流上更加频繁、经济合作上更加密切的中国—东盟而言,无疑是一项缺失。在贸易保护主义盛行、世界经济低迷等背景下,东盟在中国经济发展中扮演着日益重要的角色。以中国—东盟为研究对象,探讨贸易与旅游相互影响和作用的机理,不仅有利于推动中国与东盟各国旅游与贸易深度合作,充分发挥旅游与贸易相互溢出效应,促进中国和东盟各国经济发展,提高人民生活水平,为各国制定旅游和贸易互动发展政策提供借鉴和参考,还能对世界其他自贸区和区域合作起示范引领作用,为世界各国评估旅游与贸易相互影响效应,制定互动发展政策,提供决策依据。

第三节　中国—东盟旅游与贸易相互影响的文献综述

一、中国—东盟旅游方面的研究

1. 关于中国—东盟旅游发展现状的研究

中国与东盟国家,彼此间的游客吸引力巨大。许多学者从中国和东盟各国旅游人数与收入、旅游政策制定、区域旅游一体化、旅游合作平台建设等方面入手,深入阐述了各国旅游业的发展现状。具体而言,吕本勋(2013)以印度尼西亚、菲律宾、新加坡、泰国、马来西亚为例,以1997—2012 年中国与如上国家的月度、年度旅游人数为基础,基于旅

① "五通"是指政策沟通、设施联通、贸易畅通、资金融通、民心相通。

游客源市场的成长性、结构性、季节性,深入研究了中国与东盟国家旅游人数发展特征规律[2]。姚梦汝和陈焱明(2018)运用社会网络分析、重心迁移等方法,从社会学和地理学方面,对1995—2015年中国出境东盟各国游客人数的网络结构和游客重心进行研究,发现中国与东盟国家旅游流网络日益密集,游客重心从南向北迁移[3]。从受国内追捧的"新马泰"经典跨国旅游线路,到当前社交媒体随处可见的东南亚美景,国内外学者除了揭示中国—东盟游客人数、旅游线路、行业政策方面的现状外,更多学者开始关注中国—东盟旅游高速发展背后,各国旅游业发展过程中可能存在的问题及其原因。比如叶建平和赵文(2006)指出,目前中国与东盟各国旅游合作机制还不健全,易受小语种导游、导游的素质等因素制约,并指出中国和东盟各国应从旅游机制、人才培养、交通设施等方面着手,把旅游合作打造成中国—东盟自贸区建设的重要推动力[4]。部分学者指出,当前各国忽视了文化在中国—东盟旅游中的作用。比如贺静(2018)认为,文化交流是连接中国与东盟经贸合作的重要纽带,旅游合作除了宣传各国自然和人文风景外,更应该加大文化旅游的宣传和推介,文化旅游才是推动经济合作的重要法宝[5]。

除人才匮乏、合作机制不健全等"软"环境需要提升外,有学者指出中国—东盟旅游应该"软、硬"兼修。比如陈忠义(2017)指出,交通设施是实现货物流通和人员流动的基础,也是引导和推动制度联通的重要力量。中国应该依托强大的基础设施建设,将基础设施建设内化到旅游合作中[6]。还有学者认为,当前中国与东盟各国应该加快国际旅游走廊建设,通过旅游走廊改善跨国旅游的交通条件,推进沿线各国旅游业及相关产业快速发展,增加沿线各族人民收入,保护生态环境和民族文化,促进本区域和平发展[7]。

2. 有关中国—东盟旅游发展模式机制的研究

中国—东盟自由贸易区建设进程不断推进,东盟旅游合作已经初显成效,但是不同阶段下旅游发展与合作依然存在缺乏理论指导、协调性不够、有效性不足等问题。有学者指出,应该采用与之对应的、有针对性的发展模式和机制。比如程成和石峡(2007)指出,旅游发展的初级阶段,应该采用以政府为主导的碎片化发展模式;过渡阶段应该采用以政府为主导,或者是市场力量与行政力量共同主导的网络化发展模式;而旅游发展的发达阶段,应是以市场力量为主导的一体化发展模式[8]。全毅和尹竹(2017)指出,当前中国需要加强区域治理和区域秩序构建,以促进中国—东盟区域旅游合作机制的整合与升级;同时要调动地方政府和高校智库参与次区域旅游合作机制建设的主动性和积极性,进一步探索中国与东盟各国旅游合作新模式[9]。黄爱莲(2011)从跨界合作视角提出旅游合作新框架,即从合作主题、合作资源、合作过程与机制三个维度,来阐释中国—东盟旅游合作的动力机制和限制因素,并指出中国与东盟应该加强旅游合作机制建设,以加快东盟旅游一体化步伐[10]。

除了在上述领域探讨中国—东盟旅游发展模式与机制外,有些学者借鉴欧盟等国的旅游发展模式和机制经验,从旅游推广与营销机制、旅游产品开发与推介机制等方面进行探讨[11],提出有针对性的发展策略,助推中国—东盟旅游深度合作与发展。

3. 有关中国—东盟旅游发展策略的研究

中国与东盟山水相连、文化相近、民族相亲,在旅游资源开发、旅游市场推广和旅游信息化建设等诸多领域都具有巨大潜力[12]。为此,部分学者对中国与东盟旅游发展策略进行大量研究,取得丰硕成果。邓颖颖(2015)指出,中国—东盟旅游合作,应加强统筹协调和顶层设计,加强各国沿海省区的旅游沟通与合作;倡导构建"21世纪海上丝绸之路"国际海洋旅游合作机制,加强海洋旅游资源的开发与合作,打造南海旅游圈[13]。周江林(2008)指出,高技能型旅游人才在旅游业发展中起着基础性、战略性、决定性作用,并从合作办学,开设小语种导游实习实践、就业培训等方面,提出中国—东盟旅游业人才培养对策[14]。谷合强(2018)指出,跨国界区域旅游合作已成为一种新的发展趋势,中国—东盟旅游合作应该抢抓"一带一路"建设机遇,推动旅游业各领域合作的快速发展[15]。

此外,还有部分学者分别以东盟各国为研究对象,结合各国旅游业发现现状,提出有针对性的对策建议。例如,凌常荣和魏辉(2011)以越南为研究对象,提出将中越国际旅游合作区打造成中国与东盟旅游合作的龙头项目和示范项目,同时加快培育东盟国际旅游大线路、构建中国—东盟旅游交通大通道、构筑会展商务带动旅游发展的大平台[16]。

郭满女（2011）以泰国和广西旅游合作为例，指出加快泰国与广西的旅游合作与开发，必将有利于充分发挥广西旅游业在地理、资源、人文方面的优势，并将此转化为促进广西旅游发展的强大动力[17]。苏晓懿（2007）以中国和越南为研究对象，指出中越两国旅游资源各具特色，互补性强，且两国间交通便利，双方的区域旅游合作具备良好的基础，中越旅游合作必须扫清两国间旅游往来的人为障碍，特别是广西通过了各口岸旅游便利化建设方案[18]。王雪芳（2007）以越南和环北部湾为例，通过对环北部湾经济圈与越南区域旅游合作可行性进行分析，提出应该加强区域旅游交通基础设施建设、整合旅游资源、构建旅游合作机制、旅游企业集团化等[19]。

此外，还有部分学者从中国—东盟旅游线路[20]、旅游安全[21]、旅游效应[22]、救援机制[23]、旅游形象塑造[24]、无障碍旅游区[25]、信息平台建设[26]等视角，对中国—东盟旅游对策进行研究。整体而言，学者们从区域旅游发展与合作的多个方面进行了广泛研究，提出了有针对性的对策与建议，丰富了现有研究的内容，同时也为中国—东盟旅游合作提供了借鉴和参考。

二、中国—东盟贸易方面的研究

国内外有关中国—东盟贸易的研究，主要集中于贸易竞争力、贸易潜力、贸易结构、贸易便利化以及影响因素等问题上。

1. 关于中国—东盟贸易潜力方面的研究

关于中国—东盟贸易潜力，已有丰富的研究成果，大多数学者运用扩展的贸易引力模型，从制度质量、货物周转时间、航运距离、文化距离、自贸区政策等视角，探讨各因素对贸易潜力的影响。除了研究各因素对中国—东盟贸易潜力的影响之外，部分学者还对贸易潜力指标体系做了大量研究。比如石超和张荐华（2019）利用传统的引力模型，从出口和进口两个方面，构建中国—东盟贸易潜力评价指标体系，测度中国与东盟各国的贸易潜力，并进一步将东盟10国划分为：潜力巨大型、潜力再造型和潜力开拓型[27]。

随着"21世纪海上丝绸之路"建设的逐步推进，部分学者提出，中国—东盟应该以"海丝路"建设为契机,抢抓中国与东盟进出口贸易发展新机遇,加快港口基础设施建设,充分利用双边贸易的互补性,深化中国同东盟各国的贸易和跨境物流协作,拓宽贸易合作领域,同时改善物流发展的硬件和软件环境,挖掘中国—东盟贸易潜力,实现双方经济共同增长[28]。Yang(2008)认为,中国—东盟贸易多年来一直保持快速增长,并且双边贸易具有巨大的潜力和强烈的贸易合作愿望[29]。程广斌和刘伟青(2017)从中国与东盟产业合作潜力的视角,实证分析了中国与东盟国家贸易比较优势与竞争优势,指出对于新加坡、印度尼西亚、马来西亚等经济基础好的国家,制造业是中国与诸国贸易潜力挖掘的切入点;对于越南、泰国、菲律宾等国而言,乳制品、植物、蔬菜等产品是中国与其合作的主要方向;对老挝、柬埔寨等国家而言,应该加强与之在资源密集型产品上的贸易合作[30]。Nguyen(2013)指出,东盟作为一个快速发展的经济体,中国为东盟成员国提供了巨大的潜力。

当前,全球经济复苏趋势尚不确定,东盟国家高度依赖的工业世界面临严重经济困难,中国的重要性更加突出。东盟与中国建立全面的经济伙伴关系,对促进双边经济长期深入融合至关重要[31]。Roberts 和 Benjamin(2005)通过评价东盟各国与中国贸易互补性和竞争性指数,运用引力模型探讨中国—东盟贸易创造效应和转移效应[32]。

2. 中国—东盟贸易便利化方面的研究

学者们构建了中国—东盟贸易便利化评价指标体系,通过实证研究发现,提高中国与东盟各国贸易的便利化,不仅有利于释放更多贸易潜力,还对各国间贸易往来有深远影响。比如翟坤(2017)基于北京大学海洋研究院、国务院发展研究中心、国家信息中心等单位联合开发的互联互通指标体系,即"五通指数",从中国与东盟各国设施联通、政策沟通、资金融通、贸易畅通、民心相通的情况,深入研究、科学评估,最后对比东盟各国间的差异及原因,并提出可行性政策建议[33]。赵静和于豪谅也以"五通指数"为基础,构建了中国—东盟贸易畅通指标体系,从东盟贸易现状入手,研究发现中国与老挝、缅甸、菲律宾、柬埔寨四国的贸易来往属于良好型,与文莱属于贸易潜力型,并探讨了中国与东盟各国间的贸易差异和形成原因。[34]

还有学者从海上通道建设视角,研究中国—东盟贸易便利化。比如构建以货物周转时间、航运距离、自贸区政策三要素为主的海上通道建设指标体系，实证研究了海上通道建设对贸易潜力的影响。陈乔和程成（2019）量化评估了海上通道建设对中国—东盟贸易潜力的影响，研究发现航运距离与进出口贸易成反比；货物周转时间与进出口贸易呈显著负相关，且对进口贸易的阻碍作用小于出口贸易。[35]除了如上学者对贸易便利化评价指标构建方面的探讨外，还有些学者以东盟各国为个案，深入研究贸易便利化对特定国家贸易的影响。比如温雪和许露元（2019）以广西和柬埔寨、新加坡、越南等国为例，实证研究了广西与伙伴国间的贸易便利化程度，发现贸易便利化程度最高的是新加坡，最低的是柬埔寨，而且贸易便利化程度每提高1%，广西对外贸易额将提高4.47%。[36]

3. 关于中国—东盟自贸区创造效应方面的研究

除了对中国—东盟贸易潜力、贸易便利化等方面的研究外，学者们还将研究视角转向中国—东盟自贸区的贸易创造效应的研究[37]。2002年，中国—东盟正式签订《中国与东盟全面经济合作框架协议》，标志着中国—东盟自由贸易区建设正式启动；2010年，中国—东盟自贸区正式建成。从自贸区建设启动到正式建成的10年里，以及建成后至今，近20年的发展历程中，又为中国—东盟贸易带来了哪些效应？自贸区的建立对中国—东盟出口和进口贸易的创造效应是否存在差异？

学者们就如上问题进行了大量研究。比如蒋冠和霍强（2015）以2001—2012年中国与东盟伙伴国的贸易数据为基础，利用引力模型探讨了自贸区成立后对双边进出口贸易的促进作用。研究发现，自贸区对中国出口贸易创造效应显著，而对进口贸易影响较弱。[38]聂飞（2017）运用合成控制法对中国—东盟自贸区贸易创造效应进行量化评估，发现自贸区对东盟国家具有显著的贸易创造效应，而且自贸区对不同国家贸易的促进作用存在差异，其中对越南、柬埔寨、印度尼西亚创造效应极为明显[39]。

由于中国—东盟农产品贸易份额占比较大，为此部分学者重点关注农产品贸易领域，并进行了大量研究。谭丹（2018）基于"单国模式"的引力模型构建了中国—东盟贸易效应模型，分析自贸区对双边农产品贸易的影响，发现自贸区的建立促进双边农产品贸易成倍增长，创造效应极为显著。[40]

还有学者进一步将中国—东盟自贸区贸易效应划分为转移效应和创造效应，以期更清晰地阐释两种效应的形成和实现过程。比如王涛（2017）利用引力模型对中国和东盟的农产品进行分析，发现中国—东盟自贸区建立前后，自贸区对东盟各国的农业存在显著的创造效应显和转移效应，而且中国—东盟农产品贸易的增长，并未以贸易转移为代价。[41]但就此问题，也有学者提出不同意见。例如，杨重玉和高岚（2018）就提出，东盟自贸区对中国农产品出口东盟，不仅没有存在转移效应和创造效应，反而存在负向效应。她还发现，自贸区与肉类及其制品等农产品出口不存在相关性，对食品和动物类农产品仅具有创造效应，并不存在转移效应。[42]

通过对如上学者研究成果的梳理，我们不难发现，中国—东盟自贸区贸易创造效应，不仅具有阶段性特征，即中国—东盟自贸区建设之前、建设期间和建成之后，贸易创造效应存在较大差异，而且自贸区对不同类型的贸易产品的创造效应，呈现出选择性特征。也就是说，对于不同贸易产品而言，自贸区的创造效应和转移效应不尽相同。

对于中国—东盟自贸区的研究，除了如上所述的贸易潜力、贸易便利化、贸易创造效应外，自贸易区的发展阶段及特征、自贸区存在的问题、自贸区建设对策等也是学者们研究的重点，还进一步探讨了贸易与投资[28]、贸易与基础设施[43]、贸易与外交活动[44]、贸易与创意文化产品[45]等问题。研究的领域也更加精细化，除了农产品贸易、木材产品[46]、机械制品外，对文化产品、服务贸易等领域，也进行了大量探讨。随着中国—东盟贸易规模的日益扩大，中国—东盟贸易相关问题研究，已经引起学术界的广泛关注，逐渐成为学者们研究的重点和热点。

三、旅游与贸易相互影响的研究

国内外学者对旅游与贸易发展的关注度逐年上升，截至 2018 年 12 月，以旅游和贸易作为篇名或关键词，在博士、硕士、国内会议、国际会议论文库和中国知网中，限定模糊匹配，可以检索到 5720 篇文献。其中，各年份文献分布如图 1-1 所示。

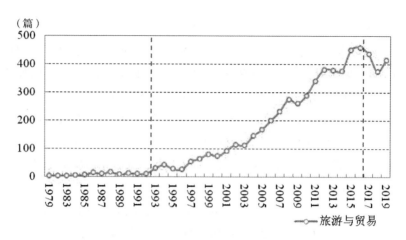

图 1-1　旅游与贸易学术论文数量分布

Fig.1-1　Distribution of academic papers on tourism and trade

由图 1-1 可知,我国旅游与贸易研究大致可以分为三个阶段。第一阶段,1979—1992 年,属于概念提出的基础阶段,这一阶段的研究主要集中于对旅游与贸易发展积极意义的评述及对相关概念的辨析。第二阶段,1993—2015 年,是旅游与贸易研究的发展阶段,这一时期的研究集中于旅游与贸易的相互关系、合作基础、合作原则、相互作用、机理等研究。第三阶段,2016 年至今,属于旅游与贸易研究的深化阶段。

然后我们再进一步以"旅游、贸易、中国、东盟"为关键词,采用模糊检索匹配法检索文献,在知网可检索到 465 篇文章,按照发表时间、研究机构分布、研究主题等进行分类,具体如下:

其一,从文献时间分布来看。按照论文发表时间和文章数量,绘制折线图可见,国内学术界对旅游与贸易的研究呈逐年上升趋势。其中,涉及中国与东盟各国贸易与旅游的文献有 465 条,且在曲折中发展(图 1-2)。在过去很长一段时间内,中国—东盟旅游与贸易的相关研究,并未引起学术界的普遍关注,直到 2002 年 11 月,第 6 次中国—东盟领导人会议上,与东盟各国签署《中国与东盟全面经济合作框架协议》,标志着自贸区建设正式启动,由此拉开了学术界对东盟旅游与贸易相关问题研究的序幕。从 2002 年开始研究文献逐年增长,2013 年"一带一路"倡议提出后,更是激起了诸多学者对东盟的研究热情,年增长率保持在 20% 以上,近年来有关东盟旅游与贸易的研究呈现小幅下降趋势。

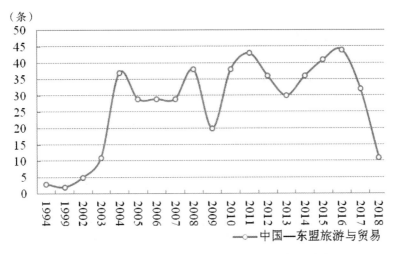

图 1-2　中国—东盟旅游与贸易学术论文数量分布

Fig.1-2　Distribution of academic papers on tourism and trade

其二,从旅游与贸易研究机构的空间分布来看。依据已发表文献的作者所在单位来统计主要研究机构和发文数(表 1-1),我们不难发现中国—东盟旅游与贸易的研究具有明显的地域特性,即绝大多数研究机构集中在广西、云南、四川等省区。

表 1-1　中国—东盟旅游及贸易主要研究机构和文章数量

Tab.1-1　Number of major research institutes and articles on tourism and trade

研究机构	论文数量(篇)	研究机构	论文数量(篇)
广西大学	57	云南财经大学	8
广西师范大学	27	贵州大学	6
云南大学	16	中南民族大学	2
广西社科院	15	四川大学	3
广西民族大学	13	重庆交通大学	2

数据来源:中国知网,截至 2019 年 6 月,由作者整理而得。

其三,从主题及关键词分布来看。利用知网文献可视化分析工具,以"旅游、贸易、中国、东盟"为主题词,检索后对比发现,中国—东盟旅游与贸易主要集中在旅游产业、服务贸易、财政管理、经贸合作以及旅游合作等领域(图 1-3)。

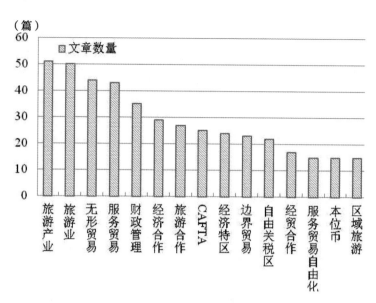

图 1-3　中国—东盟旅游与贸易研究主题分布

Fig.1-3　Distribution of China-ASEAN tourism and trade research topics

　　经济全球化快速发展的同时，也带来了国际旅游与国际贸易的全球化，旅游和贸易作为国与国之间人员流动和货物流通的两个方面，日益成为学术界研究的热点。已有的大量实践经验和文献研究表明，旅游与贸易之间存在相互作用关系。

　　国外学者 Gray[47]（1970）和 Keintz[48]（1971）率先提出"国际旅游与国际贸易是否相关"的问题。2000 年，学者 K.Wilson 与 N. Kulendran 首次提出"国际旅游与国际贸易之间是否存在关系"的命题，并以澳大利亚与日、美、英、新四国间的贸易总额和旅游人数为研究对象，研究不同类别的贸易产品与入境旅游之间的因果和均衡关系 [49]，同时呼吁学术界给予经济全球化下的双边、多边旅游与贸易关系更多关注，从研究方法和研究内容等方面进行拓展。相比国外而言，国内学者对旅游与贸易的研究起步较晚，部分学者从国际旅游与国际贸易关系的视角进行研究，孙根年最早提出"旅游引发贸易，贸易促进旅游"观点后，旅游与贸易之间的相关问题引起了国内学者的广泛关注，许多学者从不同角度，运用经济学、地理学、旅游学的方法对此问题进行验证与解答。特别是中国加入 WTO 后，改革开放进入一个新的阶段，出入境旅游和国际贸易得到快速发展，大量关于旅游和贸易的文献也开始涌现。国内外学者对旅游与贸易之间关系的研究大致可以分为四种类型[1]：旅游推动贸易型、贸易推动旅游型、旅游与贸易彼此促进型、旅游与贸易没有相关性型。

（一）有关贸易带动旅游的研究

国内外诸多学者对进出口贸易与入境旅游之间的因果关系进行了实证探讨。其中，部分学者集中研究了某一国入境旅游与多个客源国间的贸易往来间的关系。比如 McKercher 和 Ho（2005）以香港为例，研究了出入境旅游与文化贸易的相互关系[50]。Katircioglu（2018）以土耳其为研究对象，探讨服务贸易与出入境旅游的关系[51]。Santana 和 Ledesma（2016）运用引力模型对旅游流和贸易关系进行研究，结果发现旅游流动可以减少出口的固定和可变成本，同时指出旅游业增加了两个国家之间进行贸易的可能性和它们之间的国际贸易量[52]。Caliskan（2019）通过面板 ARDL 对土耳其和 13 个丝绸之路国家的入境游客与进出口数量之间的关系进行了检验，研究结果表明，尽管短期和长期关系存在差异，但旅游客流与国际贸易是相互关联的，国际贸易对旅游业的促进作用极为重要[53]。Suresh 和 Tiwari[54]（2018）使用不对称格兰杰因果检验和频率探讨印度国际旅游和贸易之间的关系，分析表明：旅游和贸易，二者间存在双向格兰杰因果关系，而且出境旅游与进口贸易存在单向格兰杰因果关系，频率分析的结果为贸易和旅游业之间的格兰杰因果关系提供了新的证据。李芬英和陈瑛，等（2017），通过研究中国和澳大利亚两国间的旅游与贸易关系，发现进口贸易与出境旅游，出境旅游与出口贸易互为因果[55]。

此外，还有一部分学者以中国为研究对象，探讨中国与某客源地（国家）间的贸易与旅游之间的互动关系，以进一步揭示贸易与旅游之间的作用机制。比如苏建军和徐璋勇（2013）利用中国与德国、意大利、荷兰、法国、瑞典等国际货物贸易额与入境旅游人数数据，得出入境旅游与出口贸易两者间，互为因果，二者存在显著的相互推动效应[56]。赵多平和孙根年等（2011）运用协整分析和 Granger 因果检验方法，对中国与欧

---

① 目前，旅游与贸易存在相互关系的论断，已经成为学术界的普遍共识，还未见二者不存在相关性的研究文献。为此，我们不对旅游与贸易不存在相关性这一问题，进行文献梳理。

洲各国的入境客流量与进出口贸易额相互关系进行研究,结果发现入境客流量与进出口贸易额互为因果关系[57]。王洁洁(2012)选取中国与澳大利亚、美国、日本、美国,利用1985—2010年中国与诸国旅游和贸易统计数据,进行入境旅游与进出口贸易之间的因果检验,发现:如上四国入境中国游客人数和中国进出口贸易之间存在因果关系[58]。

纵观国内外文献表明,出入境旅游与进出口贸易之间存在因果关系,已经成为普遍共识,但是正如格兰杰因果检验理论所描述的那样,"因果"表达可能并不准确,其实质是检验某个变量的滞后项(或过去信息)对被解释变量是否有预测能力。

为此,部分学者开始运用多种计量方法,深入探究旅游与贸易之间相互促进的程度,以及变化规律。比如Satheesh以美国亚利桑那州为例,探讨了农产品贸易对国际入境游客增长的影响[59];Qudair对伊斯兰贸易与旅游之间的相互作用进行探讨,结果发现不同的国际贸易方式与出入境游客数量之间,存在长期均衡关系,贸易对旅游的促进作用显著[60]。Brida则以智利为研究对象,探讨了贸易对旅游的影响因素和作用机制[61]。Gautam和Suresh指出,贸易对旅游除了直接带动作用外,还存在间接影响,比如提高通关便利化水平、加强基础设施建设等,将更加有利于各国间的游客往来[62]。Massidda和Mattana研究发现,意大利国民收入增长与国际贸易和出入境旅游显著相关,并且贸易对旅游具有促进作用[63]。Chaisumpunsakul和Pholphirul研究了泰国及贸易伙伴国贸易与旅游数据,得出贸易开放有助于国际旅游增长[64]。陈乔和程成(2017)以1995—2016年中国与24个对象国旅游与贸易的面板数据,探讨不同收入水平下,进出口贸易对出入境旅游的门槛效应和国别差异。结果发现:随着收入水平增加,贸易对旅游的促进作用逐年减弱,且"进口贸易对出境旅游"的促进作用,大于"出口贸易对入境旅游"[65]。杨凤美和肖红(2010)对1980—2009年香港进出口贸易和旅游服务进出口与GDP数据进行定量分析,结果发现:旅游服务贸易不仅促进了经济增长,还推动了进出口贸易发展,同时指出旅游服务贸易结构不合理,将直接影响对贸易的促进作用[66]。何元贵(2007)深入分析加拿大旅游服务贸易的特征及存在的问题后,指出旅游服务贸易对减少其服务贸易逆差的贡献不大[67]。叶莉和陈修谦(2013)通过对中国和东盟六国(马来西亚、新加坡、印度尼西亚、越南、菲律宾、泰国)旅游竞争力量化评价,指出贸易发展促进了旅游增长,构建了旅游与贸易互动概念模型,并提出旅游与贸易良性互动策略[68]。陈乔和程成(2017)对中国—东盟入境旅游和进出口贸易的动态均衡关系进行实证研究,结果表明:进口贸易对入境旅游作用强度大,持续时间短;出口贸易对入境旅游作用强度稍小,但作用时间长;当前中国与东盟旅游与贸易的关系属于贸易推动旅游型[69]。

此外,还有学者从贸易结构视角,探讨贸易发展对旅游增长的影响。比如,刘玉萍和郭珺珺(2011)将贸易产品分为工业产品和初级产品两类,研究不同类型产品进出口贸易对中国入境旅游的影响,结果发现工业产品出口与出入境旅游呈双向因果关系,而初级产品与出入境旅游不显著[70]。服务贸易作为当代国际贸易新的增长点,学者们对服务贸易也做了大量探讨。沈树明和曲国明(2018)对中国服务贸易与旅游业发展的相互关系进行研究,结果发现服务贸易发展有利于促进旅游产业结构调整,并对中国服务贸易与旅游发展结构调整优化、实现可持续发展,提出了有针对性的对策和建议[71]。潘菁(2010)在深入分析我国知识型服务贸易发展现状的基础上,运用1982—2006年旅游人数、交通设施、知识服务贸易等数据,探讨了服务贸易与旅游增长的关系,并提出应该加快我国知识型服务贸易优化升级,提高国际竞争力,进而促进旅游业发展[72]。

总体而言,"贸易发展促进旅游增长"命题,已经得到国内外学者的普遍认可和广泛验证。部分学者已经从贸易规模视角,逐步转向贸易分类[73]、贸易结构[74]、贸易效率[75]等细分维度,深度研究贸易发展对旅游增长的影响效应。

(二)有关旅游推动贸易的研究

旅游业作为社会经济发展的重要组成部分,是涉及面广、综合性强、带动性大的综合性产业,其包含食、住、行、游、购、娱等六大核心要素,是新世纪经济社会发展中最具活力的新兴产业。运用旅游乘数理论、相互作用理论和产业关联理论进行分析,我们已经发现,旅游不仅自身能够创造相当可观的经济效益,还带动了相关行业的发展,创造了良好的社会效益,推动和促进了整个服务贸易的发展。

国内外学者对旅游发展促进贸易增长进行了大量深入研究。比如,李京京（2006）以会展旅游和国际贸易为研究对象，指出各国企业家、商务人士、投资人、技术人员可以通过会展旅游获取贸易机会，拓展海外市场，进而促进贸易发展[76]。高欣（2007）进一步将会展旅游作为服务贸易的组成部分，运用旅游乘数理论，探讨了旅游通过投资需求和消费需求，带动航空客运、金融保险、餐饮酒店、信息通讯、广告、租赁等行业贸易服务需求[77]，进而推动服务贸易发展。陈乔和程成（2017）以中国—东盟出入境旅游和进出口贸易为研究对象，利用脉冲响应模型对两者关系进行研究发现：入境旅游对进口贸易和出口贸易的溢出效应十分明显，其中入境旅游对出口贸易增长的促进作用，大于入境对进口贸易的作用程度[69]。如上学者主要是从旅游与贸易作为两个独立的系统，从规模角度来研究旅游对贸易的影响，极大地丰富了旅游对贸易的影响的研究成果，还有部分学者将旅游服务贸易作为贸易的一部分，从贸易创汇、服务需求、服务贸易结构调整等视角，探讨旅游对贸易和服务贸易的影响。例如，刘丁有和刘信信等（2012）在利用线性比较优势指数测度我国旅游服务贸易现状的基础上，实证研究了旅游服务贸易对贸易增长的贡献程度，并指出我国旅游服务贸易还有很大的增长空间[78]。许晖和许守任（2012）在分析我国旅游服务贸易发展现状和原因的基础上，从顾客旅游形象感知、风险感知、价值感知的角度，构建了促进我国入境旅游服务贸易发展的策略框架，并提出针对性对策建议[79]。章秀琴（2019）认为，出境游客由于"遭受"旅游目的地鲜活的文化艺术和社会价值观的直面"撞击"，会显著增加游客的直观感受，进而提高游客对该国产品的认可度和购买力，进而促进国际贸易发展[80]。

另外，还有学者从"流"的角度，探讨了旅游流对贸易流的影响。刘珍珍和章锦河等（2009）利用中国出入境旅游客流和进出口贸易流等数据，系统分析了贸易流和旅游流的空间相互作用，认为贸易流和旅游流存在正相关。不仅进出口贸易流能够带动旅游流增长，而且出入境旅游流能推动进贸易流增长[81]。

（三）有关旅游与贸易相互促进的研究

旅游作为人们较高层次的需求，起源于国际贸易，国际贸易促进各国间的人员流动，推动了各国间经济发展，促进了人民间的文化交流，也促进了旅游业的发展。而旅游业的发展，推动了各国人民间的流动，为国际贸易提供"软"支撑,更有利于国与国间塑造彼此信任,进而促进贸易发展。简而言之,贸易对旅游具有较强的正向溢出效应[56],旅游对贸易也具有显著促进作用,两者间存在相互促进、共同繁荣的互动发展关系,已被广泛认可。国内外学者对此也进行了大量研究,具体如下:

一方面,出、入境旅游与进、出口贸易相互作用。苏建军和徐璋勇(2013)以1985—2009年中国和欧洲7国入境旅游与货物贸易的时间和面板数据,探讨进出口与入境旅游的相互关系及溢出效益。结果发现:进口、出口贸易与入境旅游增长之间存在显著的正相关,进出口贸易与入境旅游互为因果,相互推动[56]。孙根年和安景梅(2014)利用1998—2011年蒙古国和我国内蒙古自治区两个断面的四组统计数据,揭示旅游与贸易的互动关系:贸易与旅游互为对数线性关系,并且贸易对旅游的带动作用更为明显,旅游对贸易的推动作用趋于平缓[82]。高楠和马耀峰等(2012)借鉴物理学中的耦合理论,构建耦合协调评价指标体系,结果表明,进口贸易和入境旅游之间存在相互制约、相互影响的耦合互动,且南方和东部地区的耦合协调度高于北方和西部地区[83]。马红红和孙根年(2016)构建了"交通—旅游—贸易"的互动概念模型,对中国香港交通、贸易、旅游间的相互关系进行探讨,结果表明,贸易与旅游存在相互推动作用[84]。韩亚芬等(2011)从洲际和客源国两个层面入手,对比1995—2018年中国与对象国之间贸易和旅游客源市场占有率,结果发现:旅游市场占有率与贸易市场占有率显著正相关,也就是说旅游市场占有率高的国家,其贸易市场占有率也高[85]。该结论也在一定程度上说明旅游与贸易间的相互关系。石张宇和周葆华(2015)选取1997—2012年亚洲9国入境中国旅游与进出口贸易数据,研究了入境旅游与进出口贸易两者间的互动关系,结果发现:入境旅游人数与进出口贸易存在长期均衡,但是各国入境旅游与进口和出口贸易作用强度存在明显差异[86]。陈乔和程成(2017)对入境旅游和进出口贸易的动态均衡关系进行实证研究,结果表明:进口贸易对入境旅游作用强度大,持续时间短,出口贸易对入境旅游作用强度稍小,但作用时间长[69]。徐虹和沈惊宏等(2015)以中国和俄罗斯旅游与贸易数据为基础,发现出境旅游对进口和出口有明显推动作用,且对进口贸易推动作用略大于对出口贸易的作用[87]。赵多平和孙根年(2011)以中国满洲里市为例,发现入境游客量的增长和进出口贸易增长具有明显的时间同步性和相关性,且出入境旅游对进口贸易带动作用均大于出口贸易[88]。马丽君和郭留留(2015)利用中心演变模型对入境旅游和进出口贸易重心迁移进行考察,结果发现:对外贸易和入境旅游的重心演变,具有较强的时间和空间同向性,入境旅游对出口的推动作用大于进口,进口对入境旅游的带动作用大于出口[89]。王洁洁和马丽君(2010)在重新审视国际旅游与国际贸易关系的基础上,构建旅游与贸易出入境与进出贸易推拉模型,研究发现:中韩出入境游客与双边进出口贸易相互促进,共同发展,出入境客流量与进出口贸易额之间存在显著推拉关系[90]。

另一方面,还有学者对旅游和贸易进行了更细致的划分,比如将旅游细分为商务旅游、会展旅游等,将贸易细分为服务贸易、加工贸易、商品贸易、一般贸易等,进而更加深入地探讨了贸易与旅游的关系。比如,石张宇和程乾(2019)指出,不同贸易分类下,贸易对旅游的促进作用存在差异[91]。卢仁祥(2017)以中国为例,对货物贸易和服务贸易的联动关系进行考察。结果显示:货物贸易与服务贸易之间联动效应较弱;服务贸易与工业制成品贸易存在显著联动效应;相对于新兴服务贸易,旅游服务贸易与货物贸易相互促进效应更强[92]。李京京(2006)从会展旅游的角度,探讨了旅游与国际贸易之间的关系,他认为会展旅游是各国或企业获取贸易机会,拓展海外市场的最佳载体,同时各国参与会展、谈判、会议、考察等活动的商务人士,利用活动闲暇时间,体验举办国的自然风光和人文景观,进而促进该国或地区旅游业的发展[76]。

此外,还有学者从政治往来视角,探讨贸易与旅游的相互关系。比如,张晓英(2018)以中国和美国为研究对象,发现国家间的政治关系,是影响旅游与贸易相关性的重要因素[93]。另外,有学者研究了对外开放对旅游与贸易相互关系的影响。比如,冯晓阳(2019)以中国为例,研究发现贸易开放度提高,有利于进出口贸易和出入境旅游发展[94]。还有学者运用重心模型,从地理空间视角,探讨出入境旅游客流和进出口贸易流的重心空间耦合情况[3],这借助了地理学知识,有别于以往经济学方法,某种程度上也是贸易与旅游研究的重要补充。

学者们除了研究旅游与贸易相互作用关系外,还进一步就两者的相互作用机制进行探讨。其中,包富华(2016)利用重心模型对中国31个省份入境旅游和贸易时空耦合机制进行探讨,指出旅游与贸易耦合时空差异受到"四位一体"驱动力的作用。即经济利益驱动是旅游与贸易的内驱力,完善的交通设施是外部动力,需求差异是关键动力,地带差异是外推力[95]。赵多平和孙根年(2017)认为,国与国间的文化交流,拉近了各国人民间的心理感知距离,有利于构建良好的商贸和人际关系,促进双边贸易合作;贸易增长有利于加快基础设施建设、提高人民生活水平、减少旅游成本,增加了更多旅游需求[96]。孙根年和周露(2012)以日、韩及东盟为例,利用1986—2009年入境旅游与进、出口贸易数据,构建了入境旅游人数与出口贸易、进口贸易推拉方程,提出了旅游和贸易相互作用的三个阶段:旅游引发贸易、贸易推动旅游,以及偏好—容量限制,为旅游与贸易相互作用机理研究提供了科学依据[97]。刘祥艳和蒋依依(2016)以香港和内地进出口货物贸易和出入境旅游为例,利用"出口与出入境"和"进口与出入境"四组变量构建了VECM模型,发现旅游与贸易间存在长期均衡关系,还探讨了内地和香港旅游流和货物贸易流之间的相互影响机制[98]。

总而言之,通过对旅游与贸易现有文献的梳理,发现国内外学者对旅游与贸易的互动关系进行了大量研究,取得可喜的研究成果。在研究方法上,早期主要从定性方面进行研究,随着研究的深入,学者们开始运用线性回归、单位根检验、协整检验、脉冲响应函数、格兰杰因果检验、方差分解法等方法对旅游与贸易的双向和单向关系进行实证研究。在研究内容上,学者们主要关注旅游与贸易的因果关系、旅游对贸易的促进作用、贸易对旅游的促进作用、旅游与贸易之间的相互促进作用,以及旅游与贸易的作用机制等,研究内容较为广泛,研究成果也颇为丰富。同时,还有部分学者进一步从加工贸易、商品贸易、服务贸易等角度,以及出境旅游和入境旅游等方面,深入研究各细分领域中,旅游与贸易的相互关系。

四、研究评述

然而通过对如上文献的分析和梳理,我们不难发现,随着经济全球化和经济一体化的快速发展,旅游和贸易在国与国之间政治互信和经济合作中的作用日益显现,旅游和贸易对中国与东盟各国间的"民心相通""贸易畅通"的作用,逐渐受到学术界关注,开始被经济学家们重视并研究,但是当前对旅游与贸易的研究依然存在些许不足。

第一，现有研究多将旅游与贸易分别作为单独的整体，从数量总额上研究二者间的关系。然而旅游业的发展不仅仅是规模上的增长，更是结构上的调整和质量上的提升。对于国际贸易而言亦是如此，规模是评价贸易发展的基本标准，结构反映了规模扩张的效能大小，质量（效益）是贸易发展的重要考量。从规模的角度对旅游与贸易的关系进行研究，在国内外文献中已经有所涉及，且研究内容较为丰富，为本书进行进一步研究提供了借鉴和参考，但是从结构和质量（效益）视角研究旅游与贸易相互影响和影响机理的文献却鲜见。另外，现有文献主要集中在入境旅游与进出口贸易的关系上，对出境旅游与进出口贸易的研究鲜见。具体而言，从单一国家视角，把入境旅游作为旅游发展的代理变量，研究旅游与进出口贸易之间，或旅游与贸易总额间的因果关系，而对出境旅游与贸易间的关系研究相对较少。其主要原因是数据较难获得，制约了该问题的研究。目前我国出境人数主要由旅游目的地国家统计公布，但由于不同国家在经济水平、统计口径、重视程度等方面存在较大差异，使得获取出境旅游的数据存在一定困难。因此，对出境旅游与贸易关系的研究不多。

第二，当前研究主要集中在旅游与贸易的因果关系上，而研究其相互作用强度的文献相对较少。学者们在利用已有数据，验证旅游与贸易间是否存在某种因果关系。比如是否存在双向因果、单向因果或不存在因果关系，而此类文献相对较少。正如前文所述，旅游与贸易之间的"因果"表达并不准确，因果检验其实质是检验某个变量的滞后项（或过去信息）对被解释变量是否有预测能力，而并非真正意义上的"因果"。旅游和贸易作为综合性较强的产业，受经济环境、政治体制、基础设施、文化习俗等多方面影响，以往学者仅用线性回归、协整分析、方差分解、自回归模型等方法探究旅游与贸易间的关系，缺乏对各国间文化差距、收入水平、汇率、法律制度等控制变量的考察，可能会导致结果偏差。由此可见，虽然越来越多的学者开始将旅游与贸易作为相互独立的系统来研究，并取得了可喜的成绩，但缺乏深层次揭示两者之间相互作用的强度，仍需要从更宽泛的视角，进一步深入研究。

第三，旅游与贸易相互作用的机理需要进一步研究。关于旅游与贸易相互影响机理的探讨相对较少，主要将影响机理归为两点：①出入境旅游通过旅游购物推动进出口贸易；②进出口贸易通过商务旅游带动出入境旅游。其实旅游与贸易相互作用机理远不止于此,旅游作为一个综合性的产业,涉及"食、住、行、游、购、娱"多个方面,可以从制度经济学、政治经济学、文化经济学、消费经济学等学科中寻求二者相互传导的路径。因此,如果中国—东盟旅游与贸易之间存在相互推动作用,那么推动效应是通过何种因素实现的呢? 简而言之,旅游与贸易相互作用的路径是什么? 这是当前研究中亟待解决和回答的问题。

第四,当前研究对内生性问题的探讨稍显不足。自古以来,"商贸"和"旅游"始终密不可分。旅游和贸易之间就如同"人员流动"和"货物流通",二者间存在千丝万缕的联系。因此,内生性是旅游与贸易关系研究中绕不开的重要问题,内生性不解决,则无法刻画旅游对贸易或者贸易对旅游产生的影响,也无法准确测度二者相互作用的强度。现有研究虽然已经重视旅游与贸易间的内生性问题,比如利用滞后项作为工具变量,但是仍然没有找到较好的解决办法,甚至有些研究文献中直接忽视了内生性问题。

总而言之,现有关于旅游与贸易的理论和实证研究,不仅为本书研究的开展奠定了基础,提供了依据和方法,还为本研究拓展了研究思路。

第四节 中国—东盟旅游与贸易发展的研究内容及框架

一、中国—东盟旅游与贸易发展的研究内容

本书按照"问题提出—理论分析—实证检验—对策建议"的研究思路,按照如下步骤层层深入:首先,梳理国内外文献,发掘已有研究的不足之处,提出本研究的切入点;其次,对相关概念进行界定,对基础理论进行阐述,并构建本书研究理论框架;再次,就中国—东盟旅游发展对贸易增长的影响和贸易发展对旅游的增长的影响,进行实证分析;最后对全文进行总结,并提出促进中国与东盟各国旅游与贸易互动发展的对策建议,以期给中国—东盟旅游和贸易发展提供借鉴和参考。同时提出本书研究的局限和未来展望,逐步深入,构建完整的逻辑体系。各章详细内容如下:

第一章,绪论。对本书的研究背景、目的、意义进行概述,并梳理国

内外文献,对已有文献进行评述,掌握国内外研究现状,明确本研究的主要思路和内容。

第二章,旅游与贸易的理论基础与研究假设。详细界定国际贸易和国际旅游的相关概念;阐释本书所涉及的基础理论,比如乘数效应理论、消费决策理论、产业关联理论、知识关联理论等,构建本书理论分析框架和技术路线。

第三章,中国—东盟贸易与旅游发展的现实考察。其一,从旅游规模的现状和发展阶段、旅游结构特征演变、旅游质量增长变化等方面,对中国—东盟旅游发展进行现实考察;其二,从贸易规模增长趋势及国别差异、贸易结构特征演变、贸易效益发展变化等方面,对中国—东盟贸易发展进行现实考察;其三,对旅游与贸易的相互关系进行宏观探讨。具体而言:(1)利用 ADF 单位根检验、格兰杰因果检验,探讨中国与东盟国家间贸易与旅游的关系,研究发现"出境旅游与进口贸易"和"入境旅游与出口贸易"互为因果关系,彼此相互影响。为此,后文以"出境旅游与进口贸易"和"入境旅游与出口贸易"这两组互为因果且彼此"方向相反"的流作为研究视角切入点。(2)利用耦合协调模型,对东盟10国旅游与贸易耦合协调度进行分析;对比旅游与贸易的发展阶段,宏观上对中国—东盟旅游与贸易的关系进行辨识。

第四章,中国—东盟旅游发展对贸易增长的影响实证检验。本章主要是检验和回应第三章关于旅游发展对贸易增长影响的研究假设,从而考证旅游对贸易增长的影响因素和作用程度。具体而言,主要从旅游规模、结构、质量三个维度,探讨旅游发展对贸易增长的影响。

第五章,中国—东盟贸易发展对旅游增长的影响实证检验。首先,从不同贸易规模,研究中国—东盟贸易规模对旅游的影响;其次,从不同贸易结构,研究中国—东盟贸易结构对旅游的影响;最后,从不同贸易效益,研究中国—东盟贸易效益对旅游的影响。

第六章,中国—东盟贸易与旅游相互影响机理分析。首先提出旅游与贸易相互作用的路径假设,接着利用中介效应模型和调节效应模型,检验各变量对二者互动发展的作用,最后阐释了中国与东盟国家贸易与旅游相互影响的内外部系统。

第七章,对全书进行总结,提出了促进中国—东盟旅游与贸易互动发展对策建议,并阐述本研究可能的创新点、研究局限,以及未来研究方向。

二、中国—东盟旅游与贸易发展的研究框架

中国—东盟旅游与贸易发展研究总体框图如图 1-4 所示。

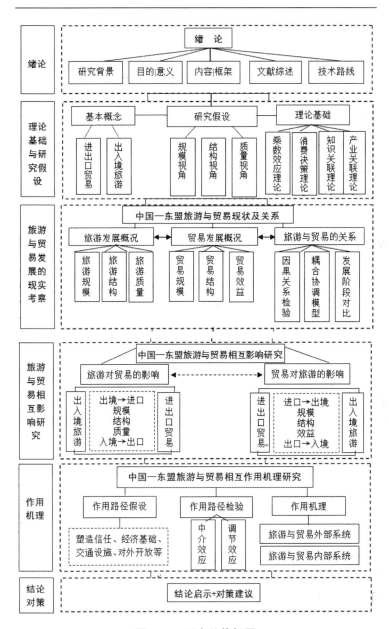

图 1-4　研究总体框图

Fig.1-4　Overall frame diagram of the study

第五节　中国—东盟旅游与贸易发展的研究方法及技术路线

一、中国—东盟旅游与贸易发展的研究方法

本书借鉴区域经济学、旅游经济学、国际贸易学、产业经济学等相关学科理论，科学界定旅游与贸易间的相互关系，并采用定性与定量、理论与实证以及跨学科的综合研究方法，多维度研究"进、出口贸易与出、入境旅游"相互影响和作用机理，以期获得具备原创性和实践性的研究成果。

（一）文献分析法

文献分析法是一种古老但又富有生命力的研究方法，主要是对某一主题的相关文献，进行系统收集、鉴别、分类整理、客观评价，以反映该主题的研究现状、发展趋势、不足之处，并解释主题研究中的隐性知识。文献梳理是获取信息的重要方法，同时也是开展某一领域研究的基础环节。本书运用文献分析法，收集国内外旅游与贸易的相关文献，系统梳理了基本概念、相互关系、影响效应、作用机理等内容，揭示现有文献对旅游与贸易研究中可能存在的空白和不足，为后续研究的开展奠定基础。

（二）理论与实证相结合

通过理论分析构建本研究的理论框架，为本书提供学理基础，再通过实证分析对理论观点进行检验。首先，梳理国内外的相关文献，掌握研究现状，从理论上对旅游与贸易的相互关系、内在联系进行系统论述，构建中国—东盟旅游与贸易相互影响的理论框架；其次，实证检验旅游发展对贸易增长和贸易发展对旅游增长的影响效应；最后，进一步梳理旅游与贸易相互影响的因素，构建二者相互作用的路径与机理，深入探讨旅游与贸易相互促进的本质。

（三）经济计量分析法

本研究主要运用的计量方法有：其一，门槛效应模型。它是指当某一变量达到某一特定值后，被解释变量与解释变量间的关系发生显著变化的现象。该变量称之为门槛变量，其所对应的临界值称之为门槛值。本研究利用门槛效应模型，分别以旅游质量和贸易效益为门槛变量，分析了1995—2017年中国—东盟旅游发展对贸易增长和贸易增长对旅游发展的门槛效应。其二，面板数据模型。常用的面板数据分析方法主要有：固定效应模型、混合效应模型和随机效应模型。本书主要利用如上模型研究不同时间段、不同国家出入境旅游人数与进出口贸易额间的相互影响效应。其三，广义矩估计（GMM）。这是统计学和计量经济学中常用的一种半参数估计方法，由于该方法不清楚随机误差的确定分布信息，其允许随机误差序列相关，且存在异方差，所以该方法所得到的系数估计结构比其他方法更有效。

二、中国—东盟旅游与贸易发展的技术路线

结合本书的研究目的和研究内容，遵循如下技术路线：其一，在梳理国内外旅游与贸易相关文献的基础上，结合中国—东盟旅游与贸易发展现状，提出本研究的基本问题；其二，结合相互作用理论、产业关联理论等，深入阐述旅游与贸易的内在关系，为研究奠定理论基础；其三，考察中国—东盟旅游与贸易发展现状及演化特征，为后文研究旅游与贸易相互影响奠定基础；其四，依据前文的理论分析，采用计量模型从旅游和贸易的不同结构、规模、质量（效益）等视角，探究旅游与贸易的相互影响及其作用机理，这是本书的核心内容；最后，对各章节进行总结，分析政策启示，提出有针对性的对策建议。具体而言，本研究的技术路线如图1-5所示。

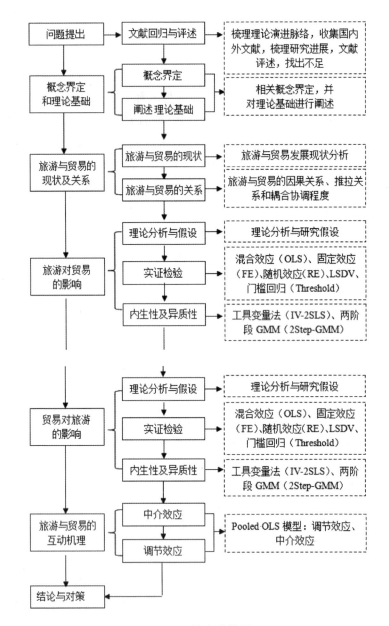

图 1-5　技术路线图

Fig.1-5　Technical route

第二章

旅游与贸易的理论基础与研究假设

　　东盟不仅是"海上丝绸之路"的必经之地和重要枢纽,而且是我国的重要贸易对象,特别是随着中国—东盟自贸区升级版的正式全面生效和"21世纪海上丝绸之路"建设的逐步推进,中国与东盟各国的人文交流日益紧密,经济往来更加频繁。中国与东盟各国在进出口贸易和出入境旅游等领域的密切合作,对促进世界经济快速发展和区域经济一体化建设发挥着重要作用。鉴于此,本章将对旅游与贸易的相关概念、相互关系的形成与演化、相互影响的理论基础和研究假设等进行详细阐述。

第一节　旅游与贸易的概念及关系演变

一、旅游与贸易的概念界定

（一）旅游与国际旅游

1. 旅游

旅游是一个较为复杂的社会现象，它涉及政治、社会、经济、文化等诸多方面。当前国内外学者对旅游概念的界定进行了大量研究，其中被学术界普遍接受的定义是世界旅游组织（UNWTO）将其定义为：一个人旅行到其惯常环境以外的地方并逗留不超过一定时间限度的活动[99]。虽然近年来，学者们对旅游概念的界定有了趋于一致的见解和认同[100]，但是仍然存在一些分歧。比如国外学者艾斯特认为，旅游是旅游者暂时停留而引起的社会关系总和[101]，强调旅游活动的暂时性和非盈利特性。另外，联合国统计委员会认为，旅游是为了休闲度假、商务会展或其他目的而离开常住地，到某些国家或地方停留，且连续不超过一年的活动。

同时，我国学者也对旅游的概念进行了大量研究，其中比较有代表性的是：

张凌云（2009）指出，旅游是人们离开惯常居住地，而暂时停留的生活方式[102]。历新建（2011）则认为，旅游是人们为了休闲娱乐、商务会展和其他目的，而离开自己常住地，到其他地方进行旅行或短暂停留，而且不会为此定居和就业的一种活动[103]。谢彦君（2010）认为，旅游就是居民利用空余时间到异地获取休闲体验，寻求身心愉悦的短暂的休闲娱乐体验活动[104]，他更强调旅游活动追求身心愉悦的特质。而后，王玉海（2010）在对文献进行梳理的基础上，从狭义和广义两方面来界定"旅游"，他认为狭义的旅游是指人们利用闲暇时间对非常住地的一种生活体验，是一种短暂性的生存状态和生活方式；而广义的旅游是指，人们不以移民或战争为目的空间位移，属于工作之外的休闲娱乐活动[105]。

虽然诸多学者从不同的侧重点和研究视角,提出了不同的表述和界定,存在一定程度上的差异,但是整体而言,对旅游应该具备如下几方面特点达成了趋于一致的认识。具体而言:其一,异地性。旅游者必须在空间上产生位移,即离开常住地,参观游览异地自然风景、人文景观、天象气候等旅游资源,而获得愉悦;其二,短暂性。旅游者到异地旅行的时间不能超过一定期限,要与移民和迁居区别开来;其三,目的性。世界旅游组织对旅游目的给出了明确界定和划分:娱乐、休闲、度假;探亲访友;健康医疗;宗教朝拜;商务会展;专业访问等六大类;其四,综合性。即旅游者在食、住、行、游、购、娱等活动中,所引起的关系总和。

通过对如上定义的梳理,结合本书的数据收集和分析,本书更偏向从广义上界定旅游的概念和范畴,即旅游是在外在行为和内在感知体验驱动下,人们离开日常性居住地,前往异地以健康疗养、休闲娱乐、探亲访友、教育交友、探索未知、商务活动等为主要目而前往异地的活动。

2. 国际旅游

学术界对国际旅游概念的界定,是以旅游概念为基础发展而来。被学者们普遍认同的定义是:人们离开常住地,到域外国家旅行超过24小时的旅游活动[106-108]。按照旅游目的又可以进一步划分为:消遣性国际旅游和商旅性国际旅游[109]。其中,商旅性旅游是以实现特定的公务活动、商务会谈,以及其他公务为前提的旅游活动[109],通常是与出差考察、商务出国,以及其他公务活动具有密切联系,所以国际旅游实质是一种间接派生出来的旅游需求和消费。商旅性国际旅游可进一步细分为:会议旅游、会展旅游、商务旅游、探亲访友、培训学习旅游等;而消遣性国际旅游则是以娱乐休闲为目的的旅游,相比商旅性旅游而言,其属于直接性的旅游消费和需求。具体可以划分为:康体疗养旅游、观光旅游、文化旅游、度假旅游、奖励旅游等[55]。另外,根据跨境方向,可将国际旅游划分为:入境旅游和出境旅游①。具体含义如下:

其一,出境旅游。它是指到自己国家以外的国家或地区休闲度假、健康娱乐、会议商旅等,是领略异国风情文明的最直接的方式[110]。中

---

① 考虑到出入境旅游具有相互性,即中国出境东盟旅游人数,其实也是东盟入境游客人数;中国入境旅游人数,实则东盟出境中国旅游人数。为了便于区分,后文出入境均以中国为视角,后文不再赘述。

国出境旅游先后经历了"适度发展出境旅游""规范发展出境旅游"，以及"有序发展出境旅游"三个阶段。中国出境旅游发展的方针政策先后经历了几次大的转变，出境旅游在旅游发展中的地位也逐步提升。出境旅游发展的政策在一定程度上，与我国经济发展密切相关。旅游作为发展中国家获取外汇的重要途径，也是国民经济的战略性支柱产业，世界各国均采取优先发展入境旅游，逐步发展出境旅游的政策。整体而言，学界对出境旅游的关注程度相对较低，研究内容少，层面浅，出境旅游在科学研究层面滞后于现实发展。

其二，入境旅游。它是指旅游者为了特定的目的，离开常住地或国家，到另外的国家或地区短暂停留，且时间不超过一年的旅游行活动[111]。然而有学者就入境时间"逗留不超过一年"的界定提出了不同看法[112]，还有学者认为应以 24 小时为分界，将入境旅游又进一步划分为入境过夜旅游和入境不过夜旅游；此外，在游客归属地上，也有学者提出了不同意见。部分学者指出入境旅游的对象应该是国外居民，港澳台同胞不属于国外居民，不应将港澳台游客视为入境旅游[101]，在此需要特别说明的是，迄今为止，我国旅游统计依然是把港澳台居民来大陆旅游视为入境旅游[113]。因此，本书所提到的入境旅游包含港澳台游客在内。

（二）贸易与国际贸易

1. 贸易

贸易是买卖活动或者交易行为的总称，一般是指某国家或地区与其他国家或地区之间发生的，以货币为媒介的商品交换活动，归属于经济学范畴。贸易有广义贸易和狭义贸易之分，其中广义贸易指的是在经济活动中，用于交换活动的各种商品，既包括有形商品，也包括无形商品，其使用权和所有权发生有偿转移和转让的交换活动[114]。而狭义上的贸易是指货物贸易交换活动[115]。另外，按照贸易空间范围可以划分为国际贸易、国内贸易和区际贸易。

2. 国际贸易

所谓国际贸易，是指跨越国界的贸易活动。Alan Gilpin（1977）在 *Dictionary of economic terms* 中将国际贸易界定为："各自独立的国家或政府之间进行的商品和服务交换活动。"[116]D.W. 皮斯在其著作 *Modern economic dictionary* 中将国际贸易界定为："不同国家之间进行的商品和服务的交换活动。"虽然不同学者在国际贸易的概念界定上,略有差异,有待进一步探究,但整体上已经形成共识。即贸易是不同的国家或地区间实现的劳务和商品的交换[117],其反映了各国家或地区之间,在经济上相互依赖和联系,是各国商品和劳务关系的总和[118]。

从国际贸易的内容来看,可以划分为四类:投资贸易、货物贸易、加工贸易、服务贸易[119]。货物贸易即用于交换的商品均是以具体实物形态表现的各类实物性商品,是有形货物的进口和出口。比如矿物燃料、动植物油脂、工程器械、家具建材等具有实物形态的商品。而服务贸易则是无形的商品。所谓服务贸易是指国与国之间,相互提供服务的商业行为。比如金融服务、通讯服务、教育服务、建筑工程服务等,是没有具体形态的服务和技术的进出口贸易。需要说明的是,本书中所提及的贸易,均是指货物贸易,不涵盖服务贸易。

另外,按照商品流向,可以将国际贸易分为进口贸易和出口贸易①两类。本书中所提到的进口和出口贸易均是指狭义层面的进出口贸易,即货物贸易进口贸易和货物出口贸易,均不包含服务贸易。具体而言:(1)进口贸易指的是从另一国家或地区将产品转移到国内销售的过程。进口贸易额即进口商品的总价值,通常表示某国或地区在一定时间内从国外进口货物的全部价值总和。(2)出口贸易则是指将本国商品运输到其他地区或国家销售。出口贸易额常指一定时期内,比如一月或一年内,从本国出口到国外商品的总额。

二、旅游与贸易关系演变

(一)旅游与贸易关系的缘起

自古以来,"商贸"和"旅游"始终密不可分。出入境旅游是人员在全球范围内的流动,增强了各国间的相互了解和信息交流,促进了国与国间的文化融合和彼此信任[120];进出口贸易是商品在世界范围内的流

---

① 考虑到进出口贸易具有相互性,中国从东盟进口与出口贸易额等于东盟向中国出口与进口贸易额。为此,为了便于区分,后文进出口贸易均以中国为视角,而且本书中贸易均指货物贸易,不包括服务贸易,后文不再赘述。

通,促进了各国间的经济联系和国际合作。早在 300 多年前,意大利商人马可·波罗到中国进行商品买卖,该行为可以被视为早期的商务旅游。Kulendran 和 Wilson 阐释贸易和旅游的相互关系时,提出"马可·波罗假设"和"兴趣与关注假设"[49],著名学者孙根年在该假设的基础上,增加了"反馈—循环"假设[57]。当前的"贸易商旅说"即旅游起源于贸易交往论断[121],已经得到广泛接受;旅游引发贸易的"马可·波罗假设",也已得以证实[122]。换言之,进出口贸易加深了世界各国之间的经济联系,促进了人员相互流动,进而促进出入境旅游发展;而出入境旅游增加了国与国之间的相互了解、文化融合,有利于消除贸易壁垒,提高政治互信,进而推动进出口贸易发展[91](图 2-1)。

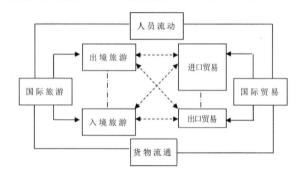

图 2-1　出入境旅游及进出口贸易关系

Fig.2-1　Inbound and outbound tourism and import and export trade relations

随着贸易与旅游的快速发展,旅游与贸易的相互关系成为当今研究中的重要内容。旅游与贸易存在相互关系的论断,已经得到学术界的普遍共识。旅游与贸易是一组相互促进,共同发展的有机体,主要体现在如下几个方面:(1)从相互关系来看,货物贸易出口往往能够促进国际社会对中国的了解,能够提升中国的国际形象和声誉,从而吸引更多的国际游客;反之,货物贸易进口,也能提升中国潜在游客对其他国家的关注和兴趣,进而刺激游客出境旅游[123]。(2)从具体内容来看,旅游和贸易之间就如同"人员流动"和"货物流通",出入境旅游中的"人员流动",实质是包括旅游者在内的各项服务、资金、信息、文化等的跨国"贸易";而进出口贸易中的"货物流通",其实质是包括商品在内的科技、资金、信息、知识等的跨境"旅游"。旅游与贸易两者共同促进国与国间的"贸易畅通"和"民心相通"。

为了进一步探究旅游与贸易间的关系及其演化,我们需要进一步对旅游和贸易的产生、发展进行历史考察,其目的并非单纯为了弄清旅游和贸易发展的一般过程,而是从旅游和贸易发展的历史轨迹中,探索旅游和贸易现象的起源和原因,以期阐明不同时期旅游和贸易的相互影响因素、发展趋势、发展水平和基本规律,为现实探究中国—东盟旅游与贸易的相互影响效应和作用机理提供理论基础。

一方面,从旅游的发展阶段来看。世界上任何一种社会现象或者经济活动的起源和发展,都与人类社会的演进密切相关,旅游的发展也不例外。旅游发展的轨迹与人类社会发展大致相同。著名学者田里[124](1994)、彭顺生[125](2006)、以及国外学者克里斯·库珀[126]等,将旅游史分为古代旅游、近代旅游和现代旅游,被人们普遍认同和接受。为此本书借鉴如上学者的划分方法,以历史演进的时间为纵轴,以人类空间移动现象的变化为横轴,运用时空观来探讨旅游的起源和发展。首先,从古代旅游的产生和发展来看,大致可以用三个关键词来概括:迁徙活动、旅行活动、旅游活动。具体而言:(1)人类早期迁徙活动。原始社会早期,人类为了生存而进行空间位移活动。该阶段的人类迁徙主要是为了躲避野兽攻击、获取更多食物、逃避洪水干旱等灾害,寻找更为适合生存的栖息地[127,128]。严格来讲,早期的人类迁徙活动,并不具备休闲娱乐和短暂停留的条件,还不属于旅游的范畴。(2)古代的旅行活动。该阶段的旅行活动与人类早期迁徙活动具有本质的区别,其产生于原始社会晚期,与迁徙的根本区别在于,定居生活出现,旅游的目的是进行商品交换,丰富物质生活。商人们为获利而辗转南北、贩货天下的现象已经相当普遍[129]。比如茶叶之路、丝绸之路、香料之路等,都是古代经商活动遗留下来的旅游线路[130]。可见,从古代旅行活动开始,旅游与贸易就已经密不可分。其次,从古代的旅游活动产生和发展来看。相比古代旅行而言,古代旅游赋予了更多的休闲娱乐和精神享受,比如航海旅游、修学旅游、宗教旅游等。再次,从近代旅游的产生和发展来看,近代旅游的产生与发展受16世纪末期欧洲文艺复兴和18世纪中期英国工业革命密切相关。文艺复兴为近代旅游奠定了文化基础,而工业革命为近代旅游提供了高效的交通工具;此外,城市化导致的人口大规模流动,为近代旅游提供了大量客源,世界贸易大发展掀起了近代商贸旅游的新高潮,再加上人们财富增加和闲暇时间增多等因素,共同为近代旅游发展提供了坚实的基础。最后，从现代旅游的产生与发展来看，"二战"以后，人类旅游进入前所未有的高速增长阶段，因此被称为真正社会意义上的现代旅游。近代旅游大致又经历了两个阶段：大众旅游和新时代旅游。（1）大众旅游阶段。"二战"以后，战争的创伤被迅速抚平，和平与发展成为世界的主流。由于世界各国政治安定、经济发展、人口增加、交通发达、科技进步、收入提高、闲暇时间增多[131]，巨大的潜在旅游被释放出来，各国出现了人员的大规模流动，这标志着大众旅游时代的到来[132]。（2）新旅游阶段。该阶段旅游产品更加灵活，为游客量身定制的个性化旅游产品、人造旅游景区等大量出现，旅游产品不再完全依赖于现有资源。信息技术的发展，使得新旅游阶段的旅游产品宣传、销售，以及旅游服务，因游客的需求、时间、收入、职业、兴趣不同而异，大众营销不再占据主导地位，旅游业发生着根本性变革。

另一方面，从贸易的发展阶段来看。随着社会生产力不断提高，社会分工日益精细化，人们有更多的剩余产品用于交换，同时早期的国家也已形成。因此，形成了早期的跨越国家或地区的国际贸易。许多学者将社会分工和产品剩余当作国际贸易产生的根本原因。在国际贸易发展的不同阶段，贸易规模、结构、地域范围、支撑条件等，都表现出巨大差异。国际贸易划分为如下几个阶段：（1）古代国际贸易阶段。原始社会初期，由于社会生产力较低，人们只能依靠自然获取食物，属于自然分工状态。因此，人们通过集体狩猎获取有限的生活资料，接着按照平分的方法，在部落成员间分配。由于生产力低，生活资料没有剩余，不存在私有制，更没有国家，所以原始社会不存在贸易。原始社会晚期，农业生产逐步兴起，畜牧业逐渐发展，人类社会第一次出现社会大分工。农业和畜牧业的发展，使人们获得少量剩余产品，在各原始部落间出现了剩余产品的交换。（2）近代国际贸易阶段。16世纪到18世纪，意大利人克里斯多佛·哥伦布发现新大陆，开始对美洲大陆疯狂掠夺，进入世界贸易的商品种类和数量急剧增加。18世纪英国发生工业革命，新技术的发明和机械化生产，使得产品的生产、运输更加高效和便捷。（3）现代国际贸易，第二次世界大战后，以原子能、空间技术和电子计算机为标志的第三次科技革命，使得各国服务贸易和技术贸易空前发展。

（二）旅游与贸易关系的发展

为了更加全面、科学地剖析旅游和贸易的相互关系,本书广泛查阅和收集了大量有关旅游发展历程和贸易发展历程的文献,从旅游和贸易发展历史脉络上,寻找二者的相互关系,而且依据产生溯源、演化发展、空间尺度以及两者之间的关联关系等因素,进一步将国际旅游和国际贸易的发展和历史演化分成三个阶段：古代旅游与贸易、近代旅游与贸易和现代旅游与贸易阶段,并结合各阶段旅游与贸易的关系,划分为：附属关系、衍生关系、共生关系和互动关系(图2-2)。

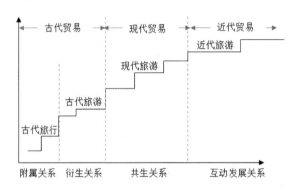

图2-2　旅游与贸易发展演进

Fig.2-2　Ancient tourism and trade derivative stage

资料来源：作者绘制。

1. 第一阶段：古代旅行与贸易的附属关系

附属关系指国际旅游依附于国际贸易而存在,同时也会随着国际贸易活动的停止而消失。该阶段主要是从原始社会末期到奴隶社会初期。当时社会生产力逐步提高,国家也逐渐形成,国家间的商品生产和商品交换更加频繁。商品流通和交换已经不限于本国范围内,逐步跨越国界,国际贸易也就逐渐产生和萌芽。但是整体上社会生产力水平依旧较低,贸易产品主要是织物、装饰品、奴隶、香料等。随着国际贸易的逐步发展,商人们在追求更大规模和更大利润的驱使下,产生了早期的商务旅行,也就是以获取经济利益为主要目的旅行,实质上是跨国界或地区进行产品交换而谋生,与旅游追求身心愉悦的目的还存在本质区别,但是较之前的人们为了躲避自然灾害或者获取更多食物而进行的空间位移相比,明显存在较大差异。前者属于人类早期的迁徙活动,而后者是古代旅行活动,具有本质区别。该阶段内的旅行活动在目的地选择和主观意愿方面更具确定性,而且马匹和车辆也为旅行提供了交通工具,古代贸易商道沿途还有旅馆和客栈供商人休息,只不过古代旅行活动的目的较为单一,以商品交换、货物收购和商贸拓展为主。古代旅行或旅游活动获取经济利益目的非常明确,显然属于国际贸易的一部分,与国际贸易是典型的附属关系(图 2-3)。

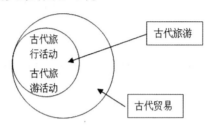

图 2-3 古代旅行与贸易的附属关系

Fig.2-3 Ancient tourism and trade parasitic relationship

资料来源:赵多平,《旅游与贸易关系研究》。

2. 第二阶段:古代旅游与贸易的衍生关系

随着社会生产力的不断提高,大量体力劳动者获得了解放,生产能力增强,也使得国际贸易快速发展,并逐步衍生出各种类型的国际旅行,比如古代商务旅游、古代宗教旅游、古代航海冒险旅游等。进入封建社会中期和后期,人们在购买商品时,更多的是使用货币,极大地提高了各国人民的商品购买。然而此时的商品交换行为仍不能称为真正的贸易或国际贸易。封建社会国与国间的贸易具有很强的地域特点,而且此时的贸易产品主要是奢侈品。比如西方国家利用葡萄酒、香料、毛呢、橄榄油等换取东方国家的茶叶、布匹、陶瓷等。此时的贸易更多是局限于国家层面,以个体商户为主体的民间贸易还未盛行。此后,社会经济不断进步,国际贸易也不断发展,但是封建社会的旅行仍是以帝王、皇亲国戚、贵族为主的消遣娱乐活动。交通工具是旅游和贸易发展的基础,该时期交通工具得到了较大改进,除了传统的马匹和马车外,大型航海越洋船舶的建造,以及水路的开通和建设,逐渐衍生出以休闲娱乐为主要目的旅游。由于旅游是人们生活中更高层次的需求,该阶段内旅游的参与者仍然是以统治阶层为主。16世纪末期,欧洲各国学者和年轻贵族奔赴世界各国进行古文化挖掘和研究,对世界古文明进行实地考察和观光游览,某种程度上推动了国际旅游的兴起(图2-4)。

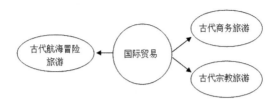

图2-4　古代旅游与贸易衍生阶段

Fig.2-4 Ancient tourism and trade derivative stage

资料来源:作者绘制。

3. 第三阶段:近代旅行与贸易的共生发展

工业革命的兴起和发展,使世界各国的生产效率大幅提高,产品生产规模急剧增加,到资源丰富的国家和地区开设工厂,利用资金和技术进行大规模生产扩张,加快了国际贸易发展的步伐[114]。近代工业革命使生产力和生产方式发生了根本性变革,世界各国的贸易发生了翻天覆地的变化,除为人们带来了丰富的经济收入外,还解放了劳动力,使得人们拥有更多的闲暇时间;蒸汽机也给交通运输带来了巨变,比如蒸汽火车大大提高了交通运输能力,为开展世界范围内的国际贸易创造了条件。随着交通运输设施不断完善,工业化生产效率不断提高,国际贸易各项条件也日益成熟,在贸易逐步发展的同时,越来越多的人开始热衷于旅游活动,旅游人数不断增加。旅游活动也逐渐从以往的贸易中分离出来,成为一项专门的经济活动。旅游对象也更加平民化、大众化,旅游类型也更加丰富,度假休闲和商务旅游成为这一时期旅游的主要类型。另外,值得我们注意的是,旅游服务机构和支撑体系应运而生。比如旅行社、旅游酒店、旅游集散中心等机构和设施的出现,标志着大宗旅游和近代国际旅游已经形成,并呈现快速发展的态势。整体而言,近代旅游与贸易是协同并进、共生共存发展的(图2-5)。

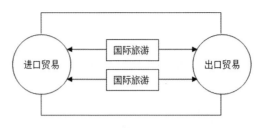

图 2-5　近代旅游与贸易共生阶段

Fig.2-5 The symbiotic stage of modern tourism and trade

资料来源：赵多平,《旅游与贸易关系研究》。

4. 第四阶段：现代旅行与贸易的互动发展

科技革命不仅促进了生产力发展,也为进出口贸易带来了更加多样化和丰富的贸易产品,进一步丰富了国际贸易内容,也使得工业制品成为国际贸易中毫无争议的主导产品[109]。世界各国贸易产品的生产和交换更加国际化和多元化,产品生产分工更加精细,各国间的贸易联系更紧密,依赖增强,产业协作和合资经营日益广泛。另外,航空、铁路、海运、高速等基础设施逐步完善,引发了国际贸易额呈几何倍数增长,特别是中欧班列,它连接着中国 62 个城市与欧洲 15 个国家的 51 个城市。收入水平的提高,交通设施的完善,使国际旅游已经不再是以往为了生计而迁徙的旅行,也不再是为了经济利益而奔走的旅游活动,更不再是仅有皇亲贵族才能享有的消遣娱乐,而是一种面向大众、面向所有人的综合性的文化娱乐活动。在全球化背景下,国际旅游呈现高速增长态势,与国际贸易同升同降趋势明显。当前高铁发展日新月异,极大地节省了现代旅游的时间,高科技的发展使得更多的生产得以机械化、智能化,劳动者从繁杂的工作中解放出来,带薪休假也日益增多,另外信息技术使得人们获取信息更加高效便捷。人们在旅游过程中,除了体验世界各国的文化外,购物也成为人们旅游活动中必不可少的部分。游客除了购买当地的特色旅游商品外,越来越多的游客会购买化妆品、电子产品、首饰等生活用品。旅游购物和旅游消费使得旅游与贸易的联系更加紧密。另外,贸易的飞速发展使世界各国增进了了解,刺激了潜在旅游者出境旅游,引发游客对该国的关注和兴趣。现代旅游与贸易已经不再是依附、衍生或者共生关系,而是联系更加紧密的互动发展。旅游与贸易不仅是规模上的同升同降,而且是结构和质量上的深度互动发展(图 2-6)。

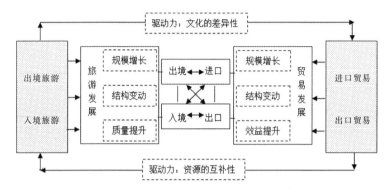

图 2-6　现代旅游与贸易互动发展阶段

Fig.2-6 The interactive development stage of modern tourism and trade

资料来源:作者绘制。

第二节　旅游与贸易相互影响:规模视角

一、规模决定论

(一)乘数效应理论

乘数是 1931 年由英国经济学家康恩(R.F. Kahn)首次提出的,乘数效应是一种较为典型的宏观经济效应,是指经济活动过程中某个变量的变化可能引发的连锁反应[133]。随着学术界对乘数理论的研究逐步深入,不同学者将乘数理论应用于国际旅游和国际贸易等领域,进一步丰富了乘数理论。本章的研究主要是运用贸易乘数理论和旅游乘数理论。

1. 旅游乘数理论

1982 年旅游学家沃尔(Wall)和马西森(Mathieson)率先将乘数理论应用于旅游研究,并界定了旅游乘数的含义:旅游乘数是这样一个数值,最初旅游消费和它相乘后能在一定时期内产生总收入效应[134]。虽然该概念丰富了旅游乘数的内涵,但是实质上沃尔和马西森将旅游乘数简单理解为旅游收入乘数,具有一定的片面性。因此,学者们对旅游乘数展开了大量研究。其中具有代表性的是伦德伯格(Lundberg)将旅游乘数应用于进出口贸易领域,提出了计算旅游进口乘数的基本公式:

$$K = \frac{1-L}{1-C+M} \qquad (2-1)$$

上式中,变量 C 代表游客边际消费倾向,变量 M 是边际进口贸易倾向,变量 L 为旅游进口倾向。也就是在旅游运营中,旅游宣传、购买国外设备或物资、支付国外工作人员的工资、外商投资分红、偿还国外贷款利息等漏损外汇占该国或地区旅游外汇收入的比重。国内学者对旅游乘数也产生了较大兴趣,并结合我国旅游发展实际,对旅游乘数进行适度改进。比如著名学者李天元教授(2002)在其高教版《旅游学》中给出的旅游乘数计算公式是:

$$K = \frac{1}{(1-C+M)} \qquad (2-2)$$

其中, K 为旅游收入乘数, C 为边际消费倾向, M 为边际进口倾向。

通过上述分析可知,无论是沃尔和马西森所提出的旅游乘数计算公式,还是李天元教授所提出的计算方法,从中都可以发现旅游收入与贸易进口倾向之间具有密切关系。国际旅游主要通过境外购买和消费来促进国际贸易规模增长,而对于旅游目的地国而言,到访游客在本国的消费可以视为无形的出口贸易收入,吸收外来资金,促进本国旅游业发展。旅游业发展过程中,入境旅游收入除了部分漏损外,其余部分会通过旅游业各个部门渐次渗透,逐步发挥旅游业对"食、住、行、游、购、娱"各个部门的诱导效应和间接效应,游客购买本国生产的旅游纪念品、旅游商品、特色产品,比如丝绸、陶瓷、电子产品、化妆品等,实质就是本国产品的出口贸易,对非该国生产的产品进行消费和购买,也必定会促进进出口贸易发展。

2. 贸易乘数理论

英国经济学家 T. F. 卡恩最早提出乘数概念,凯恩斯在此基础上扩展为"投资乘数",此后许多经济学家都借用乘数概念,应用于旅游、贸易等多个领域。贸易乘数理论就是 1933 年马克卢普和哈罗德等以凯恩斯的投资乘数为基础进行拓展而得,是指一国或地区出口贸易增长所引起的国民收入加倍增长的现象。具体而言,即假设在贸易条件不发生改变的情况下,没有储蓄、投资以及政府行为,人们收入 Y 仅仅由 C 和出口 X 产生,而且收入仅用于进口 M 和消费。基于上述假设,在进出口贸易保持均衡的情况下,也就是出口和进口均衡 $X=M$,可以得到贸易乘数 K:

$$M=M+mY \tag{2-3}$$

其中,若 M_0 为自主性进口,m 为边际进口倾向,则:

$$Y=(X-M)/m \tag{2-4}$$

$$K=\Delta Y/\Delta X=\Delta Y/-\Delta M_0=1/m \tag{2-5}$$

国与国间进口和出口产生后,就会通过贸易乘数 K 而产生效应,引起收入水平增长,进而使得国际收支保持均衡。在国际贸易保持均衡的情况下,进一步对贸易乘数 $1/m$ 做简单变换得到:

$$Y=X/\pi \tag{2-6}$$

上式中,$y=\Delta Y/-\Delta M_0$ 表示该国或地区经济增长速度,$x=\Delta X/X$ 表示一国或地区出口贸易增长率,$\pi=\dfrac{\Delta M}{\Delta Y}\times\dfrac{Y}{M}$ 则是进口需求的收入弹性。如上是马克卢普和哈罗德等学者提出的贸易乘数预测式,式(2-6)清晰地表明了一国或地区进出口贸易和经济增长之间的联系。

在马克卢普和哈罗德之后,诸多学者对该问题做进一步研究,其中比较有代表性的是普雷波西、谢里斯和卡尔多,他们在遵循马克卢普所提假设的基础上指出,对于绝大多数国家而言,国际收支很难处于绝对平衡状态,特别是对发展中国家而言。过于严苛的条件假设使得马克卢普和哈罗德的贸易乘数在现实中很难实现。为此,经济学家塞尔沃对该模型进行拓展,他认为资本流动、出口贸易以及交通设施是影响经济增长的重要因素。基于国际收支等长期处于不平衡情况,可以将进出口表示为:

$$P_{dt}X_t+C_t=P_{ft}M_tE_t \tag{2-7}$$

其中,P_{dt} 代表出口产品在本国的价格,X_t 代表出口贸易总额,P_{ft} 代表进口产品在国外的价格,M_t 代表进口贸易总额,E_t 代表直接法的国际汇率,C_t 代表资本的价值。对该等式进行变换,得出:

$$\frac{E}{R}(P_{dt}+x_t)+\frac{C}{R}C_t+P_{ft}+m_t+e_t \qquad (2-8)$$

其中，$\frac{E}{R}$ 和 $\frac{C}{R}$ 分别代表的是，出口贸易和实际资本流动额在国民总收入中的占比。假设进口和出口贸易具有不变的弹性，我们进一步将式（2-8）进行变换，可以得到一国或地区收入和支出不平衡状态下的经济增长率 y_{Bt}，具体如下：

$$y_{Bt}=\frac{\left(\frac{E}{R}\mu+\varphi\right)(P_{dt}-e_t-P_{ft})+(P_{dt}-e_t-P_{ft})+\frac{E}{R}(\varepsilon(Z_t))+\frac{C}{R}(C_t-P_{dt})}{\pi} \qquad (2-9)$$

通过式（2-9）我们不难发现，一国或地区在国际收支不平衡状态下，其实际收入的增长率可以由四部分组成：其一，相对价格变动对受限于国际收支的国民收入增长的促进作用；其二，是进出口贸易的条件，也就是剔除汇率波动后对国民收入增长的效应；其三，实际资本流动增长率对国民收入增长的推动作用。由于缺乏 $\varepsilon(Z_t)$ 的全部信息，因此赛尔沃等学者假设 $\varepsilon(Z_t)=x_t$，进一步对式（2-9）变形而得：

$$y_{Bt}=\frac{\left(\frac{E}{R}\mu+\varphi\right)(P_{dt}-e_t-P_{ft})+(P_{dt}-e_t-P_{ft})+\frac{E}{R}(x_t)+\frac{C}{R}(C_t-P_{dt})}{\pi} \qquad (2-10)$$

假若 $P_{dt}=e_t+P_{ft}$，换言之，由某国或地区货币衡量的相对价格，在较长时间内保持恒定，则式（2-10）可以化简为：

$$y_{Bt}=\frac{\frac{E}{R}(x_t)+\frac{C}{R}(C_t-P_{dt})}{\pi} \qquad (2-11)$$

式（2-11）就是塞尔沃在马克卢普和哈罗德贸易乘数的基础上扩展而得的贸易乘数扩展模型。由此可见，国家或地区收入增长率与预测增长率之差，取决于国际贸易条件变化对收入增长的影响程度和相对价格变动对收入增长的影响。国际贸易的收益与国际投资相似，通过获取外币收入来促进国内经济发展，进而促进国内旅游消费等增加，这种消费、购买的增加必然引起国内相关部门生产和劳动力需求增加。外贸乘数理论在细化贸易发展对经济增长，以及相关产业比如旅游业、交通运输、制造业等拉动作用方面做出了重要贡献。国际贸易乘数理论，有助于人们深刻理解国际贸易促进经济增长和旅游业等产业发展的程度，有助于从源头上理解国际贸易与国际旅游的相互关系,为世界各国评判国际贸易的外在经济效益、实现旅游与贸易互动,提供很好的途径。

（二）消费决策理论

本书的理论模型建立在传统的多国垄断贸易竞争模型的基础上,构建出入境旅游发展,促进民心相通,增进各国间相互了解,实现彼此文化认同,进而促进双边贸易发展的理论模型。与传统的 Dxit-Stiglitz 垄断竞争模型不同的是,本书在原模型中引入了双边文化相似性参数,且这一参数可能会因贸易双方不同而异。模型的基本假设为:（1）消费者对产品的偏好具有多样性,这些产品在每个国家内部是对称的,但是在国家间是不对称的;（2）同一地区的任何两种产品具有相同的替代弹性,而不同地区的产品之间具有不同的替代弹性;（3）消费者的消费决策取决于他们根据产品价格购买的每种产品的平均数量。相应的效应函数定义如下:

$$U_{jt} = \left[\sum_{i=1}^{c} a_{ijt}^{\frac{\sigma-1}{\sigma}} \int_{n_{it}} x_{jit}(z)^{\frac{\sigma-1}{\sigma}} \mathrm{d}z \right]^{\frac{\sigma-1}{\sigma}}, \sigma > 1 \quad (2-12)$$

式中,$x_{jit}(z)$ 为在 i 国生产并于 t 年出口到 j 国的产品 z 的数量。n_{it} 是 i 国生产的产品数量,C 为所有可能参与产品出口的国家或者地区,σ 为不同产品间的替代弹性。借鉴 Combes et al.（2005）的研究,本书假设从 i 国进口的产品中附加一个权重 a_{ijt},该权重表示 j 国与 i 国的文化亲和性。同时,本书引入本土市场偏见,即约束条件 $a_{ijt} < a_{jjt}$。另外,假设 $a_{ijt} = a_{jkt}$,$k \neq j$,则可以对不同进出口国之间可客观衡量的质量差异进行建模。我们还假设 a_{ijt} 不受任何限制,但本书假定 a_{ijt} 的权重是特定的,即这一权重同样适用于 j 国生产的所有产品 z。

当达到均衡时,i 国进出口到 j 国的产品 z 有相同的数量,则方程（2-12）可以有如下表达式:

$$u_{jt} = \left[\sum_{i=1}^{c} n_{it} \left(a_{ijt} \right)^{\frac{\sigma-1}{\sigma}} \right]^{\frac{\sigma-1}{\sigma}} \quad (2-13)$$

进一步,本书假设 i 国进出口 j 国的所有产品的价格相同（反映对称生产技术）,均为 p_{ijt}。若 i 国出口产品的价格 p_{ijt} 为离岸价格,则有

$p_{ijt} = \left(1 + \tau_{jit}\right) \times a_{ijt}$，其中 τ_{jit} 为 i 国进出口 j 国所需要付出的冰山贸易成本。由此得出 j 国消费者的效用最大化函数及其约束条件为：

$$\max u_{jt} = \left[\sum_{i=1}^{c} n_{it} \left(a_{ijt}\right)^{\frac{\sigma-1}{\sigma}}\right]^{\frac{\sigma-1}{\sigma}} \quad （2-14）$$

$$s.t. \sum_{i=1}^{c} p_{ijt} n_{it} x_{ijt} = E_{jt} d \quad （2-15）$$

式中，E_{jt} 为 j 国消费者对 i 国消费的进口产品和生产的出口总和。均衡后的结果为：

$$\frac{\sigma-1}{\sigma}\left[\sum_{i=1}^{c} n_{it}\left(a_{ijt}\right)^{\frac{\sigma-1}{\sigma}}\right]^{\frac{\sigma-1}{\sigma}} n_{it} \frac{\sigma-1}{\sigma}\left(a_{ijt} x_{ijt}\right)^{\frac{-1}{\sigma}} a_{ijt} = \gamma n_{it} p_{ijt} \quad （2-16）$$

进一步化简求解得：

$$\gamma = \frac{\left[\sum_{i=1}^{c} n_{it}\left(a_{ijt}\right)^{\frac{\sigma-1}{\sigma}}\right]^{\frac{\sigma-1}{\sigma}}}{E_{jt}} \quad （2-17）$$

令

$$Q = \left[\sum_{i=1}^{c} n_{it}\left(a_{ijt} x_{ijt}\right)^{\frac{\sigma-1}{\sigma}}\right]^{\frac{\sigma-1}{\sigma}} \quad （2-18）$$

可知，j 国满足效用最大化条件下的需求函数为：

$$x_{ijt} = \frac{Q^{1-\sigma} p_{ijt}^{-\sigma}}{E_{jt}^{-\sigma} a_{ijt}^{1-\sigma}} \quad （2-19）$$

进一步引入 j 国产品的综合消费价格指数 p_{ijt}，有 $E_{jt} = p_{ijt} \times Q$，那么式（2-19）可将上式化简得：

$$x_{ijt} = a_{ijt}^{\sigma-1}\left(\frac{p_{ijt}}{p_{jt}}\right)^{-\sigma} \frac{E_{jt}}{p_{jt}} \quad （2-20）$$

依据 $E_{jt} = p_{ijt} \times Q$，结合（2-20）求解 j 国产品的综合消费价格指数为：

$$p_{jt} = \left[\sum_{i=1}^{c} \left(\frac{a_{ijt}}{p_{jit}} \right)^{\sigma-1} n_{it} \right]^{\frac{\sigma-1}{\sigma}} \qquad (2-21)$$

由此,进一步化简上式,可得出 j 国从 i 国进口产品的总额为:

$$Q = \frac{E_{jt}}{p_{ijt}} = n_{it} x_{jit} \qquad (2-22)$$

最后,联合式(2-21),也就是 j 国对 i 国的进出口贸易总额,化简求解得到 i 国对 j 国的产品出口总额即:

$$X_{ijt} = n_{it} p_{ijt} x_{jit} = a_{ijt}^{1-\sigma} (1+\tau)^{1-\sigma} n_{it} p_{ijt}^{-\sigma} E_{jt} p_{jt}^{\sigma-1} \qquad (2-23)$$

不难发现,上式(2-23)中,包含了贸易双方的供求特征变量。为此,进一步定义 $\phi_{jt} = E_{jt} p_{jt}^{\sigma-1}$ 为 j 国的消费需求函数, $\phi_{it} = n_{jt} p_{jt}^{1-\sigma}$ 为 i 国出口的贸易额。进一步将算式(2-23)进行化简:

$$X_{ijt} = a_{ijt}^{\sigma-1} (1+\tau)^{1-\sigma} \phi_{jt} \phi_{it} \qquad (2-24)$$

由式(2-24)可知, i 国对 j 国的进出口贸易额主要是由:双边文化亲近度 $a_{ijt}^{\sigma-1}$,因为替代弹性满足 $\sigma > 1$,所以易知文化相似度越高,则越有利于 i 国出口产品到 j 国。由此可见,加大中国与东盟各国文化交流,增进各国民众间的相互了解,消除国家间的敌意,有利于扩大和提高贸易的领域和层次。

二、旅游规模影响贸易增长的研究假设

通过对现有研究文献的梳理,学者们普遍认同旅游通过如下几个方面影响贸易。其一,通过旅游增强文化认同感,缩小文化距离,提高认可度,促进贸易往来。旅游作为文化交流的重要途径,是加强国与国之间文化交流,促进国际经贸合作的重要方式。各国间相似的宗教信仰、共同的语言和价值观,往往能够促进二者间的贸易往来,形成"相似吸引"偏好[135]。Seaton 和 Philip(2018)指出,旅游能够增强国民间的文化认同感,有利于降低沟通成本,并引致共同的消费偏好,从而促进国与国之间的贸易往来[136]。旅游所特有的人文交流功能,对于扩大宣传,提升形象,增强文化认同感和认可度,进而增加对彼此贸易产品的消费,具有重要作用。国际旅游是中国和东盟国家进行文化交流、民心

相通、拉近彼此心理距离的重要途径之一。在各国间建立人际关系、经贸关系、塑造彼此信任，增加了贸易便利化、增进彼此合作，促进了各国经济社会发展。其二，通过旅游可以发现商机，进而促进贸易和投资。随着入境游客的到来，参观和游览过程中，通过与当地百姓、其他游客和旅游景区工作人员交流，逐渐了解各国风俗民情、生活习惯等，加深对旅游目的地的兴趣和关注，一定程度上会吸引更多的贸易和投资，激发入境游客特别是商务游客对目的地投资和贸易的欲望。游客到旅游目的地进行观光游览、探亲访友、休闲度假，通过参观游览和交流访问，可以零距离接触到旅游目的地的风土人情、社会文化，了解当地的经济水平、营商环境等，激发游客在当地贸易和投资的兴趣和关注，发现新的贸易和投资机会。出入境旅游的过程，一定程度上也是寻找商机的过程[137]。由此可见，出入境旅游有助于将部分游客转化为外商投资者，促进了投资和贸易的发展。其三，旅游发展能提高贸易便利化。完善的交通基础设施是旅游合作与发展的必备条件，中国与东盟各国开展旅游资源开发、旅游线路设计、旅游产品营销等合作，必然会加大对铁路、公路、海运、航运等领域基础设施的建设，交通设施的完善在一定程度上会促进国家间货物流通的速度和数量，进而促进各国间贸易往来。简而言之，中国与东盟各国在航空、铁路、公路、海运方面，搭建便捷的交通，拉近了各国人民之间的距离，同时也提高了中国与东盟各国的收入水平，为双边贸易发展创造条件。其四，出入境旅游的发展，带动边境地区进出口贸易发展。游客在旅游过程中，必然会购买当地旅游纪念品、手工艺品等，特别是以购物为主要目的购物旅游，通过免税等措施，吸引大量外国游客购物消费。特别是在边境地区，由于通关便捷性，极大地促进了双边贸易发展。比如广西东兴口岸，2017年出入境旅游人数近1000万，旅游购物所带来的边境贸易增长已经成为国际贸易的重要组成部分。其五，旅游为贸易发展奠定了民心基础。旅游作为民间交流的重要途径，中国—东盟旅游发展，促进了各国间的人员和文化交流，丰富了民间交流的内容，消除了国家间的敌意，促进了中国与东盟各国的政治互信，有利于扩大和提高贸易的领域和层次。

基于上述理论分析，本书提出如下假设：

假设H1：中国—东盟旅游规模的增长能促进贸易发展，且不同阶段内旅游对贸易的推动作用存在差异。

三、贸易规模影响旅游增长的研究假设

任何事物的发展都是由量变到质变的过程,规模是事物在一定空间内数量多少和聚集程度的重要体现。本节正是从贸易规模的角度,探讨中国—东盟贸易规模增长对旅游往来的影响。现有研究表明,进出口贸易发展,为旅游发展提供了良好的发展环境,促进了出入境旅游增长。

首先,国际贸易发展为出入境旅游提供充足客源。旅游与贸易实质上是"人员流动"和"货物流通"的外在表现[81],两者相互依存,相互促进,密不可分。就微观层面而言,中国与东盟各国间的贸易活动,能够促进国与国间的人员流动,特别是投资贸易和加工贸易,能够促进管理人员和工程技术人员的交流与合作,不断增加的贸易业务和商业活动,能激发东盟国家游客对中国的关注和兴趣,激发商务人员旅游需求[138]。游客人数的增加使中国与东盟各国到彼此的热点城市设立旅游办事处和分支机构成为现实,加强了各国间的中介关联,为各国把潜在旅游需求转变为旅游活动创造了条件。此外,商务活动中也经常伴随着观光旅游、探亲访友、会展旅游等,为入境旅游带来客源,而且不断增加的商务旅游者会激发亲朋好友前往目的地国观光游览或度假娱乐[96]。货物贸易会直接引发与商品贸易有关的投资环境考察、商务合作洽谈、项目选址与建设、商品维护与售后等商务入境旅游活动。这些商务游客又会带动其亲戚、朋友、同事等前往他国进行探亲访友、观光娱乐、休闲度假等旅游活动[139]。

其次,国际贸易发展为旅游发展营造稳定的政治环境。中国与东盟各国贸易范围的扩大,贸易规模的提升,有助于国与国间建立政治互信,建立长期稳定的战略合作关系,为各国旅游合作的开展创造良好的宏观环境,对入境旅游发展形成"虹吸效应"[91]。另外,中国—东盟双边贸易规模的增长,提升了双边经贸合作的层次,有利于各国间增开更多的直航班机,落实免签证等旅游便利化协议,提升了旅游便利化,节省了旅游成本,促进了出入境旅游发展[140]。

再次,文化产品贸易发展为旅游发展营造了良好的文化环境。国与国间进出口贸易的往来,特别是文化产品贸易,为旅游发展提供了良好的文化环境。张欣和王子泰等(2019)认为,文化产品是一国家或地

区民族文化的载体,文化产品贸易其实是该国文化向贸易伙伴国的传播[45];某种程度上而言,东盟国家对中国文化产品的购买和消费,就是对中国文化的需求和认同,中国对东盟国家文化产品出口,也是中国文化的传播。可见,文化产品贸易增加了对外文化交流,提高文化认同感,降低了因无形的文化差异而导致的贸易成本,促进了各国间贸易活动的开展。双边或多边贸易合作过程中,存在明显"相似吸引"偏好[44]。换言之,两国间若能在审美爱好、风俗习惯、价值观念和宗教信仰方面有共鸣和认同感,那么,必然会引致对贸易伙伴国的旅游兴趣和偏好。由此可见,文化产品贸易发展提高了国与国间的"文化亲近"度,为旅游合作奠定文化基础。

最后,国际贸易发展促进旅游基础设施建设。国际贸易发展所带来的投资增加、技术转移、人员流动等,必将对一国或地区产生较大的经济溢出效应,进而改善公共服务设施、交通基础设施和旅游服务设施,[36]为中国与东盟各国旅游合作奠定坚实基础。基于上述理论分析,提出如下假设:

假设 H2:中国—东盟贸易规模的增长带动旅游业发展,而且不同阶段内贸易对旅游的带动作用存在差异。

第三节 旅游与贸易相互影响:结构视角

一、结构关联论

(一)产业关联理论

产业关联是指产业与产业之间以投入和产出为链接纽带而形成的联系。[141]由于经济活动中,不同产业间必须相互协作,依托其他产业为本产业发展提供要素供给,同时也需要把自己的产品作为市场供给,来满足其他产业的生产和消费。在社会经济发展过程中,各产业之间相互依赖、密切联系、共同发展。为此,我们把这种技术经济联系称之为产业关联。旅游作为一项综合性和复杂性较强的活动,与其他部门或者产业存在的技术经济联系,就构成了旅游产业关联;而贸易产业与其他相关的部门及产业间的技术经济联系,则构成了贸易产业关联。旅游活动涉及国民生产的诸多方面,从旅游六要素"食、住、行、游、购、娱"来看,旅游产业涉及交通、零售、餐饮、住宿、金融等部门,也由此决定了旅游活动的完成,需要各个产业的紧密配合。国际贸易也是如此,国际贸易涉及人们生产生活的各个方面,本国不能生产的产品,则需要通过进口来满足人们的需求,而对于本国富裕的产品,则需要通过出口而获得更多利益。国际旅游与国际贸易存在着密切的关联性,主要体现在:

其一,旅游与贸易的产品关联。旅游与贸易相关联是以彼此之间提供产品和劳务为依托。旅游活动涵盖了"食、住、行、游、购、娱"等要素,这必然决定了旅游与交通运输、建筑施工、工艺产品、进出口贸易等息息相关。游客在旅游活动过程中,不仅消费和购买本国产品,而且还会消费其他国家产品,因此,从旅游消费和购买的角度而言,旅游与贸易存在密切联系,这又决定了旅游活动可以直接促进和推动贸易发展。这种高度关联带动功能,使得旅游业与诸多行业能起到间接和直接的带动作用。从关联方式来看,无论是单向联系方式、双向联系方式,还是逆向联系方式、顺向联系方式,均是以彼此间相互提供劳务服务、生产产品产生关联。由此可见,产品和劳务联系是中国—东盟旅游与贸易最基本的联系,同时也是最直接的联系。

其二,旅游与贸易的生产技术关联。科技是第一生产力。科技创新运用于旅游业,同样也会对旅游业发展产生巨大推动力。比如信息技术、互联网、移动通信等高新技术的发展,对旅游营销、旅游资源开发、旅游服务等产生积极影响,推动旅游业向前发展。正是由于旅游与贸易之间存在着产品和劳务联系,所以必然导致旅游与贸易存在生产技术联系。无论是旅游还是贸易,都需要为彼此提供产品和劳务,这不仅仅是简单的吸收和接纳而已,而是根据本产业技术和结构特点,对另一方提出产品质量、技术工艺、价格等方面的要求,进而保证本产业产品生产的顺利进行。如上要求也就促使旅游与贸易间在生产和销售等方面存在必然联系。

其三,旅游与贸易的价格关联。既然旅游与贸易在产品和劳务方面存在联系,也就决定了二者在产品价格上有必然联系。不同产业之间是以生产彼此可消耗的产品和劳务而发生联系,因此,旅游与贸易间相互提供劳务和产品,就使得二者联系显得更为明显。

其四,旅游与贸易的投资联系。旅游业的发展,要通过相关产业部门的协调发展来实现,这就需要一定数量的投资。旅游业要发展,需要进行必要的旅游投资,对旅游基础设施,比如旅游交通和宾馆饭店等领域的投资,必定带动相关产业,比如进出口贸易的发展,这就是旅游投资乘数效应。旅游业是一个融劳动密集型产品、资金密集型产品和技术密集型产品于一体的综合性行业。旅游业的投资必然引致大量相关产业的投资,也正因如此,旅游与贸易的投资存在千丝万缕的联系。

（二）知识关联理论

"知识外部性"或者"知识溢出",是经济学家在阐释知识扩散和知识创新时,引起空间集聚现象而提出的,经济地理学家们发现经济学中提及的知识溢出与技术溢出,并不能科学准确地解释知识创新与扩散对人们经济活动所产生的空间集聚,因而提出了"知识关联"。目前,很多学者研究旅游与经济增长的内生动力和贸易发展与经济增长的动力机制,并从不同角度构建了较为成熟的知识关联理论框架,比如二人模型、TP 模型以及知识创新和传递模型等。核心内容是强调知识或信息空间分布的异质性,以及人和人之间通过知识创新或学习而产生的联系和作用机制。李红等(2013)在已有研究的基础上,结合多个学科的理论分析工具,对人员流动带动货物流通(知识流动),不同知识间的匹配、交换,以及创新导致的溢出效应进行深入研究,构建了"文化—知识—贸易"的概念模型 [142],丰富了区域合作理论,有助于提升区域合作的质量,促进区域经济内生增长。

为此,本书中所提及的知识关联指的是游客在旅游目的地参观游览和文化体验过程中,有意识或者无意识地向当地旅游企业、旅游机构、经销商、政府工作人员等,传递游客的偏好、需求以及购销等信息,然后后者通过对信息进行收集整理分析,并以此对产品外观设计、技术、市场营销、功能等方面进行改进,从而获得收益。著名学者 Emanuela 和 Raffaele (2011)指出,旅游流是旅游和贸易相关企业获取消费偏好等信息的免费渠道,比如利用旅游目的地企业直接和旅游者接触,获得游客的消费信息 [143]。如此一来,当地企业就可以根据偏好信息,改进生产工艺,提高生产效率等,并以此向整个地区扩展,进而促进国际贸易发展。

二、旅游结构影响贸易增长的研究假设

当前学术界针对旅游发展对贸易增长影响的研究,大多集中于旅游业的宏观角度,从旅游人数、旅游收入、旅游支出的角度来探讨,却忽视了旅游行业结构,即旅游业内部间的差异性。旅游业实质是一个由航空、住宿、旅行社及餐饮等各种商业机构和组织形成的"系统",但该系统内各行业间存在较大的结构性差异,把旅游业作为一个整体,来研究旅游发展对贸易增长的影响效应,势必会导致研究结果出现偏差。著名学者谢彦君[144]（2004）,何勋、全华[145]（2013）等指出,旅游结构包括产业结构、市场结构、产品结构、消费结构等。罗明义（2009）则认为旅游业结构是指旅游业内部各个行业间的占比关系和技术经济联系[146]。本研究在借鉴如上研究成果的基础上,从旅游核心产业角度,即旅游餐饮业、交通运输业、旅游景观、旅游结构（图 2-7）等,探讨行业部门在旅游发展促进贸易增长中的地位、关系和作用。

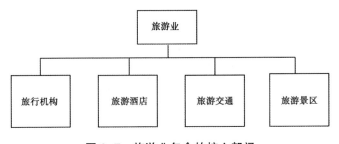

图 2-7　旅游业包含的核心部门

Fig.2-7 Tourism includes the core sector

旅游业是一个综合性强而且较为复杂的产业,它可以视为多个行业的集合,旅游业涉及食、住、行、游、购、娱等多个部门,而且各部门在旅游业发展中的作用和地位也存在差异,对贸易增长的推动效应也不尽相同。另外,不同国家或地区的旅游业发展呈现不同的特质。即使旅游要素占比关系在某一国家或地区较为合理,在另外一国或地区则不一定适用;且同一国家或地区,随着时间的推移,各部门间的比例关系也会不断变化,而并非固定不变。旅游结构调整的实质是,旅游业各部门间按照符号旅游产业发展需要,调整各自在旅游业中的比例关系,从而使得旅游业各部门处于高度协调和互补的状态,进而实现旅游业的健康稳步

发展[147]。旅游业的结构变动除与各地区经济社会发展有着密切联系外，现代信息技术和高新技术发展，也是旅游结构调整的重要动力。以旅行社为例，以往旅行社在旅游业中占有绝对重要的地位，而当前，旅行社已经不再是连接旅游资源和旅游者的必要纽带。自驾游、背包客、自由行等旅游形式快速发展，旅游购买和支付可以通过互联网，也更加方便快捷，这些都使旅行社的地位有所下降。另外，旅游行业结构调整，不仅有市场的自发调节，还有政府的人为干预[148]。因此，旅游行业的结构调整存在不确定性，可能会提高要素配置，也可能会导致旅游行业结构失衡、低效。在旅游行业结构调整过程中，势必也会对贸易产生影响。旅游和贸易作为相互影响、相互促进的有机体，旅游结构调整，必然会通过产品关联、价格关联、生产技术关联、投资关联、知识关联等影响贸易增长。对于一国或地区而言，旅游结构和贸易结构特征与当地社会、经济、文化密切联系，是长期动态博弈形成的较为稳定的比例关系，假若旅游结构调整人为调整过大，势必会影响贸易增长。为此，基于上述理论分析，提出如下假设：

假设 H3：旅游核心部门（旅游景区、旅游交通、旅游酒店、旅游机构）与国际贸易密切相关，旅游结构波动幅度越大，越不利于贸易发展。

三、贸易结构影响旅游增长的研究假设

中国与东盟国家的贸易结构，能有效反映出国与国间的经济发展程度和地域分工优势。不同的贸易产品所获得的经济效益、品牌宣传效应、社会影响效应和传播效应各不相同。整体而言，发达国家对外贸易是：进口初级产品，出口工业制成品；而发展中国家对外贸易是：出口初级产品，进口工业制成品。贸易结构调整主要通过以下几方面促进旅游增加：其一，提高企业的生产效率，提高人们的收入水平，带动旅游增长。当前各国正在推进科技创新，加快产业升级步伐，促进资源有效配置，使劳动力由资源密集型产业向高新技术产业转移，从而获得更多经济利益。高新技术产业通过促进经济增长，增加了政府财政税收，提高了人们的收入水平，为旅游提供了经济基础。其二，高技术产业具有高开放性的特点，相关高科技产品也逐步应用于旅游服务，提升旅游吸引力和服务质量，进而促进出境旅游发展，比如旅游电子信息平台、3D 虚

拟旅游、电子导览等。其三,贸易结构优化升级过程中,引进先进技术,实现人工智能化生产,释放劳动力,拥有更多的闲暇时间,都为旅游活动奠定基础。基于前文旅游需求理论,旅游活动是多方面作用的结果,除了拥有足够的经济基础,还需要拥有足够的闲暇时间。贸易结构优化升级中,劳动力资源逐步从资源密集型产业,向技术密集型产业转移,即人们逐步从繁重的体力劳动中解放出来,拥有更多的闲暇时间,为旅游活动提供保障。另外,贸易结构调整加大了对高级人才的需求,促进了人们受教育水平的提高,受教育程度越高,潜在的旅游需求也越大。其四,促进贸易产品结构从资源密集型向劳动密集型和技术密集型转型升级。高新技术产品更能吸引人们的注意,形成口碑和宣传效应,引发人们对贸易伙伴国的兴趣。以形象宣传为重要表征的出口贸易,其传播功能能够增加国外游客对中国的了解,增加潜在游客到中国旅游的兴趣。大量国际商品和服务的进口,有利于国内游客了解贸易伙伴国旅游资源特色、风俗习惯等,激发人们的出游兴趣和欲望。某国或地区产品大量流入另外的国家或地区,会提高出口国在进口国的认可度、知名度和国际形象,吸引更多潜在游客到该国参观游览。由此可见,贸易结构调整升级,在一定程度上能带动旅游增长。为此,本书提出假设:

H4:不同贸易产品对旅游增长的带动作用存在异质性,且贸易结构优化调整有利于旅游增长。

第四节　旅游与贸易相互影响:质量、效益视角

一、质量效益门槛论

随着新贸易理论不断发展,学者们除了对贸易的规模、效率等进行研究外,也开始关注贸易质量问题,并进行了大量研究。贸易质量直接影响该国贸易在国际市场上的竞争力,同时也决定了贸易利润、工资水平和国民收入。部分学者用产品的单位价格作为质量的代理变量,发现国与国之间存在明显的产品分工。也就是出口高质量产品的多是技术密集型和资本密集型国家,而出口低质量产品的国家集中在劳动密集

型国家。同时，著名经济学家 Hummels and Klenow（2005）也指出，经济水平高的国家产品质量较高，然而需要我们注意的是，产品价格除了受质量影响外，还受生产要素成本、国际市场定价能力、进口国消费偏好等因素的影响，假若以产品价格来衡量贸易或旅游质量，以其为质量代理变量，可能会存在偏差。现有文献从多个方面计算贸易质量，其中被人们普遍接受的是以经典 CES 效应模型为基础，加入质量效用函数，主要原因是消费者购买和使用该产品所获得的效用，不仅由该产品的数量决定，还由该产品的质量共同决定。所以借鉴 Hallak 和 Sivadasan（2013）所构建的质量决定模型，该模型主要由产品供给和需求两个方面构成。具体如下：

$$U_j = \left[\int_{\omega \varepsilon \Omega_j} \left(\theta_j(\omega)^\delta q_j(\omega) \right)^\rho d\omega \right]^{\frac{1}{\rho}} \qquad (2-25)$$

在式（2-25）中，ω 代表消费产品种类；Ω_j 代表的是在 j 国消费和购买市场上所有产品的集合，而 $\theta_j(\omega)^\delta$ 和 $q_j(\omega)$ 代表质量和数量，δ 代表 j 国消费市场的消费量与产品质量的弹性，ρ 则表示不同产品的替代弹性。另外，产品的价格指数为：

$$P_j = \left[\int_{\omega \varepsilon \Omega_j} \left(p_j(\omega) / \theta_j(\omega) \right)^{1-\sigma} d\omega \right]^{\frac{1}{1-\sigma}} \qquad (2-26)$$

其中，$p_j(\omega)$ 代表产品的价格，设定 $\sigma = 1/(1-\rho)$，而且均满足条件：$\sigma > 1$，$0 < \rho < 1$。那么，p_j 则表示经过质量加权处理后的价格。在满足预算约束条件后，消费者效应最大化，即：

$$\max U_j = \left[\int_{\omega \varepsilon \Omega_j} \left(\theta_j(\omega)^\delta q_j(\omega) \right)^\rho d\omega \right]^{\frac{1}{\rho}} \qquad (2-27)$$

$$\text{s.t.} \quad E_j = P_j Q_j = \int_{\omega \varepsilon \Omega_j} p_j(\omega) q_j(\omega) d\omega \qquad (2-28)$$

满足消费者效用最大条件时，消费者对产品的需求量为：

$$q_j(\omega) = \frac{E_j \cdot p_j(\omega)^{-\sigma}}{p_j(\omega)^{1-\sigma} \cdot \theta_j(\omega)^{-\sigma\delta}} = p_j(\omega)^{-\sigma} \theta_j(\omega)^{\sigma\delta} \frac{E_j}{p_j(\omega)^{1-\sigma}} \qquad (2-29)$$

由式（2-29）可知，在价格固定的条件下，消费者对产品的需求数量、质量同消费偏好成正相关。另外，从供给层面而言，我们假设仅考虑劳动力这一生产要素，而且设定工人工资 $\omega=1$。生产成本细分为固定成本和可变成本：

$$\mathrm{MC}(\theta,\phi)=\left(\frac{k}{\phi}\right)\theta^{\alpha} \tag{2-30}$$

其中，θ 代表质量，ϕ 代表效率，k 表示常数。那么，利润最大化可表示为：

$$\max \pi_j = p_j(\omega)q_j(\omega)-\omega\left[q_j(\omega)\left(\frac{k}{\phi}\right)\theta^{\alpha}+F_0\right]$$
$$=\left[p_j(\omega)-\left(\frac{k}{\phi}\right)\theta^{\alpha}\right]q_j(\omega)-F_0 \tag{2-31}$$

进而可以得到企业利润最大时，产品的定价模式：

$$p_j(\omega)=\left(\frac{\sigma}{1-\sigma}\right)\left(\frac{k}{\phi}\right)\theta^{\alpha} \tag{2-32}$$

在经济全球化宏观环境下，假若有 n 个同质化国家[149]，并在原有定价的基础上，加上贸易冰山成本 τ，则企业生产定价可以表示为：

$$p_j = p_j\tau=\left(\frac{\sigma}{1-\sigma}\right)\left(\frac{k}{\phi}\right)\theta^{\alpha} \tag{2-33}$$

将式（2-23）和（2-30）带入公式（2-29），再对式（2-29）两边分别求 $\theta_j(\omega)$ 的一阶偏导数，则得到贸易或旅游供需均衡时的质量：

$$\theta = \left[\left(1-\frac{\alpha\sigma}{\alpha+\delta\sigma}\right)\frac{1}{\tau}\frac{\phi}{k}\theta^{\alpha}\right]^{\alpha\sigma} \tag{2-34}$$

由式（2-34）可知，一方面，消费者对贸易产品价格的感知，与贸易产品的质量存在较大关系，贸易对象国的经济发展水平越高，对质量要求也更高，那么出口该国的产品质量也会越高。这样消费者在购买高质量产品时，必然会让人们觉得"物美价廉"。另外，也不难发现，当其他附加条件均保持不变时，贸易进口国对出口国贸易质量的影响，主要依靠进口国对质量偏好程度 δ 而发挥作用。如上构成了本书"质量门槛"的一个假说。不同的质量水平下，由于人们对质量偏好程度不同，就会通过市场选择效应将高质量产品留在市场内，而低质量（效益）产品就被挡在"质量门槛"之外,这就构成了企业和消费者"自选择"过程,也是旅游和贸易基于不同门槛质量(效益)下,相互影响存在非线性关系的理论基础。

二、旅游质量影响贸易增长的研究假设

旅游业发展不仅仅表现在旅游人数的持续增加,还体现在旅游质量的不断提高[150]。旅游规模(旅游人数)是衡量国家或地区旅游业发展水平的标尺,但是假如一味追求规模的增长,注重经济利益,而忽视旅游质量的重要作用,必然会导致旅游业发展不可持续。为此,衡量中国与东盟国家旅游业发展,既要包含旅游规模的增加,也应该涵盖旅游质量的持续提升。本书借鉴学者陈晓静[150](2015)、何昭丽和张振龙等[151](2018)的做法,以旅游专业化即以旅游收入与 GDP 的比值,作为旅游质量的重要衡量指标,以旅游专业化作为旅游质量代理变量,来探讨旅游质量与贸易增长之间的关系。

当前学界对旅游专业化做了大量研究,并取得可喜成绩。Croes 和 Ridderstaat[152](2018)运用内生增长理论探讨了旅游专业与贸易增长的关系。Romão 和 Nijkamp[153](2017)将欧洲各国划分为旅游服务业密集区和高科技密集区,运用空间计量经济学方法,分析二者与贸易增长的相关性。何昭丽和张振龙等[154](2018)运用面板模型对中国旅游专业化与经济增长的关系进行了研究,结果发现旅游专业化与经济增长速度和规模之间呈现 U 形曲线关系。Vita 和 Kyaw[155](2018)利用系统广义矩估计方法,考察了旅游专业化与旅游目的地经济增长之间的关系,研究结果表明旅游专业化对经济增长有积极作用,而且该促进作用依赖于经济发展水平,经济发达的国家,旅游专业化水平呈指数级增长。Chang 和 Khamkaew(2012)以 159 个国家旅游专业化对经济发展的影响为研究对象,利用面板门槛回归结果表明,旅游和经济增长存在基于法制完善度的双重门槛效应,即不同法制程度下,旅游专业化变量的系数存在显著差异,法律制度完善的国家,旅游对经济增长的影响较大,同时也发现旅游增长并不总是带来实质性的经济增长[156]。Arezki 和 Rabah(2009)探讨旅游专业化是否为一种可行的发展战略,发现旅游专业化程度与经济增长之间存在着正相关关系。在其他因素

不变的情况下,旅游业在出口中所占比重每增加一个标准差,年增长率就会增加 0.5 个百分点左右 [157]。大部分学者研究发现,旅游专业化有利于其国家的经济增长。但是也有小部分研究得出,旅游专业化的提高阻碍了经济增长。Giannoni 和 Sauveur[158]（2007）研究发现,旅游专业化国家的经济增长率并不一定比非旅游专业化国家的经济增长率高。

通过对如上文献的梳理,我们发现学者们对旅游专业化和经济增长间的关系做了大量研究,并取得可喜成绩,然而当前探讨旅游专业化与贸易增长的文献却鲜见。国际贸易作为国民经济的重要组成部分,绝大多数学者都是以规模视角,探讨旅游与贸易的互动关系。值得我们注意的是,旅游质量作为旅游规模增长是否具有可持续性,以及旅游结构调整升级的重要标志,探究旅游质量与贸易增长间的关系,将在一定程度上丰富现有研究内容。那么,中国—东盟旅游质量与贸易增长之间,是否也存在类似于旅游与经济之间的门槛效应？门槛值到底是多大？基于上述理论分析,提出如下假设:

H5:旅游专业化的提升将促进贸易增长,且不同旅游专业化门槛值下,旅游对贸易的推动作用存在差异。

三、贸易效益影响旅游增长的研究假设

在不同的研究视角下,贸易效益呈现不同的含义,重商主义思想下,贸易效益更强调金银货币总额和贸易顺差的增加 [159];贸易保护主义理论下,更重视贸易竞争力的提高 [160];环境保护主义更强调生态环境效益。随着国际贸易理论不断发展,贸易效益内容日益丰富,大致可以分为贸易社会效益、环境效益和贸易经济效益等方面 [161]。本节主要是从贸易经济效益视角来探讨,所谓贸易经济效益,就是指外贸发展在整个国民经济发展中的作用 [162]。我们借鉴滑冬玲 [163]（2001）、徐润蓝 [164]（2017）、史小芳 [165]（2019）的研究方法,以进、出口贸易额在国民生产总值（GDP）中的占比来衡量贸易效益。

通过对文献的梳理、研究发现,贸易效益主要通过如下途径来促进旅游增长:其一,国际贸易发展会促进该国或地区的经济增长;可增加政府财政收入,使得政府有更多财力,主动去完善交通基础设施、保护生态环境等 [166],为旅游发展提供资金支持和服务设施保障。不仅如此,

快速发展的国际贸易,也会要求加快交通基础设施发展,要求政府加大对交通设施的建设和投资力度。其二,国际贸易发展能使贸易双方均获得经济和社会效益,提高居民收入和增加社会福利[167],为人们旅游提供经济基础和保障。基于上述理论分析,提出如下假设:

H6:进出口贸易效益的提升,有助于出入境旅游发展,而且不同贸易效益水平下,进出口贸易与出入境旅游之间存在非线性关系。

第五节　中国—东盟旅游与贸易相互影响理论框架构建

经济学时常把“发展”和“增长”视为同义词来使用,然而现代发展理论则认为,发展是规模、结构、质量相互联系、共同进步的过程。狭义角度而言,“发展”与“增长”可视为同义词。“增长”主要是旅游或贸易总额的提高,是以数量的增加作为最终目标或衡量标尺。相比而言,“发展”比“增长”具有更宽泛的内涵,它既包括增长所强调的规模扩大,同时也重视结构调整和质量提升。简而言之,增长侧重规模有多大,发展不仅重视规模有多大,而且要回答结构有多优、质量有多好。增长与发展是相互联系、相互统一的有机体。没有“质量”的增长是不可持续的,同理,没有“规模”的发展也是不稳固的。三者存在普遍的联系和相互作用:旅游规模是衡量旅游发展的基本特征要素,旅游结构主导规模增长的效能大小,旅游质量则是决定了规模扩张的可持续性。对于贸易而言,也是如此。旅游或贸易的规模是衡量其发展的基本特征和目标指向,而结构决定其规模扩张的效能[161,168],质量则决定了旅游或贸易规模扩张与结构调整的可持续性[150]。简而言之,发展不仅关注“量”的增加,而且还强调“质”的提高。“规模—结构—质量(效益)”三者是辩证统一的关系[150],同时也是层层深入、逐步递进的过程。

另外,通过对中国—东盟出境旅游、入境旅游、进口贸易、出口贸易两两间进行格兰杰因果检验,结果发现:中国—东盟出境旅游不是出口贸易的格兰杰原因,入境旅游也不是进口贸易格兰杰原因,仅有“出境旅游与进口贸易”和“入境旅游和出口贸易”这两组互为因果关系。为此,仅以互为因果的"出境旅游与进口贸易"和"入境旅游和出口贸易"为研究对象,来研究中国—东盟旅游与贸易相互影响及作用机理。由于出境旅游与出口贸易、入境旅游与进口贸易,不存在互为因果关系,故不在本书研究范围内。基于如上原因,本书以 1995—2017 年中国与东盟 10 个国家旅游与贸易的数据为基础,以互为因果且彼此方向相反的"入境旅游—出口贸易"和"出境旅游—进口贸易"为切入点,从规模、结构、质量(效益)三个维度,分别探讨中国—东盟旅游发展对贸易增长、贸易发展对旅游增长的影响效应及作用机理。本研究的总体理论框架如图 2-8 所示。具体而言,该框架是融合旅游理论和贸易理论后,以互为因果关系的"出境旅游—进口贸易""入境旅游—出口贸易"而形成的目的地和客源国(进口国和出口国)双向对流系统框架,将规模、结构、质量(效益)纳入旅游与贸易发展体系中,以因文化差异、资源互补而产生的人员、货物跨国流动为主要形式的空间流动。在旅游与贸易相互作用过程中,主要通过塑造彼此信任、缩小文化距离、促进经济发展、完善交通设施等因素构成互动的内部系统,同时以科技创新、对外开放、信息化建设等作为旅游与贸易互动的外部系统。后文将围绕该框架逐步展开研究。

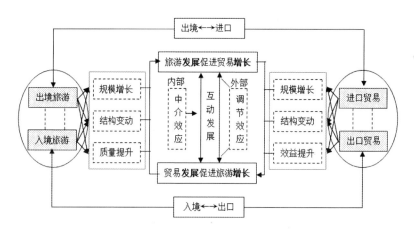

图 2-8　总体理论框架示意图

Fig.2-8　An evolutionary model of the impact of trade on tourism

第三章

中国—东盟旅游与贸易发展的现实考察

　　旅游和贸易作为国与国之间人员流动和货物流通的两个方面,已经成为学术界研究的热点。东盟旅游业经过40余年的发展,凭借其得天独厚的旅游资源,已然成为世界旅游业发展的新"亮点"。近年来,中国—东盟旅游与贸易合作取得可喜成绩,中国与东盟互为重要的旅游客源地和目的地,东盟已成为继美国、欧盟之后的中国第二大贸易伙伴①。在中国—东盟旅游与贸易快速发展的同时,两者的相互关系如何? 规模到底有多大? 发展演进具有何种特征? 为此,本章基于1995—2017年中国与东盟各国出入境旅游和进出口贸易数据,依次从规模、结构、质量三方面探讨旅游与贸易的发展现状,并运用ADF单位根检验、格兰杰因果检验、耦合协调、推拉方程等,从宏观上揭示旅游与贸易间的相互关系。

---

① 2019年东盟晋升为中国第二大贸易伙伴。

第一节　中国—东盟旅游发展的现实考察

一、旅游规模现状和发展阶段

（一）中国赴东盟各国旅游规模特征

旅游是传播文明、交流文化、增进友谊的桥梁，是人与人最直接、最自然的交流方式。旅游不仅提高人们的生活水平，而且让各国人民互相了解，拉近彼此的距离。随着中国与东盟各国人文交流日益频繁，经贸合作更加紧密，旅游已经成为各国间关系发展的纽带。中国已成为东盟第一大客源国，而对中国来说，排名前 15 位客源国中，有 6 个是东盟国家。中国—东盟在旅游领域的紧密交流与合作，推动了民间外交，增进了各国人民间的信任与了解，有利于消除民众误解，为双方基础设施建设、金融投资、贸易往来奠定坚实的民心基础，进而推动中国与东盟各国在经济贸易等领域的合作。当前中国—东盟旅游合作已取得可喜成绩，具体而言：其一，从中国赴东盟的游客人数发展趋势来看。丰富的自然资源与人文资源等旅游资源，使东盟成为颇具吸引力的旅游目的地。除了受自然灾害如海啸，或重大事件如非典、金融危机等影响，中国赴东盟各国的游客数量保持着较快的发展速度。2016 年中国赴东盟旅游人数为 2099 万，2017 年中国赴东盟旅游人数上升至 2561 万，增长 22%。由此可见，中国—东盟入境旅游人数呈现持续增长态势，各国间的人员往来更加密切。

其二，从中国赴东盟游客人数的国别差异来看。1995—2009 年中国赴东盟游客人数增长缓慢，2010 年开始赴东盟各国游客人数呈几何倍数增长，其主要原因是：中国—东盟已经从快速发展期，逐步迈入质量提升期，进入全方位互动发展新阶段。中国与东盟各国之间，无论是通关手续，还是交通便利等方面，都取得长足进展，使得中国到东盟旅游的游客量急剧增加。在东盟十国中，接待中国游客较多的是泰国、马来西亚、越南，而入境游客相对较少的是老挝、缅甸和菲律宾（图 3-1）。主要原因是老挝作为东盟唯一的内陆国，缺乏滨海旅游资源，经济发展落后,交通基础设施不完善,旅游竞争力较弱;缅甸长期处于内战中,造成重大人员和财产损失,甚至游客安全也难以得到保障。另外,老挝和缅甸也是世界上为数不多的贫困国家,人民生活都极为困难的情况下,对旅游资源的开发和保护投入力度也极为薄弱。

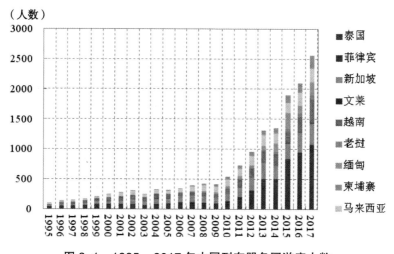

（人数）

图 3-1 1995—2017 年中国到东盟各国游客人数

Fig.3-1 Number of Chinese tourists to ASEAN countries from 1995 to 2017

（二）东盟各国赴中国旅游规模现状

旅游业是朝阳产业、幸福产业,中国—东盟的旅游合作将会给双方带来经济社会的发展机遇,促进双方的政治互信,强化多边沟通,提供就业岗位,改善国民生活水平,造福民众,实现互利共赢[169]。2016 年东盟赴中国游客达到 1034 万人,2017 年东盟入境中国旅游人数为 2129 万人,增长 105%;一方面,从东盟赴中国游客的国别分布来看,1995 年入境中国的游客主要来源于马来西亚、印度尼西亚、新加坡、泰国,如上四国占东盟入境中国游客总量的 73.16%,成为入境游客的主力军,但是 2017 年入境中国游客排名前几位的分别是越南、菲律宾、马来西亚,占东盟游客总量的 78.39%。由此可见,整体上入境中国客源国变化较小,马来西亚、菲律宾、越南、新加坡一直是东盟入境中国的主要客源国(图 3-2)。

图 3-2　1995—2017 年东盟各国到中国游客人数

Fig.3-2　Number of tourists from ASEAN countries to China from 1995 to 2017

另一方面,从中国接待东盟各国旅游者人数发展趋势来看,1995—2017 年,中国接待东盟游客从 108 万增加至 2129 万。2007—2009 年尽管遭遇了全球金融危机,但东盟来华游客人数仍然持续增长。2008 年东盟入境中国游客高达 518 万,其中越南、马来西亚、印度尼西亚年均增长保持在 111% 以上。特别是越南,越南与中国广西和云南交界,通关极为便利,吸引了大量游客来华旅游,旅游增长较快。即便是旅游业相对落后的老挝,2009 年来华游客人数增长率也达到 10.51%。随着中国—东盟旅游合作的逐步推进,游客的友好往来,山水相连的传统情谊,也在不断加深,也进一步推动着中国与东盟国家经济贸易领域的密切合作。

总体而言,由中国与东盟十国出入境游客人数对比可知,中国—东盟的旅游合作大致经历了三个阶段:缓慢增长阶段(1995—2004)、稳步发展阶段(2005—2010),以及快速增长阶段(2011—2017)。具体而言,1995—2004 年中国与东盟出入境旅游基本平衡,双双呈现同步增长的态势,且出境旅游略高于入境旅游。2005—2010 年增长速度较快,并且入境旅游人数首次超过出境旅游,入境游客从 374 万增长到 575 万,出境游客从 313 万增长到 544 万,出入境年均增长率分别为 8.96% 和 7.08%。2010 年 1 月 1 日中国—东盟自贸区正式启动,中国对东盟,旅游市场进一步放开,旅游免签、通关便利化等逐步落实,为中国—东盟旅游提供了新的发展机遇。2011—2017 年中国—东盟出入境游客人数年均增长率分别为 39.39% 和 35.76%,呈现高速增长态势(图 3-3)。

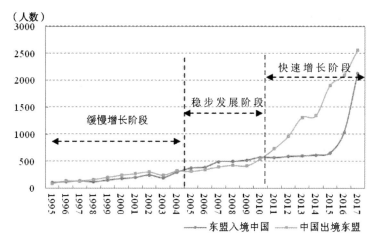

（人数）

图 3-3　1995—2017 年中国—东盟出境与入境游客人数对比

Fig.3-3 Comparison of outbound and inbound tourists between China and ASEAN from 1995 to 2017

二、旅游结构演变特征

根据旅游卫星账户统计,旅游业可以细分为住宿、交通、餐饮、休闲娱乐、购物等 23 个行业,但是从行业产出来看,旅游景区、旅游交通、旅游酒店和旅游机构 4 个行业,占旅游业总产值的 60% 左右[170]。为此,结合数据的可获得性,本书将旅行社、旅游酒店、旅游交通、旅游景区视作核心旅游部门,来研究中国和东盟各国旅游结构现状。

由图 3-4 可知,中国—东盟从旅游酒店、旅游景区、旅游交通等方面,各国间存在较大差异。具体而言,一方面,旅游四大核心要素的资源禀赋,主要分布在中国、泰国、马来西亚、菲律宾等国。经过近 30 年的发展,截至 2017 年,菲律宾、马来西亚、新加坡等国的传统优势,已经不再明显,各国间旅游业四大核心部门发展日趋均衡。另一方面,旅游业四大核心部门间,世界遗产和旅游酒店方面最具优势的是中国,旅游机构数量较多是的越南和泰国。相比而言,中国旅游机构的数量严重不足,与旅游景区、旅游酒店和旅游交通严重不匹配,面对中国日益增长的旅游需求,严重滞后的旅游机构势必会制约旅游业的快速发展。

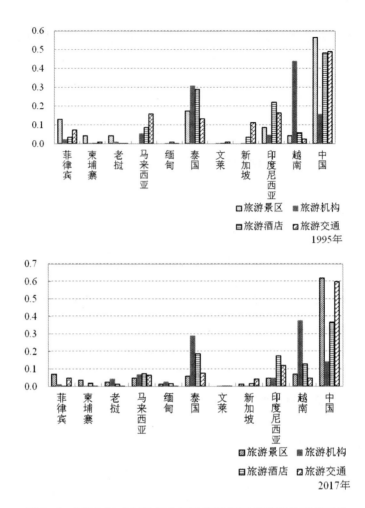

图 3-4　1995 年、2017 年中国及东盟各国旅游结构现状对比

**Fig.3-4　Comparison of tourism structure between China and ASEAN countries
in 1995 and 2017**

注：为解决各变量间由于单位不同而难以比较的问题，将各变量值转换为百分比。

三、旅游质量增长变化

许多学者认为，旅游的专业化程度是国家或地区旅游业发展质量的
重要决定因素。旅游专业化是指一个国家或地区旅游业在整体经济中
所占比例，可代表该国或地区经济对旅游业的依赖程度[150]。为此，本
书以旅游专业化作为旅游质量的替代变量。学者们通常采用该国旅游

总收入与国民生产总值 GDP 之比,或入境旅游收入与出口贸易及出境旅游支出与进口贸易比值来衡量[171]。然而东盟国家在统计入境旅游收入时,各国标准不一,并且老挝、缅甸、柬埔寨等国数据缺失严重,综合考虑数据的可获得性和准确性,本书利用出、入境旅游与进、出口贸易之比,来评价出境和入境旅游质量发展状况。

由图 3-5 和 3-6 可知,除了 2007—2009 年由于受金融危机影响,导致东盟各国出境和入境旅游质量下降外,其他年份东盟国旅游质量均出现不同程度上升。其中,入境旅游质量增长幅度较大的是柬埔寨和泰国;出境旅游质量增长幅度较大的是老挝和菲律宾。随着"21 世纪海上丝绸之路"建设逐步推进和中国—东盟自贸区"升级版"签署,中国与东盟各国间旅游与贸易往来日益密切,旅游质量也得到显著提升。

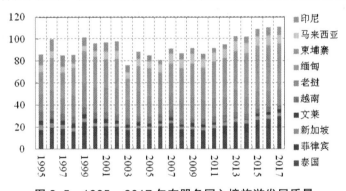

图 3-5　1995—2017 年东盟各国入境旅游发展质量

Fig.3-5　The quality of inbound tourism in asean countries from 1995 to 2017

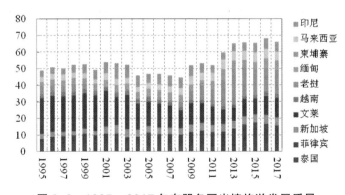

图 3-6　1995—2017 年东盟各国出境旅游发展质量

Fig.3-6　The quality of outbound tourism in asean countries from 1995 to 2017

数据来源:世界旅游组织 UNWTO 和世界银行数据库。

第二节　中国—东盟贸易发展的现实考察

一、贸易规模增长趋势及国别差异

自中国—东盟自贸区成立以来，特别是"21世纪海上丝绸之路"建设逐步推进和中国—东盟自贸区"升级版"签署，为中国和东盟国家经贸合作提供了新的发展机遇。据商务部数据显示，中国和东盟双边贸易额由1995年的203亿美元增长到2018年的5878亿美元，年均增长率达18.5%。自2009年以来，中国一直是东盟第一大贸易伙伴，2019年东盟超越美国，成为继欧盟之后的中国第二大贸易伙伴[①]。中国和东盟各国经贸合作已经进入多领域、全方位、深层次发展的新阶段，区域间的贸易合作成效显著。

其一，中国—东盟进出口贸易持续增长，但增速放缓（图3-7）。2017年中国与东盟贸易额高达5155亿美元，同比增长13.9%，增速超过中国与欧盟美国的对外贸易增速，占中国进出口贸易总额的12.5%。其中，中国对东盟国家出口2795亿美元，同比增长9.2%，进口2360亿美元，同比增长20.1%。具体而言，1995—2017年间中国与东盟十国出口贸易年均增长率大于进口，分别为112%和99.3%，贸易总额年均增长率为105%，月均增长率约1.2%。值得注意的是1995—2012年间中国对东盟的进口大于出口，2012—2017年趋势逆转，中国对东盟的出口大于进口。具体而言，2012年之前中国与东盟国家的贸易一直处于贸易逆差状态，仅有个别月份存在贸易顺差，2012年下半年开始，双边贸易利差位置发生改变。2011年中国与东盟贸易逆差为228亿美元，占当年贸易总额的6.4%，而到2013年中国与东盟实现贸易顺差85亿美元，约占当年贸易的2%。较之中国—东盟自贸区成立时，中国与东盟各国进出口货物贸易总额增长速度有所下降，由2010年的11.7%下

---

① 2019年东盟已经成为中国第二大贸易伙伴。

降至 2017 年的 10.2%,但是下降幅度并不明显。另外,从进出口货物市场占有率来看,中国与东盟进出口贸易从占中国贸易总额的 7.25% 上升到 12.5%,2019 年东盟超越美国,成为中国第二大贸易伙伴,进口的货物在中国市场的占有率总体平稳。

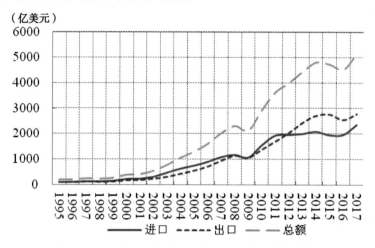

图 3-7　中国—东盟进口、出口及其总额增长趋势

Fig.3-7　Import, export and their total growth trend between China-ASEAN

数据来源:1996—2018 年 *UN Comtrade* 数据库。

其二,中国与东盟各国贸易差异较大,越南、老挝、缅甸和柬埔寨等国发展较快。中国与东盟各国,无论是进口贸易,还是出口贸易,均呈现大幅增长。在进口贸易方面,增速最快的是越南,年均增速为 4.5 倍,增速最慢的是缅甸,年均增速为 71.1%;在出口贸易方面,增速最快的是越南,年均增长 3.6 倍;增长最慢的是新加坡,年均增长 35.6%;在进出口贸易总额方面,年均增长速度最快的是越南(46.2%),其次是柬埔寨(37.7%)和老挝(21.7%)。通过比较 1995 年和 2017 年中国与东盟十国贸易总额发现,中国对东盟进出口贸易排名更替现象严重,传统的贸易伙伴国,比如马来西亚、印度尼西亚、新加坡,逐步被越南、泰国等国超越,特别是越南和柬埔寨,2017 年中国和越南双边贸易额达到 1219 亿美元,越南已然超越马来西亚,成为中国在东盟最大的贸易伙伴。具体而言,2017 年中国从越南进口 504 亿美元,同比增幅达 35.5%,出口 716 亿美元,同比增长达 17.2%。随着越南和柬埔寨基础设置的进一步完善,双边经贸合作进一步推进,中国与老挝、柬埔寨的进出口贸易潜力逐步挖掘和释放。

二、贸易结构特征演变

贸易结构是指，一国家或地区在特定时间内，不同类商品进出口占贸易总额的比重[172]。某国或地区进出口贸易结构，主要是由该国资源状况、经济基础、发展政策和产业结构等多种因素共同决定。一般而言，发达国家国际贸易主要是进口初级产品，出口工业制成品；而对于发展中国而言，多是进口工业制品，出口初级产品。当前中国与东盟国家间贸易范围广泛，涵盖贸易产品的各个领域，从矿物燃料、动物油脂、纺织产品等，到机械及运输设备、机电产品、电子信息产品等，均有涉及，然而由于东盟国家经济水平、政治体制、交通条件等差异明显，因此东盟各国与中国的贸易结构也不尽相同。为此，本书结合联合国制定的《国际贸易标准分类》，将贸易产品分为 10 个门类、50 个大类、150 个中类和 570 个细类；若按进出口贸易产品的加工程度来分，又可以分为初级产品和工业制品（见附表 1）。

（1）从进出口贸易产品分布来看。就中国—东盟进口贸易产品分布而言，进口贸易市场占有率相对稳定，化学产品、矿物燃料、动植物油脂、食品及食用动物等初级产品市场占有率增长较快。其中，动植物油脂主要从马来西亚和印度尼西亚进口，2017 年中国从两国的进口额，分别为 28 亿美元和 15 亿美元。另外，橡胶制品、水果、皮革制品等进口量保持高速增长态势，如上贸易产品具有明显的地域特色，而且多属于初级产品，产品附加值低，有劳动密集的特点。比如 2017 年中国从东盟各国进口动物和植物油脂、水果、蜡等农产品占比高达 60%。中国从东盟国家进口产品以 0 ~ 4 类初级产品为主，特别是 SITC3（矿物燃料、润滑油及有关原料）和 SITC4（动植物油、脂肪及蜡）占较大比重。虽然东盟国家积极推进产业转型升级，加大工业制品对外贸易出口，且近年来中国从东盟各国进口的工业制成品总额逐年增加，但始终维持在较低水平。就具体国家而言，中国同东盟各国的进口贸易主要集中在泰国、马来西亚、越南、新加坡，而与文莱、老挝、缅甸等国进口贸易发展较慢，进口贸易占比低于 10%，可见，中国与东盟各国间进口贸易发展差异明显。

就中国—东盟出口贸易产品分布而言,中国出口东盟国家贸易优势商品主要集中于工业制品,工业制品出口额始终维持在较高水平,而且占比逐年增加(表3-1)。中国出口产品主要分布在SITC6类(按原料分类的制成品)、SITC7类(机械及运输设备)、SITC8类(杂项制品),占比分别为23.9%、42.3%、15.7%,占比总和高达81.9%。从中也不难发现,工业制品出口占比高于初级产品。对于中国与东盟国家出口结构呈现SITC 0 ~ 4类产品和SITC5 ~ 8类产品占比差异较大的主要原因是:(1)中国不断扩大开放,推动产业转型升级,也促进了出口贸易产品结构优化。特别是以高铁、航天、通信为代表的"中国制造",已然成为中国出口贸易的一张名片。(2)中国与东盟国家在经济基础上存在较大差距。经济基础在一定程度上也决定了一国或地区出口贸易的结构,经济欠发达国家或地区,生产力水平较低,多是出口劳动密集型产品,而经济较发达的国家或地区出口贸易则以技术密集型产品为主。当前东盟国家经济发展差异较大,特别是缅甸、老挝等国依然属于世界上为数不多的贫困国家;而新加坡、文莱则属于经济较发达的国家。2017年新加坡人均收入6万美元左右,世界排名第七位。

表3-1 1995—2017年中国与东盟进出口产品平均占比

Tab.3-1 The average share of imports and exports between China and ASEAN from 1995 to 2017

商品构成(按分类)		出口额	占比	进口额	占比
总值		24735	51.57%	23225	48.43%
一、初级产品		2541	10.28%	6740	29.02%
0 类	食品及主要供食用的活动物	1122	4.54%	813	3.50%
1 类	饮料及烟草	87	0.35%	12	0.05%
2 类	燃料及以外的非食用粗原料	214	0.87%	2354	10.13%
3 类	矿物燃料、润滑油及有关原料	1107	4.48%	2756	11.87%
4 类	动植物油脂	11	0.04%	805	3.47%

续表

商品构成（按分类）		出口额	占比	进口额	占比
二、工业制品		22193	89.72%	16485	70.97%
5类	未列名化学品及有关产品	1906	7.70%	2300	9.90%
6类	主要按原料分类的制成品	5901	23.86%	1550	6.67%
7类	机械及运输设备	10446	42.23%	11193	48.19%
8类	杂项制品	3882	15.70%	1045	4.5%
9类	没有分类的其他商品	58	0.23%	397	1.71%

注：联合国第三次修订的《国际贸易标准分类》（SITC REV.3）标准分类；单位：亿美元。

（2）从具体国家进出口贸易额来看，中国与东盟各国主要出口优势产品分布如下，文莱集中于SITC4类动植物油脂；柬埔寨集中于工业制品中的SITC8类杂项制品；老挝集中于SITC3类矿物燃料；越南、菲律宾、马来西亚三国均集中于工业制品中的SITC8类杂项制品；而泰国、印度尼西亚和新加坡在初级产品和工业制品分布上相对均衡，说明中国与如上三国的贸易结构分布均匀，贸易成熟度高；印度尼西亚拥有丰富的自然资源，盛产橡胶，而且劳动力成本低。因此，中国从印度尼西亚多是进口动植物油、矿物燃料、橡胶、矿渣物及其制成品为主。中国从东盟国家进口贸易产品，从贸易额排名来看，从新加坡进口贸易额最大，其次分别是马来西亚、泰国、印度尼西亚，以及越南等。新加坡生产的化工制品、机电产品，以及机械和运输设备在中国进口产品中占有较高份额。另外，近年来中国和越南贸易发展较快，2017年中国进口产品中从越南进口贸易产品占中国进口总额约1.5%，主要集中在家具制品、橡胶制品以及塑料等。整体而言，中国与东盟各国进口贸易结构的特征，与东盟国家的地理环境具有较大关系。东盟国家地处热带，海洋资源、矿藏资源和农业资源丰富，根据要素禀赋理论，东盟国家向中国出口较多的是资源密集型产品（图3-8）。

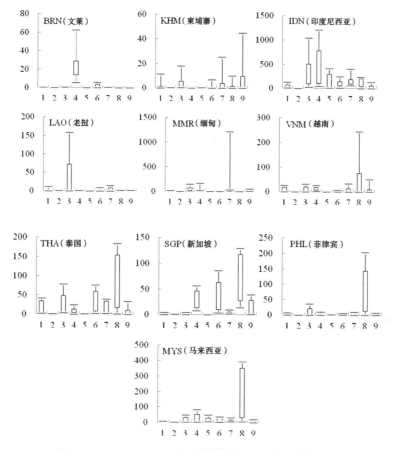

图 3-8　1995—2017 年中国从东盟进口贸易箱线图

Fig.3-8　China's import trade boxplot from ASEAN from 1995 to 2017

注：图中横轴 1～9 分别代表 SITC 0～8 类。

出口产品低附加值,就意味着低竞争力,也意味着低回报率;反之,高附加值也就意味着高竞争力和高回报率[173]。在中国—东盟早期贸易中,初级产品(SITC0～4 类)在出口贸易中占比很大,且与东盟整体经济水平和产业结构相适应,但是随着中国对外开放和产业升级的逐步落实,中国与东盟贸易产品结构发了较大变化,中国对东盟国家的出口贸易主要集中在 SITC5～8 类(图 3-9),即以工业制品为主。

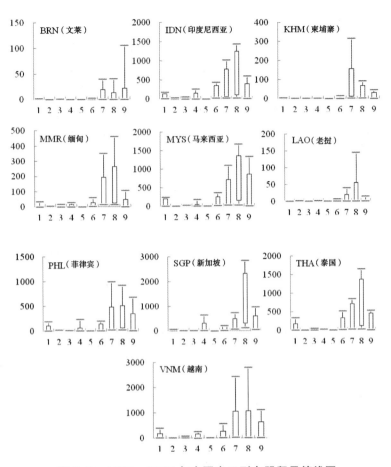

图 3-9　1995—2017 年中国出口到东盟贸易箱线图

Fig.3-9　China's exports to ASEAN trade boxplot from 1995 to 2017

注：图中横轴 1～9 分别代表 SITC0～8 类。

总体而言，中国从东盟国家进口的产品主要是初级产品，而出口产品主要是工业制成品。由于东盟国家加工制造业相对薄弱，因此其产业结构层次不高。但随着各国经济快速发展，区域合作进一步加强，东盟国家在工业制品方面，其强劲动力和优势日益展现，贸易结构也得到了很大改善，更趋科学合理。

三、贸易效益发展变化

贸易效益就是指一定时间内投入对外贸易领域的劳动和由此取

得的成果之比,涉及经济、社会、环境等多方面的效益。[161]本书借鉴 Charles[174](2013);Postmus 和 Richard[175](2018);Wilson 和 Mann[176](2010)的做法,利用中国与东盟各国进、出口贸易额与中国国民生产总值的比值乘以 100% 来衡量贸易效益。中国与东盟各国进行贸易活动,其实质是商品和资源在不同国家或者地区间流通和有效配置的过程。国与国之间通过贸易交换,能够实现本国的资源和产品充分利用和有效配置,完善本国的商品结构、资源结构,扩大生产规模,刺激人民消费,可见贸易活动具有积极的贸易效益。然而,如果贸易活动仅仅是输出本国富余商品或资源,一味扩大出口规模,而没有有效地换回本国稀缺的资源和产品;或者仅仅是进口本国或本地区需要的产品或资源,但却没有出口本国或本地区的优势产品,均不能实现良好的经济效益。

由图 3-10 和 3-11 可知,中国对东盟国家的贸易效益中,进口贸易效益较高的分别是越南、马来西亚、新加坡;而出口贸易效益较高的是越南、柬埔寨、新加坡。出现上述现象的主要原因是:其一,越南与我国交界,陆地边界线长 1347 千米,与广西有四个边境口岸:东兴、凭祥、友谊关、水口;云南有三个:河口、天宝、金水河,其中中越边境最大的口岸——东兴口岸,每年进出口货物百万吨,出入境人数高达 300 万人,便捷的交通为中越贸易效益奠定了基础;其二,新加坡拥有天然的港口区位优势。比如新加坡港作为亚太地区最大的转口港,是连接印度洋和太平洋的航运要道,交通区位优势极为明显。天然的港口资源推动了新加坡贸易效益快速增长。整体而言,中国—东盟港口物流基础设施落后。虽然近年来,中国—东盟加大了铁路、公路、航道等基础设施建设方面合作力度,互联互通水平有所提升,然而交通基础设施建设依然较为薄弱,与高速发展的进出口贸易需求相比,还存在较大差距。比如海防港(越南)、西哈努克港(柬埔寨)设备陈旧落后,货物吞吐能力有限,亟待升级扩建,严重制约了与中国进出口贸易的发展;部分河流通航条件较差,比如澜沧江—湄公河国际航道、中越红河国际航运通道的建设、治理工作进展缓慢。另外,中国与东盟国家海域面积辽阔,海洋航运是各国间贸易往来的主要途径,但是各航线"海上驿站"极少,难以满足各国船舶维修,生活用品、燃油等物质补给需要[177]。

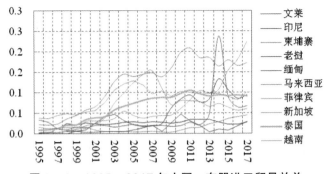

图 3-10　1995—2017 年中国—东盟进口贸易效益

Fig.3-10　Benefits of China–ASEAN import trade from 1995 to 2017

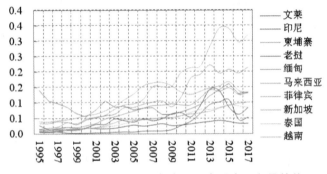

图 3-11　1995—2017 年中国—东盟出口贸易效益

Fig.3-11　Export trade benefits between China and ASEAN from 1995 to 2017

　　进出口贸易效益均较低的是印度尼西亚、文莱、老挝、缅甸。主要是因为印度尼西亚和文莱油气资源相对丰富，是中央和地方财政的主要来源，但工业化水平相对不高，而且多集中在纺织、电子、华工、皮革、制鞋等行业，与我国制造产业存在一定程度的竞争；老挝贸易效益较低主要是由于其经济发展相对落后；缅甸长期处于内战中，导致重大人员和财产损失，人民生产生活受到严重威胁[178]，无论是进出口贸易规模，还是结构和效益均处于较低水平。

第三节　中国—东盟旅游与贸易关系辨识与发展

　　为了更加直观地呈现中国—东盟旅游与贸易的相互关系，我们绘制了"出境旅游与进口贸易"和"入境旅游与出口贸易"散点图及拟合趋势线①。不难发现,中国与东盟国家的旅游与贸易间,存在显著的正向关系(图 3-12)。

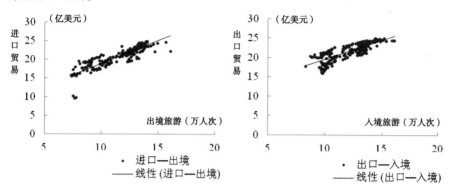

图 3-12　"出入境旅游与进出口贸易"拟合趋势

Fig.3-12　Fitting trend of "inbound and outbound tourism and import and export trade"

那么,导致这一现象产生的内在原因是什么? 旅游与贸易是否确实存在因果关系? 耦合协调程度如何? 现有的研究文献中,部分学者虽然以中国与日本[97]、韩国[90]、蒙古[179]、欧洲七国[57]等为对象进行大量研究,但是以中国与东盟为研究对象的文献鲜见。为此,本节试图基于 ADF 单位根、格兰杰因果检验、耦合协调模型的实证分析,对以上问题做出回答,以期更全面、系统地解析进出口贸易与出入境旅游之间的关系。

一、旅游与贸易 ADF 检验

虽然学者们对贸易与旅游的相互关系做了大量研究,但多是进出口贸易与出入境旅游的时间序列数据,从统计上构建拟合方程,缺乏对四者之间系统关系的分析和研究[180]。为此,本书以中国—东盟"出境旅游与进口贸易""入境旅游与出口贸易"以及"出入境旅游总人数与进出口贸易总额"为对象,通过格兰杰因果检验,分析各变量之间的因果关系(表 3-2)。

---

① 为了保持旅游人数与贸易总额单位一致性,已经对各变量做取对数处理。

表 3-2　变量统计性描述

Tab.3-2　Statistical description of variables

变量	变量含义	样本量	均值	标准差	最小值	最大值
$LNTOI$	旅游总数对数	230	12.893	1.704	8.632	16.181
$LNOUB$	出境旅游对数	230	12.159	1.785	8.313	16.099
$LNIMB$	入境旅游对数	230	11.717	2.098	7.335	16.083
$LNTEI$	贸易总额对数	230	22.242	2.230	16.028	25.527
$LNEXP$	出口贸易对数	230	21.628	2.170	15.905	24.995
$LNIMP$	进口贸易对数	230	21.077	2.979	6.263	24.853

注：为削弱异方差和异常值对数据平稳性的影响，已经对各变量取对数处理。

　　由于许多经济变量可能是非平稳的时间序列，为此，需要对变量进行平稳性检验，确定各序列的单整阶数。如果含有单位根的非平稳序列，经过 D 次差分后成为平稳序列[181]，则称序列为 D 阶差分序列 I（D）。ADF 单位根检验是要对所考察的时间序列 x_t 做如下辅助回归[182]：

$$\Delta x_t = \gamma + \delta_t + \rho x_{t-1} + \sum_{i=1}^{p} p\Delta x_{t-1} + \varepsilon_t$$

并检验原假设 $H_0 : \rho = 0$，若接受原假设，则说明 x_t 是非平稳的；若拒绝原假设则说明 x_t 是平稳的。

　　由表 3-3 可知，1995-2017 年东盟十国进口贸易（$LNIMP$）、出口贸易（$LNEXP$）、进出口总额（$LNTOU$）、入境旅游人数（$LNIMB$）、出境旅游人数（$LNOUB$）、出入境旅游总人数（$LNTEI$）的对数序列，5% 的临界值下都是平稳的，也就是 I（0），所以可以进行格兰杰因果检验。同时，该结果也表明中国—东盟旅游与贸易存在长期稳定的均衡关系。

表 3-3　变量序列的 ADF 单位根检验

Tab.3-3　ADF unit root test for variable sequences

变量	ADF 统计值	P 值	检验形式（C，T，K）	结论
$LNTOU$	−14.949	0.000	（0，0，0）	平稳
$LNOUB$	−5.644	0.000	（C，T，0）	平稳
$LNIMB$	−7.934	0.000	（C，T，0）	平稳
$LNTEI$	−14.949	0.000	（C，T，0）	平稳
$LNEXP$	−3.744	0.021	（C，T，0）	平稳

变量	ADF 统计值	P 值	检验形式（C，T，K）	结论
LNIMP	−1.999	0.043	（0，0，0）	平稳

注：D表示一阶差分,检验类型（C，T，P）中，C表示有常数项,T表示有趋势项，P表示滞后阶数。

二、旅游与贸易因果检验

前文单位根检验结果表明,进、出口贸易和出、入境旅游面板数据存在稳定的长期均衡关系,为了验证这种均衡是否构成因果关系,也就是出入境旅游人数是否为进出口贸易额的原因,或者进出口贸易额是否为出入境旅游人数的原因,仍然需要进一步验证。本书采用面板数据格兰杰因果检验方法,对旅游与贸易关系展开讨论。格兰杰因果检验可以确定 X 的过去值,能否帮助预测 Y 的未来值[98]？为进一步确定各变量之间的因果关系,鉴于各变量是平稳的,即不存在单位根过程,可以直接对其进行格兰杰因果检验。检验要求估计如下回归方程：

$$Y_t = \sum_{i=1}^{q} a_i X_{t-i} + \sum_{i=1}^{q} \beta_i Y_{t-i} + \mu_{1t}$$

$$X_t = \sum_{i=1}^{q} a_i Y_{t-i} + \sum_{i=1}^{q} \delta_i X_{t-i} + \mu_{2t}$$

其中,假定白噪声 μ_{1t}、μ_{2t} 不相关,检验结果见表3-4。

表3-4　格兰杰因果关系检验结果

Tab.3-4　Granger causality test results

原假设	观测值	F 值	P 值	滞后阶数	结论
LNTOU 不是 *LNTEI* 的 Granger 原因	230	9.789	0.002	3	拒绝
LNTEI 不是 *LNTOU* 的 Granger 原因	230	28.955	0.000	3	拒绝
LNIMP 不是 *LNOUB* 的 Granger 原因	230	9.982	0.003	3	拒绝
LNOUB 不是 *LNIMP* 的 Granger 原因	230	13.501	0.000	3	拒绝
LNEXP 不是 *LNINB* 的 Granger 原因	230	25.333	0.000	3	拒绝
LNINB 不是 *LNEXP* 的 Granger 原因	230	26.934	0.000	3	拒绝
LNEXP 不是 *LNOUB* 的 Granger 原因	230	4.004	0.001	3	拒绝

原假设	观测值	F 值	P 值	滞后阶数	结论
LNOUB 不是 *LNEXP* 的 Granger 原因	230	0.801	0.613	3	接受
LNIMP 不是 *LNINB* 的 Granger 原因	230	2.711	0.014	3	拒绝
LNINB 不是 *LNIMP* 的 Granger 原因	230	0.761	0.601	3	接受

由中国—东盟出入境旅游与进出口贸易格兰杰因果检验结果可知:(1)"旅游总数—贸易总额"互为格兰杰因果原因,即旅游总人数与贸易总额之间互为因果,表明中国与东盟的货物贸易发展促进了旅游交往,反之也成立。(2)"出境旅游—进口贸易"之间,互为格兰杰因果原因。即"出境旅游—进口贸易"互为因果。该结果表明出境旅游促进了进口贸易发展,进口贸易发展也推动了出境旅游增长。(3)"入境旅游—出口贸易"互为格兰杰因果原因,即入境游客人数与出口贸易之间,存在因果关系。说明东盟国家游客入境中国,促进中国出口东盟贸易发展;反之,中国出口东盟贸易发展,也推动了东盟国家游客入境中国旅游增长。(4)出境旅游不是出口贸易的格兰杰因果原因,但出口贸易是出境旅游的格兰杰因果原因;入境旅游不是进口贸易的格兰杰因果原因,但是进口贸易是入境旅游的格兰杰因果原因。由此可见,"出境旅游—出口贸易"和"入境旅游—进口贸易"这两组变量之间,仅存在单向因果,并不存在双向因果原因,不存在相互影响关系。

为此,后文中仅以"出境旅游—进口贸易"和"入境旅游—出口贸易"互为因果的两组变量为研究切入点,探讨中国—东盟旅游与贸易相互影响及作用机理。

三、旅游与贸易耦合协调分析

（一）旅游与贸易耦合协调作用机理

中国—东盟出入境旅游与进出口贸易之间存在一定的耦合协调性。一方面,就"入境旅游与出口贸易"而言,入境旅游是外国旅游者赴中国参观游览、休闲度假、康体养生等旅游活动。国外旅游者入境中国进行旅游消费、购买行为,可视为资金和人员的"进口贸易";出口贸易是中国商品出口到东盟各国进行销售,某种程度上可以认为是商品的"出境旅游"。另一方面,就"出境旅游与进口贸易"而言,中国旅游者出境国外进行旅游消费和购买行为,可看作我国人员和资金的"出口贸易";进口贸易是东盟各国产品到中国销售,可以认为是东盟产品到中国的"入境旅游"。

（二）旅游与贸易耦合协调模型构建

首先,对 1995—2017 年中国与东盟十国的出入境旅游和进出口贸易数据进行指标无量纲化处理,其次,构建"入境旅游与出口贸易"和"出境旅游与进口贸易"的耦合模型,测算中国与各对象国旅游与贸易的耦合协调度。最后,参考相关研究成果[183,184],采用均匀分布函数法对耦合协调度区间与等级进行阶段划分①,刻画出贸易与旅游的关系和动态变化,为预测未来耦合演变趋势和寻找协调制约因素提供依据。具体公式如下:

1. 指标无量纲化处理

由于旅游和贸易度量单位存在差异,为了消除不同单位对结果的影响,将出、入境旅游人数和进、出口贸易额分别进行无量纲化处理,具体方法如下:

$$X_{ij}' = \frac{x_{ij} - \min(x_{ij})}{\max(x_{ij}) - \min(x_{ij})} \qquad \text{当 } u_{ij} \text{ 为正向指标（3-1）}$$

$$X_{ij}' = \frac{\max(x_{ij}) - x_{ij}}{\max(x_{ij}) - \min(x_{ij})} \qquad \text{当 } u_{ij} \text{ 为负向指标（3-2）}$$

2. 耦合协调度模型

为进一步探讨中国—东盟出入境旅游和进出口贸易耦合协调关系,借鉴物理学中的耦合协调模型,构造"出境旅游和进口贸易""入境旅游和出口贸易"两个系统,对各系统的耦合度进行测度:

$$C = 2 \times \sqrt[2]{\frac{U_1 \times U_2}{U_1 + U_2}} \qquad (3-3)$$

---

① 当 $D \in (0, 0.2]$ 时为严重失调 I；$D \in (0.2, 0.4]$ 时为中度失调 II；$D \in (0.4, 0.6]$ 为基本协调 III；$D \in (0.6, 0.8]$ 时为中度协调 IV；$D \in (0.8, 1]$ 为高度协调 V。

其中，C 为耦合度指数，U_1、U_2 分别为极差正规化处理后的旅游和贸易序参量。在耦合度模型基础上，构建如下耦合协调度模型：

$$\begin{cases} T = aU_1 + bU_2 \\ D = (C \times T)^{\frac{1}{2}} \end{cases} \quad （3-4）$$

其中，D 表示耦合协调度，T 表示综合协调指数，a、b 为待定系数（令 $a=b=0.5$）。[185]

（三）中国—东盟旅游与贸易耦合协调结果分析

为研究中国与不同对象国之间贸易对旅游的影响效应差异，首先要对数据进行指标无量纲化处理，然后采用耦合协调度模型，进一步探究"出口贸易对入境旅游"和"进口贸易对出境旅游"耦合协调强度及时序区间（图 3-13）。

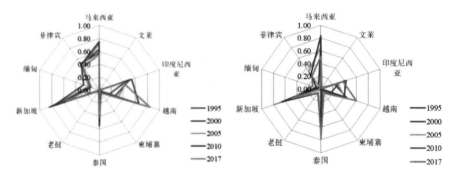

图 3-13 "出口贸易与入境旅游"和"进口贸易与出境旅游"耦合协调度演变图

Fig.3-13 Evolution of coupling coordination degree between export trade and inbound tourism and import trade and outbound tourism

其一，从耦合协调度数值的时间演变上看，在"入境旅游与出口贸易"方面各国差异较大。比如越南、泰国、新加坡、马来西亚等国与我国的入境旅游与出口贸易耦合度增长趋势明显，增长幅度较大，主要是因为中国—东盟自由贸易区及其"升级版"签署，以及"一带一路"倡议为双边旅游和贸易创造了良好的发展环境。另外，在"出境旅游与进口贸易"方面，虽然中国与各对象国的耦合协调度均逐年增大，呈现出较好的耦合状态。但值得我们注意的是，我国与菲律宾和泰国的耦合协调度明显下降，菲律宾主要受历史事件的影响。泰国则是我国游客数迅速上升,但由于泰国政局发生巨大变化,中泰之间贸易合作不顺利等,致使进口贸易增长缓慢,二者耦合协调度降低。

其二,从耦合协调度等级国别分布来看:①在"入境旅游与出口贸易"中,中国与其他对象国耦合协调度大多属于基本协调(占比40%)和中、高度协调(占比20%);②在"出境旅游与进口贸易"系统中,中国与其他对象国耦合协调度大多属于基本协调(30%)和中、高度协调(30%)。整体而言,除了老挝、缅甸等由于经济发展水平较低,交通基础设施薄弱,经济发展长期处于较低水平的国家外,其他国家耦合协调度相对较好。2017年中国与东盟各国"出境与进口"耦合协调度平均值(0.327)大于"入境与出口"耦合协调度平均值(0.274)。随着"一带一路"倡议的逐步实施,我国高铁建设、桥梁建筑、机械制造、激光产业等逐步走出国门[186],影响力越来越强;同时,国内旅游基础设施逐步完善,服务意识逐渐增强,相信未来我国"入境与出口"系统协调程度会更高(表3-5)。

表3-5 1995年、2017年中国与东盟旅游与贸易耦合协调度

Tab.3-5 Tourism and trade coupling coordination between China and asean in 1995 and 2017

"入境—出口"	1995年		2017年		"出境—进口"	1995年		2017年	
	得分	类型	得分	类型		得分	类型	得分	类型
文莱	0.00	I	0.00	I	文莱	0.00	I	0.00	I
印度尼西亚	0.46	III	0.39	II	印度尼西亚	0.31	II	0.38	II
柬埔寨	0.01	I	0.05	I	柬埔寨	0.03	I	0.08	I
老挝	0.00	I	0.00	I	老挝	0.00	I	0.07	I
缅甸	0.16	I	0.14	I	缅甸	0.04	I	0.13	I
马来西亚	0.58	III	0.55	III	马来西亚	0.53	III	0.51	III
菲律宾	0.51	III	0.44	III	菲律宾	0.07	I	0.25	II
新加坡	0.84	V	0.56	III	新加坡	0.67	IV	0.49	III
泰国	0.55	III	0.44	III	泰国	0.65	IV	0.76	IV
越南	0.17	I	0.84	V	越南	0.18	I	0.59	III

注:仅列出2017年耦合协调度值,1995—2016年中国与东盟各国的旅游与贸易耦合协调度值,未予以列出,可向作者索取。

其三,从耦合协调度等级国别分布来看:首先,测算 1995—2017 年东盟国"出境旅游—进口贸易"和"入境旅游—出口贸易"耦合协调度值;然后,分别计算 1995—2001 年、2002—2009 年和 2010—2017 年三个时间序列内各国平均耦合协调度值 D_1、D_2、D_3;最后,将结果导入 Arcgis14.0 软件,采用自然间断法分类方法,绘制旅游与贸易之间耦合协调度地域分布图(图 3-14,图 3-15)。

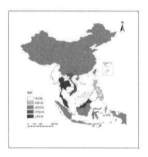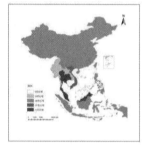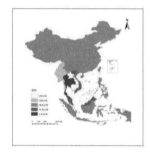

图 3-14　中国—东盟"出境旅游与进口贸易"耦合协调度地域分布

Fig.3-14　Regional distribution of "outbound tourism and import trade" coupling coordination between China and ASEAN

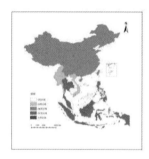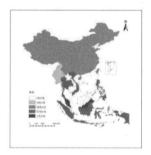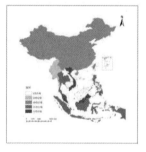

图 3-15　中国—东盟"入境旅游与出口贸易"耦合协调度地域分布

Fig.3-15　Regional distribution of "inbound tourism and export trade" coupling coordination between China and ASEAN

由上图可知,三个时间段内,新加坡、泰国、马来西亚旅游与贸易耦合协调度都较高。虽然近年新加坡耦合协调度值略有下降,但依然处于较高水平。泰国、马来西亚受区位条件、经济规模、基础设施等因素的正向作用,各阶段内旅游与贸易综合发展水平均位居东盟前列。在三个阶段内,越南"出境旅游—进口贸易"和"入境旅游—出口贸易"耦合协调度呈现较快增长态势,越南与中国的广西和云南接壤,东兴、凭祥、硕龙、河口等口岸通关便利,极大地促进了中国与越南游客往来和货物流通。当前虽然中国与柬埔寨旅游与贸易耦合协调度较低,但是中国与柬埔寨良好的外交关系,一直是东盟成员国与中国关系的典范。当前中国和柬埔寨人文交流更加频繁,经贸合作日益紧密,政治互信不断加强,诸多领域合作成果丰硕。随着中国与柬埔寨旅游与贸易合作不断深入,两者的耦合协调度还会进一步提高。

四、旅游与贸易发展阶段分析

东盟是较早与中国开展贸易往来和出入境旅游的经济体。中国和东盟对话始于1991年,1996年中国成为东盟的全面对话伙伴国。随着中国改革开放不断推进及东盟经济的快速发展,中国—东盟旅游与贸易发展势头强劲。近年来中国—东盟旅游与贸易都处于上升态势(图3-16),国际贸易增长速度稍高于国际旅游。总体来看,中国—东盟旅游与贸易基本保持同步变动趋势。

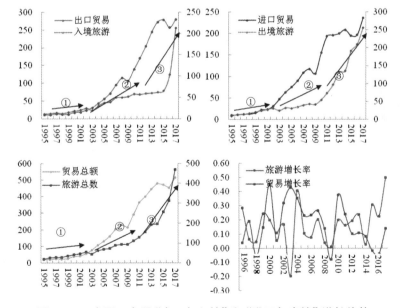

图3-16　中国—东盟"出口与入境"和"进口与出境"增长趋势

Fig.3-16　Growth trend of China–ASEAN "export and inbound" and "import and outbound"

注:旅游人数单位:10万人,贸易单位:10亿美元;贸易、旅游分别为主、次坐标轴。

整体上,旅游与贸易的关系演化大致经历了三个阶段:1995—2001年为第一阶段,出、入境旅游增长速度稍大于进、出口贸易,旅游与贸易缓慢、平稳增长;2002—2009年为第二阶段,旅游与贸易同步提速,旅游与贸易分化,贸易增长速度明显大于旅游,贸易对旅游存在一定的拉动作用,2007—2009年由于受金融危机影响,旅游和贸易均呈现小幅下跌;2010年一至今,为第三阶段,贸易增速放缓,旅游提速追赶。随着"一带一路"倡议逐步落实,中国出境旅游逐步放开,以及东盟国家经济快速增长,中国与东盟国家间旅游增速明显,同时受贸易保护主义和全球经济疲软的影响,中国与东盟的贸易出现一定波动,但整体上,仍然呈增长趋势。另外,通过1995—2017年中国与东盟旅游和贸易数据构建中国—东盟旅游与贸易推拉方程如下:

$$EXP = 0.0004INB^2 - 0.2114INB + 15.168$$

$$IMP = 0.0058OUB^2 - 0.552OUB + 29.326$$

其中,EXP 和 IMP 分别代表出口和进口,INB 和 OUB 分别代表入境和出境,$R_1^2 = 0.796$ 和 $R_2^2 = 0.834$。由此可见,贸易对旅游存在一定的拉动作用,而旅游对贸易也具有一定推动作用,中国—东盟旅游与贸易在相互角逐,相互促进中发展。

第四章

中国—东盟旅游发展对贸易增长影响的实证研究

通过第三章对中国—东盟旅游与贸易相互关系、规模现状、结构特征、发展趋势等进行梳理，揭示了中国与东盟旅游业发展的现状和因果关系，对深入了解旅游与贸易的相互影响和作用机理，具有重要意义，但是如上分析仅是从宏观层面对旅游与贸易的关系进行描述，缺乏深层次探讨二者间的相互影响。旅游与贸易相互影响具有显著的不对称性和复杂性。因此，本章将从微观视角，即旅游发展的三个维度：规模、结构、效益，进一步探讨中国—东盟旅游发展对贸易增长的影响效应。

第一节　规模视角：旅游规模对贸易增长的影响分析

一、样本选取与数据来源

进出口贸易额是两国间贸易往来的重要表现形式，本节在借鉴前人研究成果的基础上，选用 UN Comtrade 数据库收集中国与东盟十国进出口贸易额作为被解释变量，同时以东盟国家出入境中国的旅游人数为解释变量。由于航运距离和周转时间是影响进出口贸易的重要因素，因此，把航运距离和货物周转时间作为进出口贸易的成本变量，其中，中国与东盟各国的航运距离，通过船舶动态查询软件 BLM-Shipping，以中国上海港到东盟各国主要港口（见附表9）测算而得。需要说明的是，对于东盟唯一的内陆国家老挝，则选取泰国主要港口到该国首都的距离①。对于部分缺失的数据，采用线性插值法予以补充，各变量数据来源于世界银行数据库、UNWTO 数据库、UN Comtrade 数据库等（表4-1）。

表4-1　变量的统计性描述及数据来源

Tab.4-1 Statistical description of variables and data sources

类型	变量名称	平均值	标准差	最小值	最大值	数据来源
被解释变量	进口贸易	21.08	2.98	6.26	24.85	UNWTO 数据库
	出口贸易	21.63	2.17	15.91	24.99	UNWTO 数据库
解释变量	入境旅游	11.72	2.09	7.34	16.08	UN Comtrade
	出境旅游	12.16	1.79	8.31	16.09	UN Comtrade
控制变量	东盟 GDP	24.65	1.69	20.97	27.65	世界银行
	中国 GDP	28.75	0.95	27.32	30.13	世界银行
	东盟人口	16.87	1.81	12.60	19.39	世界银行
	中国人口	20.99	0.04	20.91	21.05	世界银行
	航运距离	8.45	0.41	7.93	9.16	BLM-Shipping

---

① 老挝海运货物贸易，主要是通过泰国曼谷港再转陆路到老挝，所以本书选择泰国为其临近国。

类型	变量名称	平均值	标准差	最小值	最大值	数据来源
	出口周转时间	2.97	0.53	1.79	4.03	世界银行
	进口周转时间	2.93	0.67	1.39	4.19	世界银行
	东盟汇率	4.82	3.64	0.22	10.02	世界银行
	中国汇率	2.01	0.12	1.82	2.12	世界银行

注：为削弱异方差和异常值对数据平稳性的影响，已经对各变量取对数处理。

二、模型设计和变量说明

引力模型最早由经济学家 Tinbergen[187]（1962）和 Poyhonen[188]（1963）提出，主要用于研究贸易伙伴国之间的贸易流量，它与经典牛顿力学中的物理方程类似，模型预期与运输距离、货物周转时间等制约因素成反比[189]，与国民收入成正比。该模型主要有进出口总额、贸易双边国家 GDP 以及运输距离变量，具体方程为：

$$LNTL_{ij} = \beta_0 + \beta_1 LNGDP_i + \beta_2 LNGDP_j + \beta_3 LNDIS_{ij} + v_{it} \quad (4-1)$$

为提升模型解释力，在分析中国—东盟旅游对贸易影响时，需要添加其他控制变量。比如中国及贸易伙伴国人口、货物周转时间、港口距离、汇率等，构建引力模型，具体估计方程如下：

$$LNEXP_{ijt} = \alpha_0 + \alpha_1 LNINB_{ijt} + \alpha_1 LNGDP_{it} + \alpha_2 LNPOP_{it} + \\ \alpha_3 LNSDIS_{ij} + \alpha_4 LNTIM_{jt} + \alpha_4 LNEXC_{it} + v_{it} \quad (4-2)$$

$$(4-3)$$

$$LNIMP_{ijt} = \beta_0 + \beta_1 LNOUB_{ijt} + \beta_1 LNGDP_{jt} + \beta_2 LNPOP_{jt} + \\ \beta_3 LNSDIS_{ij} + \beta_4 LNTIM_{it} + \beta_4 LNEXC_{jt} + \mu_{it}$$

其中，α, β 为系数；$LNIMP_{ijt}$ 和 $LNEXP_{ijt}$ 分别代表中国与伙伴国的进口和出口贸易额；$LNGDP_{it}$、$LNGDP_{jt}$ 分别代表中国和伙伴国国内生产总值对数；$LNPOP_{it}$、$LNPOP_{jt}$ 分别代表中国和东盟各国人口对数；$LNTIM_{it}$、$LNTIM_{jt}$ 分别表示中国和东盟各国货物周转时间；$LNSDIS_{ij}$ 表示两国间的航运距离；$LNEXC_{it}$、$LNEXC_{jt}$ 代表中国和东盟各国汇率；周转时间和航运距离属于国际贸易制约因素，预期符号为负；v_{it}、μ_{it} 表示随机误差，各变量具体含义如下：

（1）被解释变量：进口贸易（$LNIMP_{ijt}$）指中国从东盟各国进口资源

和产品的总额；出口贸易（$LNEXP_{ijt}$）是指中国对东盟国家销售资源和产品的总额。进口贸易和出口贸易是中国与东盟各国经济联系密切程度的重要体现。

（2）核心解释变量：出境旅游人数（$LNOUB_{ijt}$）指中国赴东盟各国的游客人数，其不仅反映了客源国收入水平和消费能力，而且也反映了客源国对对象国的认可度[190]。入境旅游人数（$LNINB_{ijt}$）指东盟游客赴中国的旅游人数，它是衡量我国旅游业发展的重要指标[191]，入境旅游人数越多，说明旅游资源吸引力越强、旅游基础设施越完善。

（3）控制变量：人均收入用 $LNGDP_{it}$ 和 $LNGDP_{jt}$ 分别表示中国和东盟各国的人均收入，利用 GDP 平减指数以 1980 年为基期进行折算得到实际值。旅游是人们物质生活达到一定条件后，对物质文化生活提出的更高要求。中国和东盟国人均收入的提高，一定程度上会促进我国出境和东盟入境我国旅游人次的增加。航运距离（$LNSDIS_{ij}$），在航运距离的测度上，部分学者用两国边境线距离、首都球面距离、港口直线距离等，如上测度结果不能准确反应贸易国间的实际距离。另外，中国和东盟的贸易量在过去主要不是通过中西部内陆地区实现的，而是通过珠三角、长三角地区实现的[192]。为此，选取贸易对象国的主要港口和中国上海港作为目标，上海港是我国最大的港口，货物吞吐量全国第一，而且我国第二大港——宁波港也在上海港附近，具有较强的代表性。国家汇率：分别用 $LNEXC_{it}$ 和 $LNEXC_{jt}$ 表示中国和东盟汇率水平，主要指一国货币兑美元的比率。外汇汇率上升意味着本币贬值，有利于入境旅游和出口贸易；反之，外汇汇率下降，本币升值，有利于出境旅游和进口贸易。

（4）货物周转时间：该指标反映了一国港口基础设施建设和货物通关便利化程度，分别用 $LNTIM_{it}$ 和 $LNTIM_{jt}$ 代表中国和东盟各国货物周转时间。

三、基准估计结果分析

为了保证模型结果的可信度和科学性，在进行模型结果回归之前，考虑到面板数据极易受样本方差影响，而且还存在面板自相关等问题。为此，首先要进行面板异方差和自相关检验，结合 F 检验和 Hausman 检验结果，我们选用固定效应模型对中国与东盟出境旅游、国民收入、航运距离、汇率等因素对进出口贸易的影响进行估计。另外,考虑到个体效应和时间效应,因此采用个体和时间"双向固定效应",探究出、入境旅游对进、出口贸易的影响。具体如下。

（一）基准回归结果：入境旅游对出口贸易的影响

结合检验结果（表 4-2）可知,应该选择固定效应模型（Fe）,我们重点报告核心解释变量（入境旅游）,被解释变量（出口贸易）,以及控制变量（国民收入、各国人口、航运距离、汇率等）对出口贸易的影响。

表 4-2　中国—东盟入境旅游对出口贸易影响估计结果

Tab.4-2　The estimated results of the impact of China-ASEAN inbound tourism on export trade

变量	$LNEXP_{ijt}$		
	（1）Pooled_OLS	（2）Pooled_FE	（3）Pooled_Re
$LNINB_{ijt}$	0.499*** （10.03）	0.263*** （4.51）	0.371*** （6.29）
$LNGDP_{jt}$	0.135* （2.07）	0.384** （2.67）	0.344* （2.45）
$LNPOP_{jt}$	0.188*** （4.66）	3.806*** （7.44）	0.301* （2.55）
$LNSDIS_{ij}$	−0.525** （−3.20）	—	−0.431 （−0.80）
$LNTIM_{jt}$	−0.018** （−2.68）	−0.015* （−2.54）	−0.0140* （−2.19）
$LNEXC_{it}$	5.978*** （14.66）	3.486*** （5.41）	5.673*** （9.85）
年度固定	控制	控制	控制
个体固定	控制	控制	控制
常数项 C	17.24*** （10.61）	−47.79*** （−4.99）	11.75* （2.51）
调整 R^2	0.932	0.914	—
F 检验	—	Prob>F=0.00 P	—
Hausman 检验	—	—	Prob>chi2=0.00
样本数量	230	230	230

注:"*""**""***"分别表示 10%、5%、1% 水平下显著,系数为回归系数,括号内值代表 t 统计量。

具体而言,核心解释变量入境旅游 $LNINB_{ijt}$ 通过 1% 显著性检验,相关系数为 0.263。结果表明：东盟各国入境中国旅游,对中国出口贸易具有显著的促进作用。入境旅游是旅游者跨越国界的精神和物质享受。人们在旅游过程中,除了欣赏优美的自然景观和体验人文风情外,还会购买该国或地区的特色产品。当前旅游购物已经成为旅游活动的一部分,受到旅游者追捧。特别是近年来购物旅游快速发展,由旅游购物而引发的商机为出口贸易注入新动力。同时,入境旅游的发展有利于东盟国家对中国文化、风俗习惯等方面的了解,加快中国与东盟各国文化的融合,有利于各国在商品需求、类别、营销等方面进行合作与交流,使中国产品更容易挤进东盟市场,促进贸易发展。当前世界经济低迷,贸易保护主义日渐盛行,各国贸易萎缩背景下,应该大力发展入境旅游,充分发挥入境旅游对出口贸易的带动作用。此外,东盟游客到中国旅游,能够让旅游者全方位了解中国,提升国家形象,增加对中国的好感和信任；通过对中国商品和服务深入了解,发现投资和贸易机会,进而促进贸易发展。

就其他控制变量而言,中国对东盟成员国出口贸易与货物周转时间呈负相关,$LNTIM_{jt}$ 系数为 -0.015,且通过 10% 显著性检验。中国与东盟各国应加快港口基础设施建设,缩短货物通关时间,提高通关效率。汇率与出口贸易呈正相关,且通过 1% 显著性检验。汇率上升,人民币贬值,同等条件下使得外币购买力增强,利于出口贸易发展。东盟国家国民收入和人口对中国出口贸易,具有显著促进作用。总而言之,中国与东盟国家比邻相依、血脉相亲,地理区域区位优势明显,中国在加快出口贸易发展的同时,更应该重视入境旅游对出口贸易的带动作用。

（二）基准回归结果：出境旅游对进口贸易的影响

结合检验结果(表 4-3)可知,应该选择固定效应模型(Fe),我们重点报告核心解释变量(出境旅游),以及控制变量(国民收入、各国人口、航运距离、汇率等)对出口贸易的影响。其一,出境旅游 $LNOUB_{ijt}$ 通过 5% 显著性检验,系数为 0.507。可见,出境旅游显著促进了进口贸易增长。随着我国经济的快速发展,人们精神生活水平逐步提高的同时,对国外物质产品的需求也日益增加,特别是近年来"购物游"的兴起,出境旅游显著促进了进口贸易发展。另外,我国对外开放进一步扩大,免税商店、物流产业、网上购物等快速发展，也为进口贸易提供了良好发展基础。对于部分地域特色鲜明，吸引力强的旅游商品，游客可以回国后还在网上购买。国外商品流入国内市场，通过朋友推介、口口相传，扩大影响力，形成新一轮购买活动。

表4-3 中国—东盟出境旅游对进口贸易影响估计结果

Tab.4-3 The estimated results of the impact of China–ASEAN outbound tourism on import trade

变量	$LNIMP_{ijt}$		
	（1）Pooled_OLS	（2）Pooled_FE	（3）Pooled_Re
$LNOUB_{ijt}$	0.159（1.74）	0.507**（3.10）	0.353*（2.51）
$LNGDP_{jt}$	1.186***（12.13）	0.704*（2.38）	0.994***（5.17）
$LNPOP_{jt}$	0.142***（4.61）	0.341***（7.34）	0.268***（6.81）
$LNSDIS_{ij}$	−0.822*（−2.08）	—	−2.383**（−2.72）
$LNTIM_{it}$	−0.001（−0.08）	−0.033*（−2.58）	−0.024*（−1.96）
$LNEXC_{it}$	−0.022（−0.56）	−0.179（−1.59）	−0.146*（−1.98）
年度固定	控制	控制	控制
个体固定	控制	控制	控制
常数项 C	−314.3***（−4.81）	−706.2***（−7.59）	−582.4***（−6.94）
调整 R^2	0.805	0.627	—
F 检验	—	Prob>F=0.00	—
Hausman 检验	—	—	Prob>chi2=0.03
样本数量	230	230	230

注："*""**""***"分别表示10%、5%、1%水平下显著，系数为回归系数，括号内值代表 t 统计量。

其二，就其他控制变量而言，中国对东盟成员国的进口量与货物周转时间呈负相关，$LNTIM_{it}$ 系数为 −0.033，且通过10%显著性检验。

由此可见,货物周转时间对进口贸易具有显著负效应。为此,在中国—东盟自贸协定"升级版"和"21世纪海上丝绸之路"建设背景下,中国应在加快沿海各城市港口,比如广州港、深圳港、湛江港、北海港、钦州港、防城港等,基础设施建设的基础上利用物联网技术、卫星定位技术、电子信息技术等,加强中国和东盟各国港口信息系统的整合,搭建中国与东盟国家的港口物流信息平台,实现"一体化"运营,优化口岸软环境、提高通关管理效率,实现与东盟各国港口无缝对接,进而缩短进出口货物周转时间,促进双边贸易发展。汇率与进口呈负相关,且通过1%显著性检验。汇率上降,同等条件下本币购买力减弱,不利于进口贸易发展,该结果与事实相符。除了货物周转时间外,中国人口和国民收入增加,有利于中国从东盟国家进口。另外,进口贸易与航运距离成反比,即航运距离越远,越不利于进口贸易发展。

四、缓解内生性问题

为了缓解这种双向因果所导致的内生性问题,虽然在基准回归中,加入了国家固定效应和时间固定效应,以防止遗漏一些国家、行业和不随时间而变化的特性对模型结果的影响,但是解释变量与被解释变量之间的相互影响内生性问题,依然会导致模型结果为非一致和有偏的,需要进一步纠正和处理。为此,为了缓解这种双向因果所导致的内生性问题,本节选用中国与东盟十国间的 Kei 遗传基因距离,作为工具变量,对原模型进行纠正。本书选择遗传基因距离作为旅游与贸易工具变量,主要原因为:其一,由于受遗传基因的影响,各国家、各民族的学习能力、语言种类、生活习惯、兴趣爱好等都具有显著的代际遗传特征。换言之,同一国家或民族的游客在选择旅游目的地的过程中,所考量的文化观念、风俗习惯、宗教信仰、语言相似、饮食禁忌等因素,与遗传基因都有紧密联系。旅游者(子女)受父母遗传基因的影响,一般会与父母拥有相同的宗教信仰、文化观念、思维方式、风俗习惯等[193]。Guiso等(2006)也得出了与之相似的结论,其研究发现,文化信任更多的是来自家庭和血缘关系[194]。其二,从文化偏好的代际传递机制角度来看,在个体家庭中,孩子受到父母基因遗传的影响,也会模仿、学习父母的言行习惯、爱好、信仰,形成与父母具有相似价值观、生活习惯、兴趣爱好、宗教信仰等偏好。朱晓文和吕长江（2019）探讨家族企业代际传承时,也得出了与之相同的结论[195]。为此,就中国和东盟各国游客而言,遗传基因是中国和东盟各国游客选择旅游目的地的重要影响因素;另外,就于中国—东盟文化相似性来说,遗传基因距离必然会影响各国间的文化相似性。换言之,遗传基因距离越大,那么国与国间的文化相似就会越低。

在世界发展历史上由于受到战争侵略、殖民统治、游学移民、奴隶贸易以及跨国通婚等原因,导致了人口在全球范围内的适度流动,使得遗传基因距离并不能像地理距离一样,长期固定不变,也就使得遗传基因距离可能具有潜在内生性[196-198]。

鉴于此,本节参考著名学者 Spolaore 和 Wacziarg（2009）的处理方法,仅选取公元 1500 年各民族间的遗传基因距离[199],作为中国—东盟旅游对贸易影响的工具变量。主要原因是,东非迁徙距离是公元元年到公元 1500 年间经济发展成果显著的外生变量。

因此,选择这一时段内的遗传基因距离作为中国—东盟旅游对贸易发展影响的工具变量,能在一定程度上缩小潜在的内生性偏差[200]。该做法也得到了 Ashraf 和 Galor[201]（2011）、Frankham 和 Hinds[202]（2015）、Bellina 和 Bérénice[203]（2017）等学者认可。

表 4-4 是利用 Spolaore 和 Wacziarg（2009）测算的公元 1500 年中国与东盟各国间 *Nei* 遗传基因距离①作为工具变量,代入模型（4-2）和（4-3）,利用两阶段最小二乘法（IV-2SLS）进行估计的结果。从遗传距离与出境旅游和入境旅游两个变量第一阶段的回归结果（1）和（3）来看,公元 1500 年东盟各国与中国 *Nei* 遗传距离的回归系数均显著为负,说明遗传距离是影响中国游客出入境旅游的重要因素,遗传距离越大,越不利于出入境旅游发展。第二阶段的回归结果（2）和（4）中,入境和出境旅游回归系数分别在 1% 和 5% 水平下显著为正,各系数符号和数值与原基准回归模型结果一致,由于其他控制变量的情况非本书的研究重点,因此不再具体阐述。也就是说中国—东盟出入境旅游对进出

---

① Spolaore 和 Wacziarg 利用各民族的人口在总人口中的比重,构造国与国间的"遗传距离",来反映不同国家的遗传特征和文化包容等特征。具体公式为:
$Nei_{ij} = \sum_i \sum_j s_{ip} \times s_{jp} \times d_{pq}$ 其中,Nei_{ij} 表示 i 国和 j 国间的遗传距离,S_{ip} 代表民族 p 人口占总人数的比例,S_{jp} 代表 q 民族人数占 j 国人数的比重,d_{pq} 则代表民族 q 与 p 间的遗传距离。

口贸易均具有显著促进作用。综上所述,本研究在利用公元 1500 年遗传基因作为工具变量,缓解内生性问题后,利用两阶段最小二乘法(IV-2SLS)所得旅游对贸易影响依然与基准回归结果保持一致。由此,这一结果也进一步验证了前文假设 H1 正确。

表 4-4　内生性检验:工具变量回归(IV-2SLS 估计)

Tab.4-4　Endogeneity test: regression of instrumental variables(IV-2SLS estimate)

	IV: 1500 年遗传基因			IV: 1500 年遗传基因	
	$LNEXP_{ijt}$			$LNIMP_{ijt}$	
	(1) 第一阶段	(2) 第二阶段		(3) 第一阶段	(4) 第二阶段
Gendist_net_1500	-0.012***		Gendist_net_1500	-0.016**	
	(-5.32)			(-2.69)	
$LNINB_{ijt}$		0.08***	$LNOUB_{ijt}$		0.470**
		(7.29)			(2.90)
$LNGDP_{jt}$	0.457***	0.331***	$LNGDP_{it}$	0.253**	1.159***
	(7.05)	(3.99)		(3.37)	(11.17)
$LNPOP_{jt}$	0.348***	0.407***	$LNPOP_{it}$	19.603***	13.56***
	(9.37)	(5.73)		(9.42)	(3.34)
$LNSDIS_{ij}$	1.822***	-1.169***	$LNSDIS_{ij}$	1.95***	-0.806*
	(9.61)	(-4.81)		(4.55)	(-2.14)
$LNTIM_{jt}$	-0.016*	-0.038***	$LNTIM_{it}$	-0.011**	-0.020
	(-1.79)	(-4.31)		(-2.61)	(-0.15)
$LNEXC_{it}$	-2.610***	-7.064***	$LNEXC_{jt}$	0.155***	-0.020
	(-6.54)	(-13.34)		(5.38)	(-0.78)
年度固定	控制	控制	年度固定	控制	控制
个体固定	控制	控制	个体固定	控制	控制
常数项 C	-15.67***	11.81***	常数项 C	-422.45***	-300.9***
	(-7.89)	(5.69)		(-9.60)	(-3.36)
N	230	230	N	230	230
调整 R^2	0.884	0.902	调整 R^2	0.710	0.812

注:(1) "*" "**" "***"分别表示 10%、5%、1%水平下显著。

五、稳健性检验：剔除金融危机影响

2007—2009 年的全球金融危机，使得世界各国经济陷入极度低迷，中国与东盟各国出入境旅游人数和进出口贸易额，也出现大幅下降，给中国—东盟旅游与贸易带来较大冲击。为进一步验证所得结论的可靠性，参考 Aziz 和 Hossain[204]（2018）、Wang 和 Changze[205]（2018）的处理方法，剔除 2007—2009 年数据后，重新进行回归分析。考虑到 1997 年亚洲金融危机爆发，也会对中国和东盟国家旅游和贸易造成重大影响，本书也同时剔除了 1997 年和 1998 年的样本数据。模型回归结果见表 4-5。

表 4-5　稳健性检验结果：剔除金融危机影响

Tab.4-5　Robustness test results：excluding the impact of the financial crisis

变量	$LNEXP_{ijt}$	变量	$LNIMP_{ijt}$
	Pooled_Fe		Pooled_Fe
$LNINB_{ijt}$	0.301*** （4.82）	$LNOUB_{ijt}$	0.622*** （3.38）
$LNGDP_{jt}$	0.314* （2.06）	$LNGDP_{it}$	0.756* （2.37）
$LNPOP_{jt}$	3.571*** （6.67）	$LNPOP_{it}$	35.65*** （7.17）
$LNSDIS_{ij}$	—	$LNSDIS_{ij}$	—
$LNTIM_{jt}$	−0.013* （−2.07）	$LNTIM_{it}$	−0.041** （−2.93）
$LNEXC_{it}$	3.975*** （5.73）	$LNEXC_{jt}$	−0.193 （−1.58）
年度固定	控制	年度固定	控制
个体固定	控制	个体固定	控制
常数项 C	−41.59*** （−4.11）	常数项 C	−738.3*** （−7.41）
调整 R^2	0.920	调整 R^2	0.838
F 检验	—	F 检验	—
Hausman 检验	—	Hausman 检验	—
样本数量	180	样本数量	180

注：（1）"*""**""***"分别表示 10%、5%、1% 水平下显著。

由表 4-5 固定效应回归结果可知,在剔除金融危机时段后,入境旅游对出口贸易和出境旅游对进口贸易,系数依然通过 1% 显著性检验,且出入境旅游分别对进出口贸易的影响系数出现小幅增加,符号与表 4-2 和 4-3 一致,说明剔除金融危机影响后,入境旅游对出口贸易以及出境旅游对进口贸易呈现更强的促进作用。另外,其他各控制变量也通过显著性检验,系数符号方向与前文一致,这在一定程度上说明,本节研究结论具有稳定性。

六、拓展分析：时变性检验

基于前文"出境旅游对进口贸易"和"入境旅游对出口贸易"影响的探讨,我们进一步以中国—东盟自贸区启动和建成为时间节点①,分阶段研究不同时间段内旅游对贸易的影响效应,以期更加全面地探讨二者的关系(表 4-6)。

表 4-6   中国—东盟旅游对贸易影响的分阶段估计

Tab.4-6 The impact of China–ASEAN tourism on trade is estimated in stages

检验内容	1995—2001 年		2002—2009 年		2010—2017 年	
	（1）OLS	（2）FE	（3）OLS	（4）FE	（5）OLS	（6）FE
变量名	$LNEXP_{ijt}$					
$LNINB_{ijt}$	0.716***	0.203*	0.464***	0.067	0.356***	0.073
	（5.37）	（2.43）	（4.54）	（0.15）	（6.70）	（1.45）
原控制变量	控制	控制	控制	控制	控制	控制
常数项 C	−49.11	−91.80***	7.620*	−57.09***	15.19***	7.448
	（−1.10）	（−7.93）	（2.33）	（−4.31）	（4.43）	（1.72）
调整 R^2	0.921	0.867	0.916	0.742	0.931	0.878
F 检验	Prob>F=0.00		Prob>F=0.00		Prob>F=0.00	
样本数量	230	230	230	230	230	230

① 2002 年 11 月,我国同东盟十国签署了《中国与东盟全面经济合作框架协议》,2010 年 1 月 1 日,中国—东盟自贸区正式启动。因此,将 1995—2017 年划分为:1995—2001 年;2002—2009 年和 2010—2017 年三个时间段。后文均按此标准,不再一一赘述。

续表

检验内容	1995—2001 年		2002—2009 年		2010—2017 年	
	（1） *OLS*	（2） *FE*	（3） *OLS*	（4） *FE*	（5） *OLS*	（6） *FE*
变量名	$LNIMP_{ijt}$					
	（7）	（8）	（9）	（10）	（11）	（12）
$LNOUB_{ijt}$	0.253	0.371	0.0875	0.309**	0.440***	0.532***
	（1.15）	（0.85）	（1.19）	（2.50）	（4.85）	（3.23）
原控制变量	控制	控制	控制	控制	控制	控制
常数项 C	−734.7*	−951.3***	49.37	32.50	199.0	−84.187
	（−2.58）	（−3.58）	（0.44）	（0.62）	（1.36）	（−0.92）
调整 R^2	0.683	0.754	0.956	0.719	0.904	0.611
F 检验	Prob>F=0.00		Prob>F=0.00		Prob>F=0.00	
样本数量	230	230	230	230	230	230

注：（1）"*""**""***"分别表示 10%、5%、1% 水平下显著；（2）其他控制变量回归系数未列出，可向作者索取。

由三个阶段的入境对出口贸易固定效应模型（1）~（6）结果可知：一、不同阶段内，入境旅游对出口贸易均存在促进作用。值得我们注意的是，入境旅游对出口贸易的影响系数逐年降低，这表明在旅游和贸易发展初期，入境旅游对出口贸易的促进作用较强，但是随着二者各自不断发展，入境旅游对出口的推动作用会逐步减弱。原因是：①中国—东盟自贸区"升级版"的签署和"21 世纪海上丝绸之路"建设逐步落实，为中国和东盟提供了新的发展机遇，促进了中国与东盟各国的贸易发展，推动了中国与东盟的贸易往来。相比而言，以入境旅游为媒介对中国出口东盟贸易的推动作用，呈现相对弱化态势。②由于国际贸易低迷、全球经济增速缓慢，整体上，东盟国家经济发展水平又较低，特别是老挝、缅甸、柬埔寨等国，国民购买力不足，潜在出境旅游需求不足。即使近年来，中国与东盟各国通过举办旅游博览会、中国旅游合作年、旅游推介会等大型营销活动，又落实了入境免签、延长签证等措施，比如桂林对东盟十国游客实施 6 天入境免签；菲律宾、马来西亚、印度尼西亚、泰国到海南旅游，不超过 15 天可以免签[91]。虽然使东盟赴中国的游客量呈小幅增长态势，但是如上活动受众多是度假休闲、文化体验和观光游览的游客,对商务旅游的促进作用并不明显,导致中国入境旅游对出口贸易的推动作用有限。二、就其他控制变量而言,国民收入、各国人口数、周转时间、国际汇率等均通过显著性检验,与前文研究结果基本吻合,在此就不详细赘述。

由三个阶段出境对进口贸易固定效应模型(7)~(12)结果可知:一、不同阶段内,出境旅游对进口贸易均存在促进作用,值得注意的是,出境旅游对进口贸易的影响系数逐年增强,表明中国出境旅游对进口贸易的促进作用正逐步增强。当前中国出境旅游需求正盛,出境旅游作为旅游市场的重要组成部分,已成为中国旅游业国际化的重要体现[206],这在一定程度上与我国出境旅游发展政策有关。1978年改革开放以来,中国旅游业发展模式先后经历了:第一阶段,20世纪90年代中期至2004年,"适度发展出境旅游";第二阶段,2005—2007年,"规范发展出境旅游";第三阶段,2008年至今,"有序发展出境旅游"。由此可见,中国在出境旅游发展方针政策制定上出现较大转变,出境旅游的地位也逐步提升,出境游客量越大,对进口贸易的促进作用越大,出境旅游与进口贸易关系更为密切。特别是当前中国经济快速发展,国民收入水平提高、旅游交通便利化、旅游免签、落地签等通关手续简单化,以及出境旅游市场有序放开,出境旅游需求旺盛,中国的出境旅游呈现井喷式发展。更为重要的是,中国的出境游客海外消费倾向远高于东盟国家游客。据世界旅游组织(UNWTO)统计的数据显示,2017年中国出境游客境外消费、购物总计2580亿美元,占全球出境旅游消费的21.7%,位居全球第一。虽然中国人均收入不高,全球排名67位,但是出境游客人均消费1985美元,远高于美国、德国、英国等①。中国出境旅游的高消费倾向,促进出境旅游对进口贸易的推动作用。二、周转时间与出口贸易相关系数通过显著性检验,且系数下降趋势明显,这说明中国—东盟自贸区的建立,提高了双边贸易便利化水平,周转时间对进口贸易的负向效应日益减弱;其他控制变量非本节研究重点,故不再详细论述。如上结果再次验证了前文假设H1。

---

① 数据来源:《2018年中国出境游旅行购物白皮书》。另外,2017年,美国、德国、英国、法国出境旅游人均消费分别为: 1539美元、1383美元、1003美元、890美元。

第二节 结构视角:旅游行业发展对贸易增长效应研究

虽然旅游业发展的直接表现是旅游规模的增长,但是如果仅从旅游规模角度分析旅游对贸易的影响,则只能反映二者间的表象特征,无法挖掘其深层次关系。旅游业的结构反映了旅游业各部门间的相互关系,一定程度上能决定旅游规模增长的可持续性。然而,现有文献鲜有从旅游行业的结构,来研究其对贸易增长的影响效应。为此,本节将从这一视角,厘清旅游发展对贸易增长的基本逻辑路径。

一、样本选取与数据来源

在借鉴前人的研究成果的基础上,考虑数据的可获得性,还整理了中国与东盟各国的人均收入、航运距离、世界遗产数量等,对于部分缺失数据,采用线性插值法予以补充,各变量数据来源于世界银行数据库、UNWTO 数据库、UN Comtrade 数据库等(表 4-7)。

表 4-7 变量的统计性描述及数据来源

Tab.4-7 Statistical description of variables and data sources

类型	变量名称	平均值	标准差	最小值	最大值	数据来源
被解释变量	进口贸易	21.08	2.98	6.26	24.85	UNWTO 数据库
	出口贸易	21.63	2.17	15.91	24.99	UNWTO 数据库
解释变量	入境旅游	11.72	2.09	7.34	16.08	UN Comtrade
	出境旅游	12.16	1.79	8.31	16.09	UN Comtrade
控制变量	东盟 GDP	24.65	1.69	20.97	27.65	世界银行
	中国 GDP	28.75	0.95	27.32	30.13	世界银行
	东盟人口	16.87	1.81	12.60	19.39	世界银行
	中国人口	20.99	0.04	20.91	21.05	世界银行

类型	变量名称	平均值	标准差	最小值	最大值	数据来源
	航线距离	8.45	0.41	7.93	9.16	BLM-Shipping
	出口周转时间	2.97	0.53	1.79	4.03	世界银行
	进口周转时间	2.93	0.67	1.39	4.19	世界银行
	东盟汇率	4.82	3.64	0.22	10.02	世界银行
	中国汇率	2.01	0.12	1.82	2.12	世界银行

注：为削弱异方差和异常值对数据平稳性的影响，对各变量已经取对数。

二、模型设计和变量说明

为了检验不同出入境旅游对贸易的影响，本节参考 Tong et al.（2004）、黎文靖和郑曼妮[207]（2006）的做法构建如下 Pooled OLS 模型进行回归分析：

$$LNEXP_{it} = \alpha_0 + \alpha_1 LNINB_{it} + \alpha_2 Control_{it} + F_{ij} + \varepsilon_{it} \qquad (4\text{-}4)$$

$$LNIMP_{it} = \beta_0 + \beta_1 LNOUB_{it} + \phi_2 Control_{it} + F_{ij} + \upsilon_{it} \qquad (4\text{-}5)$$

其中，i 代表中国，j 代表东盟各国，t 表示年份；被解释变量 $LNOUB_{it}$、$LNINB_{it}$ 分别代表中国对东盟十国的出境和入境旅游人数，具体表示中国与第 i 个东盟国家在第 t 年的出境和入境旅游人数；核心解释变量主要包括：旅游酒店、旅游景区、旅游交通、旅行社等。另外，在旅游结构与进出口贸易模型的构建中，分以格鲁贝尔—劳埃德指数为核心解释变量。在控制变量 $Control_{it}$ 选取上，本书借鉴苏建军[56]（2013）、Bending[208]（2018）、包富华[137]（2017）等学者的做法，选择人均收入（$LNGDP_{it}$、$LNGDP_{jt}$）、友好城市（$LNFRC_{ijt}$）、货物周转时间（$LNTIM_{ijt}$）、航运距离（$LNSDIS_{ij}$），以及年度（Year）和国家（Id）固定效应，为削弱异方差和异常值对数据平稳性的影响，本书对各变量取对数处理。具体模型如下：

$$LNEXP_{ijt} = \alpha_0 + \alpha_1 LNINB_{ijt} + \alpha_2 LNGDP_{it} + \alpha_3 LNPOP_{it} + \\ \alpha_4 LNSDIS_{ij} + \alpha_5 LNEXC_{it} + F_{it} + v_{it} \qquad (4\text{-}6)$$

$$LNIMP_{ijt} = \beta_0 + \beta_1 LNOUB_{ijt} + \beta_2 LNGDP_{jt} + \beta_3 LNPOP_{jt} + \\ \beta_4 LNSDIS_{ij} + \beta_5 LNEXC_{jt} + \mu_{ij} + \mu_{it} \qquad (4\text{-}7)$$

其中，α,β 为系数；$LNIMP_{ijt}$ 和 $LNEXP_{ijt}$ 分别代表中国与伙伴国的进口和出口贸易额；$LNGDP_{it}$、$LNGDP_{jt}$ 分别代表中国和伙伴国国内生产总值对数；$LNPOP_{it}$、$LNPOP_{jt}$ 表示中国和东盟国家人口对数；$LNTIM_{it}$、$LNTIM_{jt}$ 表示中国和东盟各国货物周转时间；$LNSDIS_{ij}$ 表示两国间的航运距离；v_{it}、μ_{it} 表示随机误差。具体如下：

（一）被解释变量

进口贸易（$LNIMP_{ijt}$）指中国从东盟各国进口资源和产品的总额；出口贸易（$LNEXP_{ijt}$）是指中国对东盟国家销售资源和产品的总额。进口贸易和出口贸易是中国与东盟各国经济联系密切程度的重要体现。

（二）核心解释变量

旅游行业结构是指餐饮业、交通运输业、旅游景区、旅行社以及旅游管理部门，在旅游经济体中的相互关系和地位。本节以劳伦斯指数来反映旅游行业结构的变化程度，其取值范围从 0 到 1，指数越接近 1 代表一国的旅游结构变动幅度越大，接近于 0 则说明旅游结构变化越不明显。

$$E_{i,t} = X_{it} / \sum_{i} X_{it} \tag{4-8}$$

$$L = \frac{1}{2} \sum_{i=1}^{N} \left| E_{i,t} - E_{i,t-1} \right| \tag{4-9}$$

其中，L_{jt}^{LNOUT} 和 L_{it}^{LNINB} 分别代表东盟各国和中国旅游结构变化指数。

（三）控制变量

旅游机构（$LNAGE_{it}$），指从事旅游事业为国际旅游者和国内旅游者服务的工作机关或工作单位[209,210]。旅游景区（$LNHER_{it}$），以世界遗产作为旅游景区的代理变量，具体是指由联合国教科文组织认定的具有普遍价值和突出意义的自然景观或者文物古迹[211,212]。旅游酒店（$LNHOT_{it}$）以酒店客房数量作为旅游酒店的替代变量，客房数量在一定程度上，反映该地区或国家的接待能力[213]。旅游交通（$LNTRA_{it}$），是指游客从出发地到旅游目的地往返和旅游目的地之间异地，所需要的交通服务[214]。旅游交通是旅游者从一地到达另外某地，实现空间转移的"手段"。

三、实证结果及分析

虽然前文已经从旅游规模的视角,探讨了旅游规模对贸易增长的影响,但是东盟各国旅游景区、旅游酒店、旅游交通、旅游机构以及经济水平等存在较大差异,这使得旅游行业结构也不尽相同。为此,本节进一步从旅游行业结构的视角,通过 1995—2017 年中国—东盟旅游行业数据,考察不同旅游行业结构对贸易增长的影响。贸易结构的变化可能会对出入境旅游产生影响,而旅游人数的变化,也会导致进出口贸易的结构发生改变。

为此,以出入境旅游结构指数[①]滞后一期作为工具变量,本节利用两步系统 GMM 对"出境旅游—进口贸易"和"入境旅游—出口贸易"模型进行检验。由表 4-8 可知,如上模型中 Wald 检验均在 1% 显著性水平下,拒绝了原假设："解释变量回归系数全为零"。换言之,模型(1)和(2)回归结果较为显著,且具有一定可信度。另外,Hansen 检验结果 P 值分别为 0.157 和 0.151,即不能拒绝"所有工具变量均有效"的原假设,也就是说工具变量和残差不存在相关性;另外,由 AR(1)与 AR(2)的 P 值可知,模型结果残差项无自相关。为此,由中国—东盟出入境旅游和进出口贸易构建的模型,符合两步系统 GMM 条件,所以模型结果可靠而且有效。

表 4-8　出入境旅游行业结构变化对进出口贸易增长影响结果分析

Tab.4-8　Analysis on the influence of structure change of inbound and outbound tourism industry on import and export trade growth

变量	$LNIMP_{ijt}$	变量	$LNEXP_{ijt}$
	2Step-GMM(1)		2Step-GMM(2)
L_{ijt}^{LNOUT}	-8.79^{**}	L_{ijt}^{LNINB}	-6.196^{***}
	(−3.04)		(−7.97)
$LNGDP_{it}$	1.549^{***}	$LNGDP_{jt}$	0.751^{***}
	(15.58)		(10.01)
$LNPOP_{it}$	0.214^{*}	$LNPOP_{jt}$	0.335^{***}
	(1.99)		(4.72)
$LNSDIS_{ij}$	−0.524	$LNSDIS_{ij}$	-0.588^{**}

[①]　由于出境旅游主要受东盟国家旅游结构影响,入境旅游受中国旅游结构影响。为此,分别以东盟和中国旅游结构变化指数作为出境旅游和入境旅游结构指数。

变量	$LNIMP_{ijt}$	变量	$LNEXP_{ijt}$
	2Step-GMM（1）		2Step-GMM（2）
	（−1.92）		（−2.93）
$LNFRC_{ijt}$	0.0245	$LNFRC_{ijt}$	0.0323[*]
	（1.74）		（2.42）
常数项 C	−24.08[***]	常数项 C	−4.511[**]
	（−6.83）		（−2.65）
Wald 值	1.41e6	Wald 值	1.63e6
AR（1）	−6.510	AR（1）	−6.587
	0.000		0.000
AR（2）	−0.773	AR（2）	−0.769
	0.440		0.442
Hansen 检验	0.157	Hansen 检验	0.151
N	230	N	230
调整 R^2	0.701	调整 R^2	0.721

注：出境、入境结构分别指：出境旅游和入境旅游行业结构；括号内为回归系数的5%和10%的显著性水平。

通过两步系统GMM分析旅游行业结构变化对贸易增长的影响，结果表明：首先，从出境旅游行业结构变动对进口贸易增长的影响来看，出境结构变动与进口贸易显著负相关，通过1%显著性检验。旅游业作为综合性的产业，旅游结构变化会通过游客消费、购物等途径，对贸易产生影响。对于旅游业为国民经济支柱产业的国家，其服务贸易在国民经济中比重较大，旅游行业结构变化对贸易增长影响作用更显著[215,216]。其次，从入境旅游行业结构对出口贸易增长影响来看，入境旅游行业结构变动与出口贸易也存在显著负相关，通过5%显著性检验。最后，从整体来看，出入境旅游行业结构变化对进出口贸易增长均存在显著负相关。旅游行业结构变化幅度越大，对贸易增长的冲击越大，越不利于旅游与贸易的互动发展，且出境旅游行业结构变化对进口贸易的影响程度，大于入境旅游对出口贸易的影响程度。主要原因是：①从出入境游客人数来看，中国出境东盟的游客数量远超东盟入境中国的游客数量。因此，出境旅游结构变化所导致的出境旅游人数对进口贸易的影响，势必大于入境旅游行业结构对出口贸易的影响。②从旅游购物能力来看，旅游购物是旅游经济中较为活跃、较具潜力的要素，对贸易增长具有重要作用。中国出境旅游购物已经由过去以旅游纪念品、工艺品、农副产品为主的传统旅游商品，转向生活化的大旅游商品，比如化妆品、服装、鞋、包、电子产品等。近年来，中国游客购物消费已经占全球出境旅游消费总额的21.7%①。另外，出境旅游对进口贸易还存在拖尾效应，游客回国后，依然还可以在线上浏览、购买国外商品。互联网购物便捷化也进一步强化了出境旅游对进口贸易的促进作用。然而，对于入境旅游而言，由于东盟国家经济基础薄弱，游客购买能力弱，因此入境旅游者对购物需求不强。东盟入境中国游客不仅在游览过程中，对旅游购物需求少，而且回国后也很难在国内形成较大范围的宣传效应来刺激中国出口贸易的发展。因此，出境旅游行业结构变化对进口贸易的影响力大于入境旅游对出口贸易的影响力。

四、异质性检验：不同旅游要素视角

由于东盟各国技术、经济、科技等发展水平和资源空间分布不均衡，不同旅游业部门对进出口贸易的影响也不尽相同。为此，本书在借鉴李坤望、王有鑫[217]（2013）研究成果的基础上，考虑到不同旅游部门对进出口贸易作用的差异性，将旅游景区、旅游机构、旅游酒店和旅游交通，在模型（1）—（4）中分别进行检验。具体如下：

（一）不同类型旅游要素对出口贸易影响的基准回归

由旅游核心部门与出口贸易的基准回归结果可知：①旅游四大行业：旅游景区、旅游机构、旅游酒店、旅游交通，对出口贸易均具有显著的正向促进作用。其他控制变量，比如国民收入、人口数、周转时间、汇率等也均对出口贸易具有显著影响，前文已经详细分析，此处不再赘述。②旅游景区对出口贸易的影响最大（0.830）。旅游景区是吸引入境游客的核心，是旅游活动开展的主要场所，在旅游业发展中具有重要作用。其次是旅游交通（0.732）、旅游酒店（0.573）和旅游机构（0.435）。对于跨国旅游而言，便捷的旅游交通不仅能为游客节约大量旅行费用，还可以缩短时间，让游客获得多的旅游体验。该结果与实际相符，是对

① 数据来源：《2016—2017年中国旅游消费市场发展报告》。

前文研究结论的补充验证(表4-9)。

表4-9　不同类型旅游要素对出口贸易影响的基准回归

Tab.4-9　The benchmark regression of the influence of different types of tourism factors on export trade

变量	$LNEXP_{ijt}$（LSDV 估计）			
	（1）	（2）	（3）	（4）
$LNHER_{it}$	0.830***			
	（4.73）			
$LNAGE_{it}$		0.435***		
		（3.46）		
$LNHOT_{it}$			0.573***	
变量	$LNEXP_{ijt}$（LSDV 估计）			
	（1）	（2）	（3）	（4）
			（3.70）	
$LNTRA_{it}$				0.732***
				（6.16）
$LNINB_{ijt}$	0.393***	0.438***	0.424***	0.352***
	（7.49）	（8.48）	（8.09）	（6.80）
$LNGDP_{jt}$	0.130*	0.131*	0.129*	0.107
	（2.10）	（2.06）	（2.03）	（1.76）
$LNPOP_{jt}$	0.251***	0.224***	0.234***	0.286***
	（6.16）	（5.51）	（5.69）	（7.05）
$LNSDIS_{ij}$	−0.728***	−0.635***	−0.668***	−0.851***
	（−4.49）	（−3.89）	（−4.07）	（−5.30）
$LNTIM_{ijt}$	−0.0244***	−0.0222**	−0.0230***	−0.0273***
	（−3.72）	（−3.33）	（−3.44）	（−4.26）
$LNEXC_{it}$	−4.173***	−5.442***	−4.948***	−2.042**
	（−7.66）	（−12.74）	（−10.22）	（−2.75）
个体固定	控制	控制	控制	控制
年份固定	控制	控制	控制	控制
常数项 C	9.457***	11.54***	6.334	−6.235

续表

变量	$LNEXP_{ijt}$ （LSDV 估计）			
	（1）	（2）	（3）	（4）
	（4.18）	（5.04）	（1.89）	（−1.52）
样本数量	230	230	230	230
调整 R^2	0.938	0.935	0.936	0.942

注：（1）"*""**""***"分别表示 10%、5%、1% 水平下显著。

（二）不同类型旅游要素对进口贸易影响的基准回归

通过旅游核心部门与进口贸易基准回归结果，我们可以得出以下结论：①旅游景区、旅游机构、旅游酒店、旅游交通对进口贸易也存在显著的促进作用。国民收入、人口数、航运距离等对进口也均通过显著性检验。②旅游景区对进口贸易的影响最大（1.337），通过 1% 显著性检验，可见，旅游景区在促进进口贸易增长中扮演重要角色。其次分别是旅游酒店（1.210）、旅游交通（0.960）和旅游机构（0.453）。对于跨国旅游而言，便捷的旅游交通和舒适的住宿环境是游客出游首选，在出境旅游业发展中，占据极为重要的地位，同时也是影响进口贸易的重要因素。如上研究结果验证了假设 2 正确（表 4–10）。

表 4–10　不同类型旅游要素对进口贸易影响的基准回归

Tab.4–10　The benchmark regression of the influence of different types of tourism factors on import trade

变量	$LNIMP_{ijt}$ （LSDV 估计）			
	（1）	（2）	（3）	（4）
$LNHER_{jt}$	1.337***			
	（7.19）			
$LNAGE_{jt}$		0.453***		
		（3.49）		
$LNHOT_{jt}$			1.210***	
			（12.57）	
$LNTRA_{jt}$				0.960***
				（10.05）

变量	$LNIMP_{ijt}$（LSDV 估计）			
	（1）	（2）	（3）	（4）
$LNOUB_{ijt}$	0.307***	0.0680	0.357**	0.147
	（4.10）	（0.44）	（3.28）	（1.47）
$LNGDP_{it}$	0.674	0.902	0.242	1.118*
	（1.85）	（1.72）	（0.58）	（2.51）
$LNPOP_{it}$	20.62*	41.84***	34.13***	43.07***
	（2.41）	（3.47）	（3.61）	（4.19）
$LNSDIS_{ij}$	−1.106*	−2.173***	−2.388***	−0.632
	（−2.36）	（−4.51）	（−6.32）	（−1.47）
$LNTIM_{ijt}$	−0.101***	−0.0831***	−0.0361***	−0.0239
	（−12.44）	（−6.66）	（−3.45）	（−1.96）
$LNEXC_{jt}$	−0.112**	−0.116*	−0.0265	−0.0902*
	（−2.66）	（−2.21）	（−0.67）	（−2.26）
个体固定	控制	控制	控制	控制
年份固定	控制	控制	控制	控制
常数项 C	−384.4*	−852.1***	−716.3***	−872.5***
	（−2.26）	（−3.56）	（−3.82）	（−4.29）
样本数量	163	230	229	230
调整 R^2	0.876	0.697	0.815	0.781

注：（1）"*""**""***"分别表示 10%、5%、1% 水平下显著。

第三节 质量视角：旅游专业化对贸易增长的门槛效应

由于旅游业属于综合性产业,具有先天性的产业融合特征。旅游业发展是动态复杂的过程,期间必然会受到诸多因素影响,从而改变旅游发展对贸易增长之间的线性关系。换言之,旅游发展对贸易增长的影响可能存在基于门槛变量的非线性关系。当前旅游和贸易领域的学者,较少关注旅游发展质量对贸易增长的非线性问题。为此,本节将引入以门槛回归为代表的非线性计量方法[218],实证检验 1995—2017 年中国—东盟旅游质量对贸易增长的非线性影响关系,以期动态地讨论中国与东盟国家旅游业发展质量对贸易增长影响的内在原因与作用,必将具有深刻的理论和现实意义。

一、样本选取与数据说明

本节收集 1995—2017 年中国与东盟各国出入境旅游人数的数据,来源于联合国世界旅游组织,各国国民收入、各国汇率、货物周转时间、旅游发展质量等数据,来源于世界银行数据库,友好城市来源于中国国际友好城市联合会 ①。此外,为了避免各变量因单位不同而导致可能的异方差,故对出境旅游人数、入境旅游人数、进口贸易额、出口贸易额等变量做自然对数处理(表 4-11)。

表 4-11　变量的统计性描述及数据来源

Tab.4-11　Statistical description of variables and data sources

类型	变量名称	平均值	标准差	最小值	最大值	数据来源
被解释变量	进口贸易	21.08	2.98	6.26	24.85	UN Comtrade
	出口贸易	21.63	2.17	15.91	24.99	UN Comtrade
门槛变量	入境旅游质量	4.735	2.912	1.343	10.012	UN Comtrade
	出境旅游质量	9.385	6.776	0.677	30.003	UN Comtrade
解释变量	入境旅游	11.72	2.09	7.34	16.08	UN WTO
	出境旅游	12.16	1.79	8.31	16.09	UN WTO
控制变量	东盟 GDP	7.40	1.15	5.44	9.89	世界银行
	中国 GDP	7.03	0.59	6.14	7.97	世界银行
	东盟人口	16.87	1.81	12.60	19.34	世界银行
	中国人口	20.99	0.04	20.91	21.02	世界银行

---

① 中国国际友好城市联合会网站：http://www.cifca.org.cn

类型	变量名称	平均值	标准差	最小值	最大值	数据来源
	东盟汇率	4.82	3.64	0.22	10.02	世界银行
	中国汇率	2.01	0.12	1.82	2.12	世界银行
	友好城市	43.44	26.32	2.39	96.64	友好城市联合会

注：为削弱异方差和异常值对数据平稳性的影响，对各变量已经取对数。

二、模型设计和变量说明

（一）门槛回归模型

由于旅游和贸易分别隶属于不同的产业，相互关系较为复杂，并非简单线性关系。因此，本书采用 Bootstrap "自抽样"技术对门槛效应显著性进行假设检验，构建面板门槛回归模型[219]，重点考察不同旅游发展质量下，"入境旅游对出口贸易"和"出境旅游对进口贸易"影响效应，并构建如下线性对数模型：

$$y_{it} = \beta_0 + \beta_1 x_{it} + \theta X_{it} + \varepsilon_{it} \qquad (4\text{--}10)$$

其中，i 表示地区，t 表示年份，y_{it} 表示进出口贸易额，x_{it} 表示出入境旅游发展质量，X_{it} 表示控制变量，主要包括影响两国间进出口贸易的特征变量，比如各国人口、货物周转时间、国际汇率、友好城市个数等，β_0、β_1、θ 是待估计参数，ε_{it} 为误差项。

（二）单门槛面板模型

从基础的单门槛面板模型开始，将模型（4–10）设定为如下形式：

$$y_{it} = u_i + \beta_1 x_{it} I(q_{it} \leqslant \gamma) + \beta_2 x_{it} I(q_{it} > \gamma) + \theta z_{it} + \varepsilon_{it} \qquad (4\text{--}11)$$

其中，q_{it} 为门槛变量，分别代表入境旅游质量 $LNTOQ_{it}^{INE}$、出境旅游质量 $LNTOQ_{it}^{OUB}$；$I(\cdot)$ 为示性函数：当 $q_{it} \leqslant \gamma$ 时，$I(\cdot)=1$；$q_{it} > \gamma$ 时，$I(\cdot)=0$；γ 为未知门槛值，$\varepsilon_{it} \sim iid(0,\delta^2)$ 为随机扰动项。

$$y_{it} = \begin{cases} u_i + \beta_1 x_{it} + \varepsilon_{it}, q_{it} \leqslant \gamma \\ u_i + \beta_2 x_{it} + \varepsilon_{it}, q_{it} > \gamma \end{cases} \qquad (4\text{--}12)$$

上式其实是一个以 γ 为分界点的分段函数，假若 $q_{it} \leqslant \gamma$ 时，变量

x_{it} 系数为 β_1，假若 $q_{it} > \gamma$，变量 x_{it} 系数则为 β_2。

（三）多门槛面板模型

模型（4–12）只是假设仅存在一个门槛，但是当存在多个门槛值时，具体模型如下：

$$y_{it} = u_i + \beta_1 x_{it} I(q_{it} \leq \gamma_1) + \beta_2 x_{it} I(\gamma_1 < q_{it} \leq \gamma_2) + \beta_3 x_{it} I(q_{it} > \gamma_2) + \theta X_{it} + e_{it} \quad (4-13)$$

结合本节研究目的，构建"入境与出口"和"出境与进口"的门槛模型，具体如下：

$$LNIMP_{ijt} = \beta_0 + \beta_1 LNOUB_{ijt} I(LNTOQ_{it}^{OUB} \leq \gamma_1) + \beta_2 LNOUB_{ijt} I(\gamma_1 < LNTOQ_{it}^{OUB} \leq \gamma_2) +$$
$$\beta_3 LNOUB_{ijt} I(LNTOQ_{it}^{OUB} > \gamma_2) + \beta_4 Controls + \mu_{it}$$

$$(4-15)$$

$$LNEXP_{ijt} = \alpha_0 + \alpha_1 LNINB_{ijt} I(LNTOQ_{it}^{INB} \leq \gamma_1) + \alpha_2 LNINB_{ijt} I(\gamma_1 < LNTOQ_{it}^{INB} \leq \gamma_2) +$$
$$\alpha_3 LNINB_{ijt} I(LNTOQ_{it}^{INB} > \gamma_2) + \alpha_4 Controls + v_{it}$$

$$(4-16)$$

其中，α，β 为系数；$LNIMP_{ijt}$ 和 $LNEXP_{ijt}$ 分别代表中国与东盟国家的进口和出口贸易额；$LNHER_{it}$、$LNHER_{jt}$ 表示中国和东盟各国的世界遗产数量；$LNRUL_{it}$、$LNRUL_{jt}$ 代表中国与东盟各国法制完善程度，该变量法制完善程度用各国世界排名替代；v_{it}、μ_{it} 表示随机误差。

本节以中国与东盟各国进出口贸易为被解释变量，以东盟各国出入境旅游发展质量为核心解释变量。旅游发展质量主要反映旅游业发展的专业化程度，一般被界定为旅游收入、支出占该国 GDP 或者出口贸易总额的百分比，用于反映该国或地区旅游业在整个经济中的依赖关系和重要程度。许多学者认为，旅游专业化程度是国家或地区旅游业发展质量的重要决定因素。由于中国与东盟各国出入境旅游支出与收入未列入统计范围，无法获取，为此，借鉴陈晓静[150]（2015）的处理方法，以中国与东盟各国之间的出、入境旅游人数与进、口贸易额之比，来分别衡量出境旅游发展质量（$LNTOQ_{it}^{OUB}$）和入境旅游发展质量（$LNTOQ_{it}^{INB}$）。

另外，以人均国民收入、各国人口、国际汇率、友好城市数量等为控制变量。具体如下：①人均收入：用 $LNPGDP_{it}$ 和 $LNPGDP_{jt}$ 分别表示中国和东盟各国人均收入，利用 GDP 平减指数以 1980 年为基期进行折算得到实际值。旅游是人们物质生活达到一定条件后，对物质文化生活提出的更高要求。中国和东盟国人均收入的提高,一定程度上会促进我国出境和东盟入境我国旅游人次的增加。②人口数量:利用$LNPOP_{it}$和$LNPOP_{jt}$分别代表中国和东盟各国在t年人口总数。在一定程度上,能反映该国贸易和旅游的潜力,与旅游和贸易呈正比。③货物周转时间:该指标反映了一国港口基础设施建设和货物通关便利化程度,分别用$LNTIM_{it}$和$LNTIM_{jt}$代表中国和东盟各国货物周转时间。④国家汇率:分别用$LNEXC_{it}$和$LNEXC_{jt}$表示中国和东盟的汇率水平,主要指一国货币兑美元的汇率。⑤友好城市($LNFRC_{ij}$),友好城市是中国与东盟国家文化交流和促进民心相同的重要载体,友好城市数量一定程度上可衡量两地区间旅游和贸易合作的紧密程度,为经济合作和文化交流奠定基础。

三、实证结果及分析

(一)"入境旅游质量对出口贸易"影响的门槛效应

通过门槛值检验结果可见,入境旅游质量单门槛和双重门槛均显著,而三重门槛效果不显著(见附表2)。为此,本书将基于双重门槛模型进行分析,并对双重门槛模型的两个门槛值进行识别(见附图1)。旅游质量门槛估计值为似然比检验统计量LR为零时γ取值。由表4–12可知,入境旅游对出口贸易门槛回归模型,存在基于入境旅游质量的双重门槛效应,门槛估计值γ_1、γ_2分别为2.696和13.172。

表4–12 入境旅游质量门槛估计值和置信区间

Tab.4–12 The estimated value and confidence interval of inbound tourism quality threshold

	门槛估计值	95% 置信区间
门槛值$\hat{\gamma}_1$	2.696	[2.170,3.757]
门槛值$\hat{\gamma}_2$	13.172	[12.825,16.002]

通过对比门槛回归模型(Pan–el Threshold)和混合最小二乘法(Pooled OLS)结果发现(表4–13),模型(1)和(2)中关键解释变量入境旅游和入境旅游质量的系数值均通过显著性检验,而且其他各控制变量显著性和系数符号也基本保持一致。综上可知,模型估计结果及结论具有一定的稳健性。

表 4-13 "入境旅游对出口贸易"门槛模型估计结果

Tab.4-13 Estimated results of "export trade to inbound tourism" model.

变量	$LNEXP_{ijt}$	
	（1）Panel Threshold	（2）Pooled OLS
$LNGDP_{jt}$	0.350*** （5.63）	0.263*** （4.26）
$LNGDP_{it}$	1.221*** （3.42）	0.682 （1.38）
$LNPOP_{it}$	3.758 （0.73）	1.477 （0.20）
变量	$LNEXP_{ijt}$	
	（1）Panel Threshold	（2）Pooled OLS
$LNTIM_{ijt}$	−0.0363*** （−7.14）	−0.0263*** （−3.85）
$LNEXC_{it}$	−0.566*** （−5.51）	−0.104 （−0.43）
$LNFRC_{ijt}$	0.008 （1.46）	0.0121* （2.00）
$LNINB_{ijt}$	—	0.498*** （10.36）
$LNTOQ_{it}^{INB}$	—	0.0192** （2.77）
$LNINB_{ijt}\ (\hat{\gamma}_1 \leq 2.696)$	0.215*** （4.86）	—
$LNINB_{ijt}\ (2.696 < \hat{\gamma}_1 \leq 13.172)$	0.187*** （4.20）	—
$LNINB_{ijt}\ (\hat{\gamma}_1 > 13.172)$	0.157*** （3.40）	—
R^2	0.949	0.923
常数 C	54.85 （0.56）	−646.87*** （−6.20）

注：（1）"*""**""***"分别表示 10%、5%、1% 水平下显著。

其二,通过利用非线性双重门槛模型,研究不同入境旅游质量门槛下,入境旅游对出口贸易增长的影响,结果发现:第一,入境旅游质量双重门槛值 γ_1、γ_2 分别为 2.696 和 13.172,依据门槛值 γ_1、γ_2 将入境旅游质量划分为(0,2.696]、(2.696,13.172] 和(13.172,+∞] 三个区间。三个区间内入境旅游对出口贸易的影响系数逐步降低,分别是 0.215、0.187、0.157。由此可见,随着入境旅游质量逐步提高,入境旅游对出口贸易的促进作用会进一步减弱。具体而言,当入境旅游质量位于第一门槛内时,入境旅游对出口的影响系数为 0.215;当入境旅游质量位于第二门槛区间时,出口贸易对入境旅游的影响系数下降至 0.187;当入境旅游质量跨过第二门槛,位于第三区间时,入境旅游对出口贸易的促进作用开始减弱,为 0.157。上述结果表明,入境旅游对出口贸易的促进作用并非长期固定不变,而是存在非线性关系。其主要原因在于,在中国和东盟各国经济发展初期,国内市场逐步开放,不同行业充满着各种商业机会,入境游客也多是以贸易合作为主要目的入境商务旅游,该阶段商务旅游在入境旅游中占比较大。比如会议会展、技术交流、商务谈判等为主要目的,而以探亲访友、观光休闲为主要目的的旅游者相对较少,但是随着各国经济社会逐步发展,旅游服务设施、交通条件、服务水平提升,更多的人选择到中国观光旅游,领略我国悠久的历史文化、山水风光、名胜古迹,以放松身心、开阔眼界、陶冶情操等为主要目的的游客日益增多,入境旅游变得更加"纯粹",更加平民化、大众化,使得入境旅游对出口贸易的促进作用日益减弱。另外,我们还可以发现,出口贸易除了受入境旅游影响外,还受各国国民收入、人口数量、国际汇率与中国友好城市数量等因素影响,而且非经济因素(友好城市数量、货物周转时间等)对出口贸易的影响程度,要小于经济因素(国民收入、汇率等)的影响。由此可见,中国与东盟各国间为进一步推动双边贸易发展,除了高度重视入境旅游对出口贸易的促进作用外,各国还应该加快经济建设,提高人们的收入水平,创建良好的经济环境。

(二)"出境旅游质量对进口贸易"的门槛效应

旅游质量单重和双重门槛值分别在 5% 和 1% 水平下显著,双重门槛在 1% 显著(见附表 3)。出境旅游质量门槛估计值为似然比检验统计量 LR 为零时 γ 取值(见附图 2)。另外,由表 4-14 可知,出境旅游与进口贸易门槛回归模型,存在基于出境旅游质量的双重门槛效应,门槛估计值 γ_3、γ_4 分别为 3.876 和 21.111。

表 4-14　出境旅游质量门槛估计结果和置信区间

Tab.4-14　Estimated results and confidence interval of outbound tourism quality threshold

	估计值	95% 置信区间
门槛值 $\hat{\gamma}_3$	3.876	[3.717，6.381]
门槛值 $\hat{\gamma}_4$	21.111	[20.118，22.504]

通过"出境旅游对进口贸易"门槛效应估计结果可知：一方面,模型估计结果及结论是稳健的。利用出境旅游人数、进口贸易、人均收入等变量,构建运用混合回归模型,通过对比混合回归和门槛回归模型结果可见,核心解释变量通过显著性检验,系数符号不变,而且其他变量的显著性和系数符号也基本保持一致(表 4-15)。另一方面,通过门槛回归和混合回归模型分析发现：①随着出境旅游质量的逐步提升,出境旅游对进口贸易的促进作用先增强,后逐步减弱。当出境旅游质量位于第一门槛内时,出境旅游对进口贸易的影响系数为 0.154；当出境旅游质量位于第二门槛值区间时,出境旅游对进口贸易的影响系数上升至 0.213；当贸易效益位于第三门槛区间时,出境旅游对贸易的促进作用逐步减弱,系数为 0.100,说明出境旅游对进口贸易的作用并非固定不变,存在非线性关系。换言之,出境旅游对进口贸易随着旅游质量增加,作用程度先小幅增加,再逐步下降。

表 4-15　"出境旅游对进口贸易"模型估计结果

Tab.4-15　Estimated results of "import trade to outbound tourism" model.

变量	$LNIMP_{ijt}$	
	Pan-el Threshold	Pooled OLS
$LNGDP_{jt}$	0.826*** （8.86）	0.895*** （12.90）
$LNPOP_{jt}$	0.018 （0.24）	0.0818 （1.29）
$LNGDP_{it}$	1.057*** （5.50）	1.240*** （5.22）

变量	$LNIMP_{ijt}$	
	Pan-el Threshold	Pooled OLS
$LNPOP_{it}$	34.13*** （7.75）	32.33*** （6.15）
$LNTIM_{ij}$	−0.069*** （−6.96）	−0.0462*** （−6.36）
$LNEXC_{it}$	−0.0000469*** （−3.46）	−0.00000141 （−0.16）
$LNFRC_{it}$	0.067 （0.78）	0.0173 （0.27）
$LNOUB_{ijt}$	—	0.250*** （6.06）
$LNTOQ_{it}^{OUB}$	—	0.0663* （2.09）
$LNOUB_{ijt}\ (\hat{\gamma}_1 \leq 3.876)$	0.154*** （3.14）	—
$LNOUB_{ijt}\ (3.876 < \hat{\gamma}_1 \leq 21.111)$	0.213*** （4.72）	—
$LNOUB_{ijt}\ (\hat{\gamma}_1 > 21.111)$	0.100*** （2.25）	—
R^2	0.925	0.919
常数 C	−686.3*** （−7.82）	−646.9*** （−6.20）

注：括号内为 t 值，"*""**""***"分别表示10%、5%和1%水平下显著。

②出口贸易除了受入境旅游影响外，还受各国人均收入、人口数量、国际汇率、与中国友好城市数量等因素的影响，非经济因素比如友好城市数量、货物周转时间等，对出口贸易的影响程度，小于经济因素，比如国民收入、汇率等。由此可见，和平和发展仍然是当今世界，时代主题，虽然各国的政治体制、经济基础、旅游资源等存在较大差异，但依然把经济建设作为首要任务，在未发生战争、政变、恐怖袭击等前提下，经济基础依然是影响两国贸易的重要因素。

（三）"出境旅游对进口贸易"和"入境旅游对出口贸易"门槛效应对比分析

利用"出境—进口"和"入境—出口"门槛模型结果,模拟出中国—东盟贸易对旅游的发展关系(图4-1)。通过对比出入境旅游与进出口贸易关系模拟图可见:

其一,从旅游质量门槛值来看,出境旅游对进口贸易的旅游质量第一,第二门槛值($\hat{\gamma}_3$,$\hat{\gamma}_4$),即3.876和21.111,明显大于入境旅游对出口贸易的旅游质量第一,第二门槛值($\hat{\gamma}_1$,$\hat{\gamma}_2$),即2.696和13.172,说明出境旅游对进口贸易的促进作用要实现跨越式增长,对旅游质量水平要求更高,而入境旅游对出口贸易的促进作用要实现跨越式增长,则旅游质量水平要求相对较低。造成此现象的原因主要是:各国政府基本都遵循着"优先发展入境旅游,适度、规范发展出境旅游"的旅游发展政策。入境旅游是各国非贸易创汇的重要手段之一,也是国民收入的重要组成部分,各国在旅游发展政策的制定上,更倾向于发展入境游。

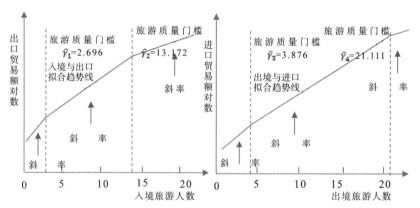

图4-1 "入境旅游对出口贸易"以及"出境旅游对进口贸易"关系模拟

Fig.4-1 Simulation of the relationship between "export trade and inbound tourism" and "export trade and inbound tourism"

另外,出境旅游对国民收入水平的要求也较高,还有受教育水平、年龄结构、休假时间等都会对出境旅游造成影响。为此,当前中国和东盟各国应该利用出口贸易对旅游质量的影响门槛低,且作用强度大的特点,加快入境旅游的发展步伐,充分发挥入境旅游对出口的促进作用,推动我国入境旅游市场和出口贸易发展。

其二,长期远来看,随着时间的推移,当旅游质量逐年增加时,无论是"入境对出口"还是"出境对进口",其促进作用都会逐渐减弱,而且在不同的旅游质量区间,二者关系也不尽相同。具体如下:第一,对于入境旅游和出口贸易而言(图4-1左),当旅游质量低于2.696时,入境旅游对出口贸易的影响系数为0.215;当入境旅游质量迈过第一门槛,但未达到第二门槛值时,入境旅游的系数仍为正,但入境旅游对出口贸易的促进作用有所减弱,相关系数为0.187;当入境旅游质量跨越第二门槛值,对出口贸易的促进作用进一步减弱,影响系数降至0.157。上述结果表明:入境旅游对出口贸易显著存在基于旅游质量的双门槛效应,即随着旅游质量的提高,入境旅游对出口贸易的促进作用逐步减弱。第二,对于出境旅游和进口贸易而言(图4-1右),当旅游质量值低于3.876时,出境旅游对进口贸易的影响系数为0.154;当旅游质量迈过第一门槛,但未达到第二门槛值时,出境旅游对进口贸易的促进作用略有提高,影响系数升至0.213;当旅游质量跨越第二门槛值,进口贸易对出境促进作用开始减弱,影响降至0.1。如上结果表明:出境旅游对进口贸易的影响显著存在基于旅游质量的双门槛效应,即随着旅游质量的增加,出境旅游对进口贸易的促进作用先增加,后逐渐减弱。虽然在第二门槛范围内,出境旅游对进口贸易的作用呈现上升趋势,但是国内不断涌现的海淘网、天猫国际、卓越亚马逊,以及免税商店等,极大地方便了人们对国外产品的购买和消费,一定程度上削弱了进口贸易对出境旅游的影响,使得在第三门槛值范围内,出境旅游对进口贸易的促进作用逐渐降低,其现象与实际相符。

其三,由于不同的旅游质量区间内,中国—东盟旅游对贸易的影响存在非线性的双重门槛特征。为此,通过对比1995年与2017年东盟各国旅游质量水平,以及出入境旅游与进出口贸易的门槛值(图4-2和图4-3),结果发现:①就入境旅游出口门槛对比而言,截至目前,东盟十国均迈过第一门槛值,绝大多数国家均处于第一与第二门槛区间内,入境旅游对出口贸易的作用明显。②就出境旅游与进口门槛对比而言,至今只有越南和缅甸仍处于第一门槛区间内,说明两国出境旅游发展速度较慢,还有很大的提升空间。另外,仅有文莱迈出第二门槛,出境旅游发展迅猛,优势较为明显。文莱人均收入较高,原油和天然气资源丰富,原油储存量和产量仅次于印度尼西亚,是世界人均高收入国家之一,良好的经济基础为文莱的出境旅游奠定了坚实的基础。③就出入境旅游质量对比来看,东盟国家入境旅游质量明显高于出境旅游质量,且出境旅游第一、第二门槛均高于入境旅游,该结论与实际相符,其与东盟现有的高入境旅游、低出口贸易现状和绝大多数国家普遍采用的"优先发展入境旅游"政策有关。如上结果也验证了假设 H6 正确。

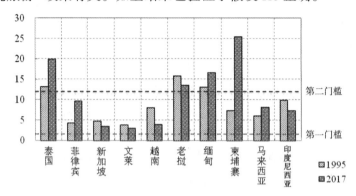

图 4-2　1995 年和 2017 年中国与东盟各国入境旅游质量对比

Fig.4-2　Comparison of "inbound to export" thresholds between China and ASEAN countries in 1995-2017

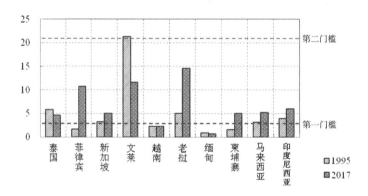

图 4-3　1995 年和 2017 年中国与东盟各国出境旅游质量对比

Fig.4-3　Comparison of "outbound versus import" thresholds between China and ASEAN countries in 1995-2017

第五章

中国—东盟贸易发展对旅游增长影响的实证研究

随着中国—东盟经贸合作的深入开展,中国与东盟间的文化交流和旅游合作也不断升温。东盟经过40余年的发展,凭借其拥有的得天独厚的旅游资源,已然成为亚洲重要旅游目的地和全球旅游业发展的新"亮点"。旅游发展为贸易增长奠定了"软"基础,贸易发展为旅游增长提供了"硬"支撑。那么,中国—东盟贸易发展对旅游增长的促进作用程度如何? 在不同发展阶段,贸易发展对旅游的这种影响演变规律怎样? 对类似问题的探讨,对快速发展的中国—东盟旅游与贸易而言,具有重要的理论和现实意义。基于此,本章从贸易发展的规模、结构、效益等三个维度,探讨中国—东盟贸易发展对旅游增长的影响。

第一节 规模视角：贸易规模对旅游增长的影响分析

一、样本选取与数据来源

由于旅游人数是旅游经济增长的最主要表现形式。为此,本节选用中国与东盟十国出入境旅游人数为被解释变量,以中国与东盟各国进出口贸易作为解释变量,把世界遗产作为旅游吸引力的代理变量,数据来源于世界遗产中心官方网站,并通过分类整理而得。同时,距离是影响出入境旅游的重要因素,指地理距离即各国首都间的球面距离,数据来源于 CEPII 数据库。此外,模型中还加入法制程度、汇率、人均收入等其他控制变量,具体如表 5-1。

表 5-1 变量的统计性描述及数据来源

Tab.5-1 Statistical description of variables and data sources

变量	变量名称	平均值	标准差	最小值	最大值	数据来源
被解释变量	入境旅游	11.72	2.09	7.34	16.08	UNWTO 数据库
	出境旅游	12.16	1.79	8.31	16.09	UNWTO 数据库
核心解释变量	进口贸易	21.08	2.98	6.26	24.85	UN Comtrade
	出口贸易	21.63	2.17	15.91	24.99	UN Comtrade
控制变量	东盟人均 GDP	7.40	1.15	5.44	9.89	世界银行
	中国人均 GDP	7.03	0.59	6.14	7.97	世界银行
	东盟世界遗产	2.19	1.89	0	6	世界遗产中心[1]
	中国世界遗产	34.48	11.43	13.00	52	世界遗产中心
	地理距离	8.45	0.41	7.93	9.16	CEPII 数据库
	东盟汇率	4.82	3.64	0.22	10.02	世界银行
	中国汇率	2.01	0.12	1.82	2.12	世界银行
	中国法制程度	3.611	0.080	3.437	3.545	CEPII 数据库
	东盟法制程度	3.501	0.848	0.872	2.900	CEPII 数据库

注:为削弱异方差和异常值对数据平稳性的影响,对各变量已经取对数。法制程度按所有国家的百分位排名 [范围从 0 (最低) 到 100 (最高)] 取值;地理距离为各国首都间的球面距离。

二、模型设计和变量说明

本书借鉴 Hummels et al.（2013）、Viet（2014）的研究成果,将进出口贸易额、世界遗产数量、各国汇率、法制程度等变量引入引力模型,得到贸易对旅游影响的扩展方程为:

$$LNINB_{ijt} = \alpha_0 + \alpha_1 LNPGDP_{jt} + \alpha_2 LNHER_{it} + \alpha_3 LNCGDIS_{ijt}I + \alpha_4 LNEXC_{jt} + \alpha_5 LNRUL_{it} + \alpha_6 LNEXP_{ijt}I + F_{ij} + v_{it}$$

$$(5-1)$$

$$LNOUB_{ijt} = \beta_0 + \beta_1 LNPGDP_{jt} + \beta_2 LNHER_{jt} + \beta_3 LNCGDIS_{ijt}I + \beta_4 LNEXC_{it} + \beta_5 LNRUL_{jt} + \alpha_6 LNIMP_{ijt}I + F_{ij} + v_{it}$$

$$(5-2)$$

其中,α,β 为系数;$LNINB_{ijt}$ 和 $LNOUB_{ijt}$ 分别代表中国与伙伴国的入境和出境旅游人数;$LNPGDP_{it}$、$LNPGDP_{jt}$ 分别代表中国和伙伴国人均收入;$LNHER_{it}$ 和 $LNHER_{jt}$ 表示中国和伙伴国的世界遗产数量;$LNGDIS_{ijt}$ 代表中国与东盟各国首都间的球面距离;$LNEXC_{it}$ 和 $LNEXC_{jt}$ 分别表示中国和东盟各国汇率;$LNRUL_{it}$ 和 $LNRUL_{jt}$ 分别代表中国与东盟各国法制程度;F_{ij} 表示对年份和国家进行控制的固定效应;v_{it} 和 μ_{it} 表示随机误差。各变量具体含义如下:

世界遗产包括自然遗产、文化遗产、文化与自然遗产三类,是指被人类公认的具有重大意义和普遍价值的文物古迹及自然景观,世界遗产数量能够在一定程度上体现一个国家的旅游吸引力。地理距离是对于地理距离的测度,学者们提出了不同的测算方法,比如刘京星等[220]（2018）使用两国边境线最短距离;綦建红和杨丽[221]（2012）、韦永贵和李红[222]（2018）运用首都球面距离。本节采用各国首都球面距离作为地理距离的替代变量,数据来源于 CEPII 数据库。法制程度表示各国法律制度完善情况和法律对合约保护、违约惩罚的执行力度,是影响中国和东盟国家旅游和贸易合作的重要因素,本节用各国法制程度指数的全球排名来替代①。

---

① 由于法制程度取值范围为 [-2.5，2.5],考虑到取对数的需要,故用各国法制程度的全球排名替代。

三、基准估计结果分析

为进一步分析进出口贸易、人均收入、世界遗产、地理距离等对中国与东盟出入境旅游的贡献程度，本书构建混合效应模型（OLS）、固定效应模型（Fe）和随机效应模型（RE），通过 F 检验和 Hausman 检验结果，最终选择科学合理的模型来研究中国—东盟出口贸易对国家入境旅游的影响。具体如下：

（一）基准回归结果：出口贸易规模对入境旅游增长的影响

结合检验结果（表 5-2），混合效应模型与固定效应模型的 F 检验 P 值为 0.000，故强烈拒绝原假设，即认为固定效应模型（FE）明显优于混合效应模型（OLS），进一步 Hausman 检验固定效应和随机效应，结果显示 P 值为 0.000，强烈拒绝原假设，认为固定效应优于随机效应，故以固定效应模型重点报告贸易规模增长对入境旅游的影响。具体如下：

其一，出口贸易 $LNEXP_{it}$ 通过 1% 显著性检验，且系数为正（0.506），说明出口贸易与入境旅游显著正相关，出口贸易对入境旅游具有显著的促进作用，即中国与东盟各国间的出口贸易对入境旅游发展产生了正的溢出效应。当前中国加快发展先进制造业，努力向制造业大国和强国迈进，东盟各国通过大量购买"中国制造"产品，全面塑造和提升了中国的国家形象，引起东盟各国潜在游客对中国的关注和旅游兴趣，从而引发入境旅游游客人数增长。大量关于出口贸易对入境旅游影响的文献也表明，出口贸易的发展为入境旅游奠定了良好的政治和经济基础（卢仁祥[92]，2017；马红红 等[84]，2016）。

其二，就其他控制变量而言，人均收入、世界遗产、法律制度完善程度均为正，且通过 5% 显著性检验，说明高水平的人均收入、完善的法律制度，以及丰富的世界遗产，均能促进入境旅游人数的增长。混合效应和随机效应中，地理距离分别通过 5% 和 10% 显著性检验，且系数均为正，表明地理距离阻碍了入境旅游的发展。据研究表明，国内旅游的交通费占到了旅游费用的 50%，出境旅游更是高达 70%[223]，较远的距离意味着较高的交通和时间成本，可见地理距离也是阻碍游客选择旅游目的地的重要因素。汇率与入境旅游呈负相关，东盟各国汇率升高意味其本币贬值，购买同样的中国旅游产品，需要花费更多的本币，利于发展入境旅游,结果与实际相符。

表 5-2　中国—东盟出口贸易对入境旅游影响估计结果

Tab.5-2　The estimated impact of china-ASEAN export trade on inbound tourism

变量	$LNINB_{ijt}$		
	（1）Pooled_OLS	（2）Pooled_FE	（3）Pooled_Re
$LNEXP_{ijt}$	0.910*** （18.84）	0.506*** （5.48）	0.924*** （16.67）
$LNPGDP_{jt}$	0.257** （3.31）	1.112*** （5.47）	0.229** （2.61）
$LNHER_{jt}$	0.597*** （5.31）	0.698*** （4.52）	0.504*** （4.23）
$LNGDIS_{ij}$	−0.282** （−2.61）	—	−0.275* （−2.09）
$LNEXC_{jt}$	−0.853*** （−9.42）	−0.875*** （−8.41）	−0.843*** （−9.34）
$LNRUL_{it}$	0.051** （2.62）	0.041** （2.94）	0.051** （2.73）
年度固定	控制	控制	控制
个体固定	控制	控制	控制
常数项 C	−16.43*** （−9.60）	−16.00*** （−7.33）	−16.38*** （−9.00）
调整 R^2	0.914	0.829	0.820
F 检验	—	$Prob > F = 0.00$	—
Hausman 检验	—	—	$Prob > chi2 = 0.00$
样本数量	230	230	230

注:"*""**""***"分别表示 10%、5%、1% 水平下显著,系数为回归系数,括号内值代表 t 统计量。

（二）基准回归结果:进口贸易规模对出境旅游增长的影响

结合检验结果(表 5-3),本书选择固定效应模型(Fe)重点报告进口贸易对出境旅游的影响。

表 5-3　中国—东盟进口贸易对出境旅游影响估计结果

Tab.5-3　The impact of China-ASEAN import trade on outbound tourism

变量	$LNOUB_{ijt}$		
	（1）Pooled_OLS	（2）Pooled_FE	（3）Pooled_Re
$LNIMP_{ijt}$	0.287*** （5.08）	0.276*** （4.21）	0.290*** （4.58）
$LNPGDP_{it}$	0.179 （1.45）	0.640*** （4.18）	0.567*** （4.05）
$LNHER_{jt}$	0.447*** （4.41）	0.302*** （3.48）	0.323*** （3.86）
$LNGDIS_{ij}$	−0.767 （−1.68）	—	−0.346 （−0.30）
$LNEXC_{it}$	−0.102** （−3.22）	−0.194*** （−3.79）	−0.205*** （−4.34）
$LNRUL_{jt}$	0.032** （3.04）	0.019* （2.26）	0.018* （2.15）
年度固定	控制	控制	控制
个体固定	控制	控制	控制
常数项 C	8.758* （2.14）	−0.760 （−0.72）	2.329 （0.24）
调整 R^2	0.625	0.798	0.0816
F 检验	—	$Prob > F = 0.00$	—
Hausman 检验	—	—	$Prob > chi2 = 0.00$
样本数量	230	230	230

注："*""**""***"分别表示 10%、5%、1% 水平下显著,系数为回归系数,括号内值代表 t 统计量。

其一,进口贸易 $LNIMP_{it}$ 通过 1% 显著性检验,相关系数为正（0.276）,表明进口贸易对出境旅游具有显著的促进作用,即中国与东盟各国间的进口贸易对出境旅游发展产生了正的溢出效应。相比贸易产品营销而言,旅游景区在国外电视、网络、报刊等媒体投放广告数量较少,旅游景区资金投入和资源整合不到位,旅游宣传缺乏整体形象定位,市场推广不专业,且具有小、散的特点[224]。因此,进口贸易产品成为人们了解贸易伙伴国的重要窗口,进口贸易的发展,引发了人们对该国的兴趣和关注,进而刺激出境旅游需求。相比出口贸易而言,中国进口东盟国家的产品以初级产品为主,产品附加值相对较低,在引发中国民众对东盟发展变化的好奇和兴趣上相对较弱,刺激潜在游客出境旅游作用小。因而,通过对比表5-2和5-3的结果可知,进口贸易对出境旅游的溢出效应小于出口贸易对进口贸易。其二,就其他控制变量而言,人均收入和世界遗产通过1%显著性检验,与出境旅游均呈正相关。结合旅游需求理论,旅游作为较高层次的需求,充足的可支配收入是出境的基本保障,世界遗产数量是国家对外旅游吸引力的重要体现,与出境旅游正相关,研究结果与实际相符。法律制度的完善程度通过10%显著性检验,且系数为正,表明人们选择旅游目的地时,多选社会稳定、治安良好、法律制度健全的国家。中国汇率与出境旅游呈负相关,通过10%显著性检验,中国游客为了获得更多的旅游体验,人们往往选择在汇率较低时出境旅游,汇率已经成为人们出境旅游的考量因素之一。另外,通过与第四章对中国—东盟旅游对贸易的促进作用结果对比,当前中国与东盟各国贸易对旅游的带动作用,大于旅游对贸易的推动作用,即当前中国—东盟旅游与贸易关系属于贸易拉动旅游型。如上结果也验证了假设H4正确。

四、缓解内生性问题

虽然基准回归结果已经表明中国—东盟"出口贸易对入境旅游"和"进口贸易对出境旅游"均具有显著促进作用,然而事实上进出口贸易和出入境旅游之间可能存在反向因果。因为进出口贸易不仅能影响出入境旅游,游客也能通过消费和购买等行为促进贸易发展,即出入境旅游也会影响进出口贸易。本节继续采用面板两阶段最小二乘法(IV-2SLS)考察进出口贸易对出入境旅游的影响。进出口贸易的工具变量,必须满足严格的要求:一方面,工具变量必须满足外生性。换言之,工具变量仅能通过影响解释变量,来实现影响被解释变量。另一方面,工具变量必须具有相关性,即要能解释东盟各国间贸易额的差异。结合具体的研究需要,基于国内外文献的梳理,发现国际贸易工具变量常用的有:(1)把国际贸易的滞后项作为工具变量,通过利用时间上的交错来解决变量之间双向因果导致的内生性题，但是用滞后项消除内生性的方法是不严谨的[225]，因为绝大部分模型不能同时满足条件：不可观测因素不存在序列相关和内生变量是平稳的自回归过程[226]。（2）把国际贸易政策方面的工具变量。比如 Sach 和 Warner[227]（1995）、Dollar[228]（1992）、以及 Harrison[229]（1996）等学者利用贸易壁垒、各国关税税率等作为贸易的替代变量，但是贸易政策往往与财政政策、旅游政策、货币政策等存在密切联系，可能会直接影响人均收入水平。因此，如上做法并不能完全满足工具变量外生性要求。因此，本节用此方法来选择工具变量，判断中国—东盟贸易对旅游的影响可能会导致结果有偏误。（3）把国家地理特征作为工具变量。著名学者 Frankel 和 Romer（1999）开创性地使用地理特征工具变量研究贸易对经济增长的影响[230]。该方法受到学者们的普遍关注，其中黄玖立和李坤望（2006）使用各个国家或省区到海岸线的最短距离的倒数作为国际贸易的工具变量，得到了学术界的普遍认可[200]。此后，黄新飞等[200]（2014）、贾中华和梁柱[231]（2014）、陈怡[232]（2018）等学者使用各国、省到海岸线最短距离的倒数作为贸易工具变量，对贸易与经济增长、工资差距等问题进行探讨。

　　为此，本书也借鉴该方法，把东盟各国到海岸线最短距离的倒数乘以 100（FMA）①作为各国国际贸易的工具变量，并详细检验了其作为工具变量的相关性和外生性。这样做的原因是：其一，各国到其周边海岸线最短距离与国际贸易额相关，由于靠海近的地理优势，进出口贸易相对便利，也会获得比内陆偏远地区更多的贸易优惠政策，拥有更大的海外市场[233]。相比而言，临海地区与内陆地区贸易自由化程度更高。其二，由于出入境旅游人数增长不会对地理距离和疆域面积产生影响，所以地理特征对游客人数而言具有较强的外生性。地理特征对于各国际贸易具有重要影响，满足工具变量与解释变量相关性。为此，本节把各国到海岸线最短距离的倒数乘以 100，作为进出口贸易的工具变量，具有较强的有效性和稳健性。接下来我们考察使用离海岸线最短距离

---

① 对于临海国而言，其临海距离即为内部距离 D_{ij}；内陆国临海距离为该国首都到惯常出海口岸国家的距离，再加上出海口岸国的内部距离。若 C 为临海国的集合，那么 i 国临海距离，具体计算公式为：$FMA = \begin{cases} 100D_{ii}^{-1}, i \in C \\ 100(\min D_{ij} + D_{jj})^{-1}, i \notin C, j \in C \end{cases}$，其中，临海国的内部距离为其地理半径的 2/3，$D_{ij} = \frac{2}{3}\sqrt{S_i/\pi}$，$s_i$ 表示面积。

倒数的工具变量的两阶段最小二乘法模型结果。从第一阶段回归模型（1）和（3）来看，海岸线距离倒数与出口、进口贸易的归回系数均在5%置信水平上显著。此外，F统计量符合临界值要求。因此，拒绝存在弱工具变量原假设，该结论与预期相符，也说明选用的工具变量较为合理，海岸最短距离倒数确实能对国际贸易具有显著的正向效应。在第二阶段回归模型（2）和（4）中，在引入前文相同控制变量的情况下，中国与东盟各国出口贸易 $LNEXP_{ijt}$ 和进口贸易 $LNIMP_{ijt}$ 对入境旅游和出境旅游影响系数分别为 0.627 和 0.294，依然显著为正。说明中国—东盟进出口贸易对出入境旅游具有促进效应这一结论是可信的。其他控制变量的方向和显著性并没有太大的变化（表5-4）。

表5-4 内生性检验：工具变量回归（IV-2SLS 估计）

Tab.5-4 Endogenetic test：regression of instrumental variables（IV-2SLS estimate）

	IV：各国省会城市到海岸线距离		IV：各国省会城市到海岸线距离	
	（1）$LNEXP_{ijt}$	（2）$LNINB_{ijt}$	（1）$LNIMP_{ijt}$	（2）$LNOUB_{ijt}$
	第一阶段	第二阶段	第一阶段	第二阶段
FMA_i	0.289***		FMA_i	0.490**	
	(8.68)			(6.51)	
$LNEXP_{ijt}$		0.627***	$LNIMP_{ijt}$		0.294**
		(3.13)			(2.63)
$LNPGDP_{jt}$	0.905***	0.531***	$LNPGDP_{jt}$	1.479***	-.115***
	(11.43)	(2.56)		(15.64)	(-0.64)
$LNHER_{jt}$	1.05***	0.968***	$LNHER_{it}$	1.582***	-0.582*
	(6.31)	(2.53)		(6.81)	(-2.10)
$LNGCDIS_{ij}$	0.005	-0.362***	$LNGCDIS_{ijt}$	0.004	1.474***
	(0.04)	(-3.94)		(0.02)	(10.22)
$LNEXC_{it}$	-0.625***	0.704***	$LNEXC_{jt}$	-0.174	-0.825***
	(-5.38)	(-5.31)		(-1.130)	(-8.72)
$LNRUL_{it}$	0.005	0.520	$LNRUL_{jt}$	0.004	0.059*
	(0.18)	(1.55)		(0.130)	(2.42)

续表

	IV：各国省会城市到海岸线距离			IV：各国省会城市到海岸线距离	
	（1）$LNEXP_{ijt}$	（2）$LNINB_{ijt}$		（1）$LNIMP_{ijt}$	（2）$LNOUB_{ijt}$
	第一阶段	第二阶段		第一阶段	第二阶段
年度固定	控制	控制	年度固定	控制	控制
个体固定	控制	控制	个体固定	控制	控制
常数项 C	17.915[***]	−10.868[*]	常数项 C	8.96[***]	−0.426
	（8.68）	（−2.24）		（4.21）	（−0.20）
N	230	230	N	230	230
调整 R^2	0.800	0.899	调整 R^2	0.710	0.800
F 统计量	94.68	—	F 统计量	99.45	—

注：（1）"*""**""***"分别表示 10%、5%、1% 水平下显著，下同。

五、稳健性检验：剔除金融危机影响

2007 年，爆发全球金融危机，又称为世界金融危机，使得全球经济跌入低迷状态。受金融危机的影响，中国与东盟各国进出口贸易出现急剧下滑，出入境旅游也受到不同程度的影响。为进一步验证所得结论的可靠性，参考 Aziz 和 Hossain[204]（2018）、Wang 和 Changze（2018）的处理方法，剔除 2007—2009 年数据后，重新进行回归分析，考虑到 1997 年亚洲金融危机爆发，也会对中国和东盟国家旅游和贸易造成重大影响。为此，本书也同时剔除了 1997 年和 1998 年的样本数据（表 5-5）。

表 5-5 稳健性检验结果：剔除金融危机影响

Tab.5-5 Robustness test results: excluding the impact of the financial crisis

变量	$LNINB_{ijt}$	变量	$LNOUB_{ijt}$
	FE（1）		FE（2）
$LNEXP_{ijt}$	0.487[***]（4.85）	$LNIMP_{ijt}$	0.252[***]（3.49）

变量	$LNINB_{ijt}$	变量	$LNOUB_{ijt}$
	FE（1）		FE（2）
$LNPGDP_{jt}$	1.117*** （5.14）	$LNPGDP_{it}$	0.709*** （4.25）
$LNHER_{jt}$	0.769*** （4.49）	$LNHER_{it}$	0.315*** （3.39）
$LNGDIS_{ijt}$	—	$LNGDIS_{ijt}$	—
$LNEXC_{jt}$	0.864*** （7.67）	$LNEXC_{it}$	0.182** （3.30）
$LNRUL_{it}$	0.0369* （2.30）	$LNRUL_{jt}$	0.0136 （1.49）
年度固定	控制	年度固定	控制
个体固定	控制	个体固定	控制
常数项 C	−15.46*** （−6.51）	常数项 C	−0.482 （−0.42）
调整 R^2	0.830	调整 R^2	0.810
样本数量	180	样本数量	180

由表 5-5 固定效应回归结果可知,在剔除金融危机时段,并控制原有控制变量后,出口贸易对入境旅游和进口贸易对出境旅游系数与基准回归相比变化不大,依然通过 1% 显著性检验,且符号与表 5-2 和表 5-3 一致,即出口贸易促进入境旅游,进口贸易促进出境旅游。另外,其他各控制变量也通过显著性检验,系数符号方向与前文一致,由此说明基准回归结果是可信的。

六、拓展分析：时变性检验

前文分别从进出口贸易对出入境旅游两个方面探讨了贸易对旅游的影响,接下来我们进一步以中国—东盟自贸区启动和建成为时间节点,分阶段研究不同时间段内贸易对旅游的影响,以期更加全面地探讨二者的关系。具体模型结果如表 5-6 所示。

表 5-6　中国—东盟贸易对旅游影响的分阶段估计

Tab.5-6　**The impact of China-ASEAN trade on tourism is estimated in stages**

检验内容	1995—2001 年		2002—2009 年		2010—2017 年	
	（1）OLS	（2）FE	（3）OLS	（4）FE	（5）OLS	（6）FE
变量名	$LNINB_{ij}$					
$LNEXP_{ij}$	0.817***	0.589***	0.721***	0.672***	1.160***	0.328
	（16.51）	（4.85）	（12.87）	（5.49）	（6.58）	（0.67）
常数项 C	0.646	39.54	0.467	−10.60	−20.76***	−11.93
	（0.03）	（2.00）	（0.07）	（−1.31）	（−5.80）	（−1.42）
N	320	320	320	320	320	320
调整 R^2	0.977	0.978	0.979	0.919	0.812	0.485
F 检验		$Prob>F=0.00$		$Prob>F=0.00$		$Prob>F=0.00$
变量名	$LNOUB_{ij}$					
$LNIMP_{it}$	0.568**	0.359	0.121	0.490*	0.436***	0.327*
	（2.89）	（1.91）	（0.93）	（2.41）	（5.62）	（2.43）
常数项 C	21.59	−8.983	41.00***	3.938	−2.760	0.360
	（1.67）	（−1.68）	（5.61）	（0.45）	（−0.47）	（0.11）
N	320	320	320	320	320	320
调整 R^2	0.768	0.358	0.884	0.576	0.682	0.617
F 检验		$Prob>F=0.00$		$Prob>F=0.00$		$Prob>F=0.00$

注：（1）"*""**""***"分别表示 10%、5%、1% 水平下显著；（2）其他控制变量回归系数未列出，可向作者索取。

从三个阶段"出口贸易—入境旅游"模型可知：①出口贸易对入境旅游的回归结果，均通过 1% 显著性检验，且系数为正，再次印证出口贸易对入境旅游具有明显的促进作用，即中国与东盟各国间的出口贸易对入境旅游发展产生正的溢出效应。②地理距离与入境旅游呈负相关，且负向效应逐年减弱，而第三阶段地理距离未通过显著性检验，该结果在一定程度上也反映出，随着中国与东盟国家旅游免签、落地签、航班航线增加，边境口岸建设等项目逐步落实，极大地提高了中国与东盟各国的交通便利化程度，缩短了时间和经济成本，增进了彼此的文化了解和政治互信，地理距离对旅游的影响日益减弱。③人均收入和世界遗产与入境旅游呈正相关,各系数基本通过显著性检验,符号一致且为正。汇率等因素与入境旅游呈负相关,系数始终为负,如上结果与前文相符。

从三个阶段"进口贸易—出境旅游"模型可知:①三个时间段内,进口贸易对出境旅游相关系数,均通过显著性检验,且系数为正,表明进口贸易对出境旅游具有显著促进作用,即中国与东盟各国间的进口贸易对出境旅游发展产生了正的溢出效应。②地理距离系数为负,且相关系数逐步降低,说明虽然地理距离对出境旅游的阻碍作用依然存在,但影响力呈现下降态势。其原因在于中国—东盟自贸区的建立,极大地提高了中国与东盟各国的旅游便利化程度,促进了各国间的商务旅游、观光旅游、度假旅游等发展。③人均收入和世界遗产对入境旅游具有正向效应,其他控制变量符号基本不变。由此可见,不同阶段内,出口贸易对入境旅游和进口贸易对出境旅游均具有显著影响,且在不同阶段内作用程度也有差别,该结果再次证明假设 H4 正确。

第二节　结构视角:贸易结构优化对旅游增长的效应

中国—东盟进、出口贸易对出、入境旅游,具有显著的促进作用,但是如上分析仅仅是在贸易总量上,即规模视角,对两者关系进行探讨。由于东盟各国经济发展水平、工业基础、政治体制等差异非常大,仅从贸易规模视角,还不足以完全揭示进出口贸易对出入境旅游的影响效应,缺乏从不同贸易产品类别,来探讨贸易对旅游的影响差异。为此,本节将从贸易结构视角,依照国际贸易产品分类方法,将中国—东盟贸易产品划分为 0 ~ 9 类,同时结合产品属性,进一步划分为:劳动密集型、资源密集型和技术密集型等。深入研究不同类型的贸易产品对旅游增长的作用程度如何? 存在何种差异? 贸易结构对旅游有怎样的影响? 这些问题的研究,对深入了解贸易对旅游的影响效应和作用机理,具有重要的理论和实践意义。

一、样本选取与数据来源

在借鉴前人研究成果的基础上，结合联合国第三次修订的《国际贸易标准分类》（SITC REV.3）标准（见附表 1），按 SITC0 ~ 9 分类整理了 1995—2017 年中国—东盟的进口贸易、出口贸易以及进出口贸易总额。同时根据产品属性，将各类贸易产品划分为劳动密集型、资源密集型、技术密集型。此外，结合数据的可获得性，还整理了中国与东盟各国的人均收入、地理距离、世界遗产数量、法制程度 [①] 等（表 5-7）。

表 5-7　变量的统计性描述及数据来源

Tab.5-7 **Statistical description of variables and data sources**

类型	变量名称	平均值	标准差	最小值	最大值	数据来源
被解释变量	入境旅游	11.72	2.09	7.34	16.08	UNWTO
	出境旅游	12.16	1.79	8.31	16.09	UNWTO
核心解释变量	出口总额	21.63	2.17	20.55	25.00	UN Comtrade
	资源密集型	86.16	8.96	82.38	95.84	UN Comtrade
	技术密集型	39.36	4.84	36.59	46.51	UN Comtrade
	劳动密集型	39.66	4.42	37.20	46.96	UN Comtrade
	进口总额	21.08	2.98	19.30	24.85	UN Comtrade
	资源密集型	90.53	8.00	85.05	105.51	UN Comtrade
	技术密集型	36.47	8.68	29.44	46.42	UN Comtrade
	劳动密集型	35.35	7.10	31.75	44.27	UN Comtrade
控制变量	东盟人均收入	7.40	1.15	5.44	9.89	世界银行
	中国人均收入	7.03	0.59	6.14	7.97	世界银行
	东盟世界遗产	2.19	1.89	0	6	世界遗产中心
	中国世界遗产	34.48	11.43	13.00	52	世界遗产中心
	地理距离	8.45	0.41	7.93	9.16	CEPII 数据库
	东盟汇率	4.82	3.64	0.22	10.02	世界银行
	中国汇率	2.01	0.12	1.82	2.12	世界银行
	中国法制程度	3.611	0.080	3.437	3.545	CEPII 数据库
	东盟法制程度	3.501	0.848	0.872	2.900	CEPII 数据库

注：为削弱异方差和异常值对数据平稳性的影响，对各变量已经取对数。世界遗产中心网站：http://whc.unesco.org/zh/list/

[①] 全球治理指数包含话语权和问责、政治稳定性与非暴乱、政府有效性、管制质量、法治程度、腐败控制六个指标。

二、模型设计和变量说明

为了检验不同贸易产品对出入境旅游的影响效应,本节参考 Kali et al.[234]（2004）、黎文靖和郑曼妮[207]（2016）的做法构建如下 Pooled OLS 模型进行回归分析:

$$LNOUB_{ijt} = \alpha + \alpha_1 LNX_{ij} + \alpha_2 Control_{it} + F_{ij} + \mu_{it} \quad (5-3)$$

$$LNINB_{ijt} = \beta + \beta_1 LNX_{ij} + \beta_2 Control_{it} + F_{ij} + \nu_{it} \quad (5-4)$$

式中,i 代表中国,j 代表东盟各国,t 表示年份;被解释变量 $LNOUB_{ijt}$ 和 $LNINB_{ijt}$ 分别代表中国对东盟十国的出境和入境旅游人数,X_{ij} 为核心解释变量。为了使模型与经济和贸易理论基础相符,具有更好的微观解释能力,在控制变量 $Control_{it}$ 的选取上,本书借鉴孙根年和安景梅（2014）[82]、苏建军和徐璋勇[56]（2013）、Bendix 和 Regina[235]（2018）等学者的做法,选择人均收入、世界遗产、地理距离、各国汇率、法制程度,以及 F_{ij} 表示对年份和国家进行控制的固定效应;μ_{it}、ν_{it} 为随机扰动项。为削弱异方差和异常值对数据平稳性的影响。修正后的模型如下:

$$LNOUB_{ijt} = \alpha + \alpha_1 LNX_{it} + \alpha_2 LNPGDP_{it} + \alpha_3 LNHER_{it} + \alpha_4 LNDIS_{ij} + \\ \alpha_3 LNEXC_{it} + \alpha_5 LNRUL_{jt} + F_{ij} + \mu_{ij} \quad (5-5)$$

$$LNINB_{ijt} = \beta + \beta_1 LNX_{jt} + \beta_2 LNPGDP_{jt} + \beta_3 LNHER_{it} + \beta_4 LNDIS_{ij} + \\ \beta_3 LNEXC_{jt} + \beta_5 LNRUL_{it} + F_{ij} + \nu_{ij} \quad (5-6)$$

其中,核心解释变量 X_{it} 主要包括:资源密集型（$LNRES_{it}$）、劳动密集型（$LNLAB_{it}$）、技术密集型（$LNTEC_{it}$）进出口贸易额;另外,贸易结构主要是指进出口贸易中 STIC0 ~ 9 类产品占整个进出口贸易额的份额。本节是以劳伦斯指数作为贸易结构变动的代理变量,为核心解释变量。所谓劳伦斯指数（Lawrence Index）,用于反映中国与东盟各国进出口贸易结构变化程度,其取值范围从 0 到 1,若 M 趋近于 1 则表示贸易结构变化较大,而接近于 0 则表明贸易结构变动较小。

$$E_{i,t} = X_{i,t} / \sum_i X_{i,t} \quad (5-7)$$

$$M = \frac{1}{2} \sum_{i=1}^{N} \left| E_{i,t} - E_{i,t-1} \right| \quad (5-8)$$

其中，M_{ij}^{LNIMP} 和 M_{ij}^{LNEXP} 分别代表中国—东盟进出口贸易结构变化指数。

三、实证结果及分析

　　基于前文不同贸易规模对出入境旅游影响的研究，考虑到东盟各国港口基础设施、工业化程度、科技发展水平以及经济基础等方面的差异，不同国家的贸易结构也呈现出不同的特点。为此，本书在借鉴李坤望、王有鑫[217]（2013）研究成果的基础上，利用结构变化指数，即劳伦斯指数，重点考察中国与东盟各国贸易结构对出入境旅游的影响。考虑到贸易产业结构变化可能会对出入境旅游产生影响，同时旅游行业结构变化，也会导致进出口发生改变。因此，本节采用两步系统 GMM 对动态面板数据模型进行估计，以进出口贸易劳伦斯指数滞后一期作为工具变量，模型结果满足 Wald 检验和弱工具变量过度识别检验，具体检验方法与前文第四章相同，符合两步系统 GMM 的使用条件。因此，模型结果是可靠且有效的（表 5-8）。

表 5-8　进出口贸易结构变化对出入境旅游影响结果分析

Tab.5-8　Analysis of the impact of import and export trade structure fluctuation on inbound and outbound tourism

变量	$LNOUB_{ijt}$	变量	$LNINB_{ijt}$
	2Step-GMM（1）		2Step-GMM（2）
M_{ijt}^{LNIMP}	-8.530^{***}	M_{ijt}^{LNEXP}	-6.842^{*}
	（-3.63）		（-2.02）
$LNGDP_{it}$	0.114^{***}	$LNGDP_{jt}$	0.0553^{***}
	（3.64）		（12.68）
$LNPOP_{it}$	38.59^{*}	$LNPOP_{jt}$	0.663^{***}
	（2.29）		（11.46）
$LNCDIS_{ij}$	-1.557^{***}	$LNCDIS_{ij}$	-0.134
	（-6.97）		（-0.92）

变量	$LNOUB_{ijt}$	变量	$LNINB_{ijt}$
	2Step-GMM（1）		2Step-GMM（2）
$LNHER_{jt}$	0.102	$LNHER_{it}$	0.107*
	（1.76）		（2.39）
常数项 C	791.7*	常数项 C	−6.924***
	（2.26）		（−3.41）
Wald 值	1.23e6	Wald 值	1.25e6
AR（1）	−6.580	AR（1）	−6.580
	0.000		0.000
AR（2）	−0.761	AR（2）	−0.794
	0.447		0.451
Hansen 值	154.08	Hansen 值	158.09
	0.737		0.699
N	230	N	230
调整 R^2	0.838	调整 R^2	0.825

注：括号内为回归系数的 5% 和 10% 的显著性水平。

通过两步系统 GMM 分析贸易结构变化对旅游增长的影响,结果表明:首先,从进口贸易结构对出境旅游增长影响来看,进口贸易结构变动与出境显著负相关,通过 1% 显著性检验,相关系数为 −8.530,其他各控制变量和出境旅游的系数符号与经济理论相符。其次,从出口贸易结构变动对入境旅游增长影响来看,出口贸易结构变动与入境旅游显著相关,通过 10% 显著性检验,相关系数为 −6.842。进出口贸易作为两国政治关系和经济合作的风向标,旅游业综合性强,关联度高,涉及国民经济的多个部门,进出口贸易较大幅度的波动,势必引起旅游市场动荡。最后,从整体来看,贸易结构变化对中国—东盟旅游增长的影响为负,且进口贸易结构变化对出境旅游的阻碍程度,大于出口贸易对入境旅游。

四、异质性检验：贸易产品不同分类视角

（一）异质性检验：初级产品和工业制品视角

由于东盟各国技术、经济、科技等发展水平和资源空间分布不均衡，不同国家在进出口贸易中也呈现出不同的特点。本节将进一步以 SITC0 ~ 9 类贸易产品为研究对象，深入探讨中国与东盟国家，不同贸易产品进出口对出入境旅游影响的异质性。通过对比表 5-9 和 5-10 结果发现：无论是进口还是出口，机器机械器具及电气设备、车辆航空器船舶及有关运输设备、化学工业及相关工业产品，以及高新技术商品，即 SITC0 ~ 2 类和 SITC5 ~ 8 类对出入境旅游均具有显著的促进作用。其原因是：与其他类型贸易相比，加工贸易需要更加频繁的人员交流与合作。比如工作人员需要到各国进行生产原料采购，与各零件和材料供应商商务谈判，与相关技术人员进行沟通协调，这带动了商务旅游发展，同时带来了大量销售人员、企业经营者、技术人员以及亲友家属等人员流动，进而促进旅游发展。

值得我们注意的是，SITC3（矿物燃料、润滑油）和 SITC4（动植物油、脂肪及蜡）贸易产品进出口，对出入境旅游影响效应不显著，但系数依然为正，其原因可能是，如上产品均属于初级产品，附加值含量低，对国民经济贡献程度低，贸易广告宣传效应弱。如上结论与石张宇和程乾（2019）对入境旅游和国际货物贸易研究结论基本一致[91]。其研究也表明，相比资源型贸易产品而言，加工贸易需要在世界范围内采购各种原料、材料或零件，还要进行谈判、签订协议、营销、技术指导等，这能带动商务旅游发展，并引发更大规模的人员流动。

表 5-9　按不同贸易产品：出口贸易对入境旅游影响结果

Tab.5-9 According to different trade products: the effect of export trade on inbound tourism

$LNINB_{ji}$ （LSDV 估计）

变量	(1)	(2)	(3)	(4)	(5)	(6)	(7)	(8)	(9)
$LNSITCX^{EX}_{it}$	0.244***	0.151**	0.140*	0.0498	0.0581	0.399***	0.400***	0.403***	0.240***
	(4.37)	(3.22)	(2.14)	(1.21)	(1.65)	(4.28)	(5.91)	(7.83)	(3.85)
$LNPGDP_{ji}$	1.692***	2.057***	1.735***	1.767***	1.571***	1.306***	1.184***	1.270***	1.692***
	(8.87)	(9.28)	(8.45)	(7.11)	(6.86)	(5.92)	(5.10)	(5.48)	(8.87)
$LNHER_{it}$	0.950***	0.833***	0.868***	0.976***	1.217***	0.862***	0.827***	0.633***	0.950***
	(7.42)	(6.00)	(6.14)	(7.58)	(6.57)	(6.41)	(6.15)	(4.58)	(7.42)
$LNCDIS_{ji}$	−0.764***	−1.178***	−0.836***	−0.811***	−0.856***	−0.640***	−0.582***	−0.595***	−0.764***
	(−7.99)	(−9.39)	(−8.65)	(−5.53)	(−8.39)	(−6.44)	(−5.77)	(−5.74)	(−7.99)
$LNEXC_{it}$	−0.853***	−0.698***	−0.739***	−0.708***	−0.626***	−0.851***	−0.829***	−0.832***	−0.853***
	(−6.13)	(−4.83)	(−5.06)	(−4.83)	(−3.99)	(−5.71)	(−5.88)	(−5.91)	(−6.13)
$LNRUL_{it}$	0.0304	0.039*	0.038*	0.038*	0.027	0.034	0.041*	0.041*	0.030
	(1.69)	(2.06)	(1.98)	(2.01)	(1.34)	(1.82)	(2.14)	(2.21)	(1.69)

双循环格局下旅游与贸易互动关系及溢出效应……

基于中国－东盟的实证及经验借鉴

续表

变量	(1)	(2)	(3)	(4)	(5)	(6)	(7)	(8)	(9)
$LNSITCX^{EX}_{it}$	0.244***	0.151**	0.140*	0.0498	0.0581	0.399***	0.400***	0.403***	0.240***
	(4.37)	(3.22)	(2.14)	(1.21)	(1.65)	(4.28)	(5.91)	(7.83)	(3.85)
个体固定	控制	控制	控制	控制	控制	控制	控制	控制	控制
年份固定	控制	控制	控制	控制	控制	控制	控制	控制	控制
常数项 C	-7.539**	1.563	-4.333	-3.064	-0.327	-8.971**	-8.870**	-9.428***	-7.278**
	(-2.76)	(0.58)	(-1.53)	(-1.25)	(-0.12)	(-2.84)	(-3.25)	(-3.63)	(-2.69)
调整 R^2	163	163	163	163	135	163	163	163	163
N	0.957	0.953	0.953	0.952	0.924	0.956	0.957	0.959	0.955

表头：$LNINB_{ijt}$（LSDV 估计）

注："*""**""***"分别表示 10%、5% 和 1% 的统计显著性。

142

表 5-10　按不同贸易产品：进口贸易对出境旅游影响结果

Tab.5-10　By different trade products: import trade to outbound tourism impact results

变量	LNOUB$_{ji}$（LSDV 估计）								
	（1）	（2）	（3）	（4）	（5）	（6）	（7）	（8）	（9）
LNSITCX$_{it}^{IMX}$	0.234***	0.064*	0.244***	0.011	0.040	0.133**	0.181***	0.121***	0.190***
	（4.04）	（2.39）	（4.14）	（0.38）	（1.46）	（3.07）	（6.02）	（4.40）	（4.34）
LNPGDP$_{ji}$	0.604***	1.028***	0.616***	0.992***	1.119***	0.808***	0.273*	0.302*	0.643***
	（4.90）	（6.25）	（6.32）	（7.62）	（6.71）	（6.02）	（2.30）	（2.40）	（5.16）
LNHER$_{it}$	0.397***	0.371***	0.363***	0.451***	0.403***	0.386***	0.565***	0.527***	0.343***
	（5.96）	（4.86）	（5.42）	（6.39）	（5.01）	（5.51）	（6.43）	（5.30）	（4.98）
LNCDIS$_{ji}$	-3.297***	-3.152***	-3.544***	-2.992***	-2.292*	-2.922***	-1.079*	-1.330**	-2.432**
	（-4.07）	（-3.39）	（-4.34）	（-3.52）	（-2.46）	（-3.51）	（-2.39）	（-2.68）	（-3.06）
LNEXC$_{it}$	-0.260***	-0.233**	-0.248***	-0.218**	-0.110	-0.219**	-0.083**	-0.095**	-0.149*
	（-3.67）	（-2.68）	（-3.55）	（-2.94）	（-1.23）	（-3.12）	（-2.64）	（-2.87）	（-2.13）

续表

变量	$LNOUB_{ijt}$（LSDV 估计）								
	（1）	（2）	（3）	（4）	（5）	（6）	（7）	（8）	（9）
$LNRUL_{it}$	0.0129	0.010	0.021*	0.014	0.013	0.018	0.039***	0.035***	0.019*
	（1.35）	（0.94）	（2.35）	（1.33）	（1.15）	（1.81）	（3.84）	（3.20）	（2.01）
个体固定	控制	控制	控制	控制	控制	控制	控制	控制	控制
年份固定	控制	控制	控制	控制	控制	控制	控制	控制	控制
常数项 C	−27.34***	−25.29**	−30.25***	−23.22**	−17.96*	−23.77**	13.13**	16.37***	−18.69**
	（−3.80）	（−3.00）	（−4.18）	（−3.11）	（−2.17）	（−3.29）	（3.31）	（3.80）	（−2.72）
调整 R^2	0.898	0.861	0.899	0.880	0.861	0.892	0.890	0.887	0.900
N	194	167	194	179	158	192	194	192	194

注："*""**""***"分别表示 10%、5% 和 1% 的统计显著性。由于 SITC9 类为未列入其他分类的货物及交易，故不列入具体分类研究。

（二）异质性检验：资源密集型、劳动密集型和技术密集型

根据国际贸易分类标准①进一步将SITC0～9类划分为三个大类，即技术密集型、资源密集型、劳动密集型。本节参考学者李杨和车丽波[236]（2019），隋月红和赵振华[237]（2008）的处理方法进行归类，其中资源密集型（0～4类）主要包括食品及活物、饮料及烟草、非食用材料、矿物燃料和润滑油等原料、动植物油脂和蜡；技术密集型（5和7类）主要包括：化学用品及相关产品，机械及运输设备；劳动密集型（6和8类）主要包括：按原料分类的制成品、杂项制品。另外，9类未分类的其他产品未列入研究范围。

为了直观描述中国—东盟进出口贸易中，资源密集型、技术密集型和劳动密集型产品对出、入境旅游的影响，绘制了不同类型进出口贸易产品与出入境旅游的散点图。为了消除旅游与贸易衡量单位不同造成的差异，已经对数据做对数处理。由图5-1不难发现，虽然不同类型的产品对旅游的影响程度存在差异，但是从图形趋势上较为清晰地表明，资源密集型、劳动密集型、技术密集型产品均与出入境旅游显著正相关。为了进一步证实该现象，深入探究不同类型的进口贸易产品对出入境旅游的影响，还需要进一步深入研究。

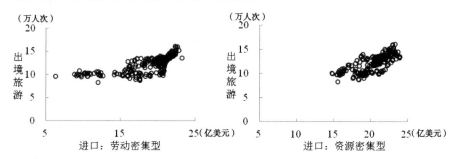

---

① 国际贸易标准分类（Standard International Trade Classification，简称：SITC），是用于国际贸易商品的统计和对比的标准分类方法。

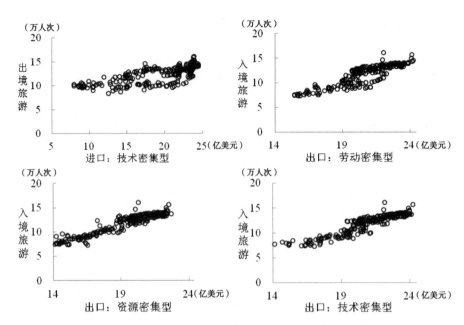

图 5-1　劳动密集、资源密集、技术密集进出口与出入境旅游

Fig.5-1 Labor-intensive, resource-intensive, technology-intensive import and export and inbound-outbound tourism

中国—东盟进出口贸易对出入境旅游的影响是否会因为贸易产品类型的不同而有所差异？下面会将贸易区分为资源密集型、技术密集型和劳动密集型，采用偏差校正 LSDV，并将时间和国家双固定考虑进去，对各样本进行分组回归分析。

五、不同产品类型对旅游影响的回归分析：LSDV 估计

考虑到入境旅游除了受人均收入影响外，还可能受到对象国世界遗产数量、地理距离、汇率，以及目的地国家法制程度的影响，我们引入如上控制变量，以便减小因遗漏变量而造成的误差。表 5-11 中，分别引入核心解释变量：资源密集型（ $LNRES_{ij}^{EX}$ ）、劳动密集型（ $LNTEC_{ij}^{EX}$ ）、技术密集型（ $LNLAB_{ij}^{EX}$ ）贸易产品，以此来考察不同类型贸易产品出口对入境旅游是否具有显著影响。

表 5-11　不同产品类型："出口贸易→入境旅游"的基准回归

Tab.5-11　Different product types："export trade → inbound tourism" baseline regression

变量	$LNINB_{ijt}$		
	（1）	（2）	（3）
$LNRES_{ijt}^{EX}$	0.118***		
	（7.90）		
$LNTEC_{ijt}^{EX}$		0.375***	
		（9.79）	
$LNLAB_{ijt}^{EX}$			0.372***
			（11.65）
$LNPGDP_{jt}$	0.481***	0.443***	0.435***
	（3.60）	（3.31）	（4.11）
$LNHER_{it}$	0.906***	0.511***	0.619***
	（6.09）	（3.55）	（4.58）
$LNGDIS_{ijt}$	−0.516	−0.712*	−0.450*
	（−1.87）	（−2.43）	（−2.33）
$LNEXC_{it}$	−0.426***	−0.744***	−0.878***
	（−4.20）	（−7.74）	（−8.41）
$LNRUL_{it}$	0.0327	0.0407**	0.0509**
	（1.71）	（2.67）	（2.76）
个体固定	控制	控制	控制
年份固定	控制	控制	控制
常数项 C	−2.371	−8.018**	−11.49***
	（−0.99）	（−3.05）	（−5.37）
调整 R^2	0.788	0.839	0.804
N	135	163	163

注："*""**""***"分别表示 10%、5% 和 1% 的统计显著性。

其一,由中国—东盟"出口贸易对入境旅游"的回归结果可知:一方面,出口资源密集型、技术密集型和劳动密集型贸易产品,对入境旅游具有显著的促进作用,均通过 1% 显著性检验,但是通过对比三种类型的贸易产品,技术密集型产品出口对入境旅游增长的贡献最大,相关系数为 0.375,其次为劳动密集型,相关系数为 0.372,最后为资源密集型贸易产品 0.118。

主要原因是:(1)技术密集型产品具有知识密集特性,其核心特征是具有较强的关联扩散性和渗透性,知识和技术不断外溢扩散,能够快速吸引人们的关注并引起共鸣,进而形成广告效应[238]。比如手机、平板、机器人等产品更能吸引人们的注意,更容易形成品牌效应和示范效应,让更多的潜在游客对该产品及其国家产生浓厚的兴趣和注意,进而刺激潜在游客入境旅游。当前中国高新技术产业取得了显著成绩,已经成为国民经济新的增长点,形成了以电子通信设备、航空航天器、电子计算机及医疗设备为主,特别是以高铁为代表的"中国制造",已经成为中国一张靓丽名片。(2)资源密集型产品多是生产加工的原材料,比如矿物燃料、动植物油脂等,经过生产加工后,产品以另外一种包装运输和销售,无法起到宣传和推广效应,且资源密集型产品附加值低,市场竞争激烈。(3)相比资源密集型产品,劳动密集型和技术密集型产品,产品附加值相对较高,有利于中国及东盟国家科技水平和生产效率提高,促进该国技术进步和产业价值链提升,促进国民经济发展,提高人民生活水平,进而激发潜在旅游需求。

整体而言,工业制成品①(技术密集型和劳动密集型)出口贸易对入境旅游的影响,大于初级产品(资源密集型)出口对入境旅游的影响。该结论已经得到学者验证,比如刘玉萍和郭珺珺(2011)以中国出口贸易与商务旅游为研究对象,研究发现初级产品出口额与商务旅游之间不存在因果关系,而工业产品出口与商务旅游存在双向因果关系[239]。其原因在于:与初级产品相比,工业制成品出口多是需要进口原材料和零部件,然后在国内加工组装后,再出口到国外,这种产品类型需要更多的技术人员和商务人士等进行跨国流动来支持,进而对出境旅游的带动

① 初级产品主要包括 SITC 中 0~4 类,工业制成品主要是指 5~9 类。

作用较大。也就是说,技术密集型和劳动密集型产品贸易,带动了企业经营者、市场销售人员、技术人员、会议参加者等商务人士,往来更加频繁,促进了商务旅游发展[91]。

其二,由"出口贸易对入境旅游"的回归结果可知:模型(1)(2)(3)分别代表资源密集型($LNRES_{ijt}^{IM}$)、劳动密集型($LNTEC_{ijt}^{IM}$)、技术密集型($LNLAB_{ijt}^{IM}$)贸易产品①,结果表明:①进口不同类型的贸易产品对出境旅游的影响均通过显著性检验,且系数为正,具有明显促进作用。②就不同类型的贸易产品来看,劳动密集型产品对出境旅游的促进作用最大(0.0683),其次为资源密集型产品(0.055),最后是技术密集型产品(0.051),其结果与实际相符。当前中国从东盟国家进口贸易产品,主要集中在劳动密集型和资源密集型。整体上,东盟国家经济水平低,人口众多,劳动力价格低廉,部分国家的工业生产更是以代工为主,例如纺织制品、木材家具、水果饮料、动物油脂等。众所周知,初级产品附加的利润低,向消费领域的传递过程比较慢。对于东盟国家而言,虽然劳动密集型和资源密集型产品,对出境旅游的作用不如技术密集型产品强度大、效率高、时间长[240],但是相对其发展缓慢的技术密集型贸易产品来说,资源密集和劳动密集型产品依然是东盟各国贸易的主力军,其对旅游的带动作用明显,是促进旅游发展的重要推动力。如上结论与现有研究结论基本一致,例如部分学者通过商务旅游与进出贸易研究发现,货物贸易与入境旅游之间存在显著的双向促进作用[54,241]。如上结果也验证了假设 H5 正确。

---

① 资源密集型(SITC0~4)、技术密集型(SITC5、SITC7)、劳动密集型(SITC6、SITC8)。

表 5-12 不同产品类型："进口贸易→出境旅游"的基准回归

Tab.5-12 Different product types: "import trade → outbound tourism" benchmark regression

变量	$LNOUB_{ijt}$		
	（1）	（2）	（3）
$LNRES_{ijt}^{IM}$	0.055**		
	（2.89）		
$LNTEC_{ijt}^{IM}$		0.051*	
		（2.49）	
$LNLAB_{ijt}^{IM}$			0.068**
			（2.95）
$LNPGDP_{jt}$	0.901***	0.803***	0.682***
	（3.79）	（6.15）	（4.92）
$LNHER_{it}$	0.228*	0.409***	0.445***
	（2.11）	（4.70）	（5.61）
$LNCDIS_{ijt}$	−0.418	−0.295	−0.111
	（−0.32）	（−0.25）	（−0.11）
$LNEXC_{it}$	−0.387*	−0.229***	−0.192***
	（−2.50）	（−4.62）	（−3.79）
$LNRUL_{it}$	0.0135	0.0145	0.0157
	（1.36）	（1.65）	（1.81）
个体固定	控制	控制	控制
年份固定	控制	控制	控制
常数项 C	−5.660	4.343	3.234
	（−0.47）	（0.45）	（0.38）
调整 R^2	0.784	0.788	0.797
N	142	190	194

注："*""**""***"分别表示10%、5%和1%的统计显著性。

第三节　效益视角：贸易效益对旅游增长的门槛效应

虽然前文从贸易规模大小和贸易结构变动两方面，探讨了贸易发展对旅游增长的影响，得出了有意义的结论。但随着贸易全球化的发展，各国间贸易除了规模和结构作为其重要衡量指标外，人们更加关注贸易效益的变化，即进出口贸易在国民生产总值中的重要程度。那么，不同贸易效益下，贸易与旅游是否存在不变的线性关系？其发展规律怎样？仍然值得深入探讨。特别是，当前西方贸易保护主义思潮愈演愈烈，过度追求贸易效益，限制资本从发达国家流向发展中国家，严重阻碍着经济全球化和贸易自由化进程。基于此宏观背景，本节构建面板数据门槛回归模型，探讨不同贸易效益水平下，贸易对旅游的影响效应，以期更加深入地探讨中国—东盟进出口贸易对出入境旅游的影响及内在机理。

一、样本选取与数据来源

在借鉴前人研究成果的基础上，结合数据可获得性，收集整理1995—2017 年中国与东盟十国的人均收入、世界遗产数量等，各变量预期符号见表5–13。

表5–13　变量的统计性描述及数据来源

Tab.5–13 Statistical description of variables and data sources

类型	变量名称	平均值	标准差	最小值	最大值	数据来源
被解释变量	入境旅游	11.72	2.09	7.34	16.08	UN WTO 数据库
	出境旅游	12.16	1.79	8.31	16.09	UN WTO 数据库
解释变量	进口效益	0.215	0.233	0.001	0.929	UN Comtrade
	出口效益	0.200	0.233	0.001	0.843	UN Comtrade
	进口贸易	21.08	2.98	6.26	24.85	UN Comtrade
	出口贸易	21.63	2.17	15.91	24.99	UN Comtrade

续表

类型	变量名称	平均值	标准差	最小值	最大值	数据来源
控制变量	东盟人均GDP	7.40	1.15	5.44	9.89	世界银行
	中国人均GDP	7.03	0.59	6.14	7.97	世界银行
	东盟世界遗产	2.19	1.89	0	6	世界遗产中心[2]
	中国世界遗产	34.48	11.43	13.00	52	世界遗产中心
	东盟汇率	4.82	3.64	0.22	10.02	世界银行
	中国汇率	2.01	0.12	1.82	2.12	世界银行
	中国法制程度	3.611	0.080	3.437	3.545	CEPII 数据库
	东盟法制程度	3.501	0.848	0.872	2.900	CEPII 数据库

注：为削弱异方差和异常值对数据平稳性的影响，对各变量已经取对数。

二、模型设计和变量说明

构建"入境与出口"和"出境与进口"的门槛模型[1]，具体如下：

$$LNINB_{ijt} = u_i + \beta_1 LNEXP_{ijt} I(RAT_{it} \leqslant \gamma_1) + \beta_2 LNEXP_{ijt} I(\gamma_1 < RAT_{it} \leqslant \gamma_2) +$$
$$\beta_3 LNEXP_{ijt} I(RAT_{it} > \gamma_2) + \beta_4 Contrals + \mu_{it}$$

（5-16）

$$LNOUB_{ijt} = u_i + \beta_1 LNIMP_{ijt} I(RAT_{it} \leqslant \gamma_1) + \beta_2 LNIMP_{ijt} I(\gamma_1 < RAT_{it} \leqslant \gamma_2) +$$
$$\beta_3 LNIMP_{ijt} I(RAT_{it} > \gamma_2) + \beta_4 Contrals + v_{it}$$

（5-17）

其中，α，β 为系数；$LNIMP_{ijt}I$ 和 $LNEXP_{ijt}$ 分别代表中国与东盟国家的进口和出口贸易额；$LNPGDP_{it}$、$LNPGDP_{jt}$ 分别代表中国和东盟各国人均收入；$LNHER_{it}$、$LNHER_{jt}$ 分别表示中国和伙伴国的世界遗产数量；$LNEXC_{it}$、$LNEXC_{it}$ 分别代表中国和东盟各国汇率；$LNRUL_{it}$、

① 本书第四章第三节已经对门槛模型进行详细解释说明，为此，本节不再赘述。

$LNRUL_{jt}$分别代表中国与各国法律制度；ν_{it}、μ_{it}表示随机误差。贸易效益（RAT_{it}）是指通过进出口贸易进而促进国民经济、社会、环境等发展的有利结果。本书借鉴 Charles[174]（2013）；Postmus 和 Richard[175]（2018）；Wilson 和 Mann[176]（2010）的做法，利用中国与东盟各国进、出口贸易额与中国国民生产总值的比值乘以 100% 来衡量贸易效益，分别用 RAT_{it} 和 RAT_{jt} 表示进口贸易效益和出口贸易效益。

三、实证结果及分析

（一）"出口贸易对入境旅游"的门槛效应

通过依次假设不存在门槛、存在单一门槛、存在双重门槛和存在三个门槛[242]，按照门槛回归思想，本节采用 Bootstrap "自抽样"方法对样本进行 400 次抽样，然后对中国—东盟"出口贸易对入境旅游的影响"进行门槛效应检验和估计，结果表明模型存在双重门槛（见附图 3）。为此，继续对"出口贸易对入境旅游的影响"门槛值进行检验和识别[243]（见附表 4）。由表 5-14 可知，进口贸易与入境旅游门槛回归模型，存在双重门槛效应，门槛估计值 γ_1、γ_2 分别为 0.041 和 0.241。考虑到模型的稳健性，进一步加入相关变量，运用混合回归模型，对比门槛回归模型和混合最小二乘法模型结果发现：出口贸易的系数依然在 1% 的水平上显著为正，其他各解释变量的显著性和系数符号也基本保持一致，综上可知，模型估计结果是稳健可靠的。通过利用非线性双重门槛模型，研究入境旅游和出口贸易的影响，结果发现：

表 5-14　出口贸易效益门槛估计值和置信区间

Tab.5-14　The estimated value and confidence interval of export trade efficiency threshold

门槛变量	门槛估计值	95% 置信区间
门槛值 $\hat{\gamma}_1$	0.041	[0.041，0.041]
门槛值 $\hat{\gamma}_2$	0.241	[0.112，0.286]

表 5–15 "出口贸易对入境旅游"门槛模型估计结果

Tab.5–15 Estimated results of "export trade to inbound tourism" model

变量	$LNINB_{ijt}$	
	Pan–el Threshold	Pooled OLS
$LNPGDP_{it}$	0.146*** （2.68）	0.501*** （5.56）
$LNHER_{it}$	0.717*** （3.44）	0.389*** （2.16）
$LNEXC_{it}$	−0.566*** （−5.51）	−0.689*** （−6.81）
$LNRUL_{it}$	0.0475*** （2.85）	0.057*** （3.89）
RAT_{it}	——	0.768 （1.61）
$LNEXP_{ijt}$	——	0.597*** （8.18）
$LNEXP_{ijt}$ （$\hat{\gamma} \leq 0.041$）	0.622*** （2.85）	——
$LNEXP_{ijt}$ （$0.041 < \hat{\gamma} < 0.241$）	0.701*** （9.66）	——
$LNEXP_{ijt}$ （$\hat{\gamma} > 0.241$）	0.680*** （9.50）	——
R^2	0.823	0.79
常数 C	−12.40*** （−5.72）	−13.87*** （−6.41）

注：括号内为 t 值，"*""**""***"分别表示 10%、5% 和 1% 水平下显著。

其一,依据出口贸易效益门槛估计值 γ_1 为 0.041, γ_2 为 0.241,并将出口贸易效益划分为(0,0.041]、(0.041,0.241] 和(0.241, +∞] 三个区间。其二,当贸易效益低于 0.041 时,出口贸易对入境旅游的影响系数为 0.622;当出口贸易效益迈过第一门槛,位于第二区间时,出口贸易的系数为 0.701,且为正;当出口贸易效益跨越第二门槛值 0.241,位于第三区间内时,进口贸易对出境旅游的促进作用减弱,影响系数降为 0.680,说明随着出口贸易效益的增长,中国—东盟出口贸易对入境旅游的促进作用小幅提高后逐渐减弱。换言之,出口贸易对入境旅游的影响显著存在基于贸易效益水平的双门槛效应。中国—东盟出口贸易对入境旅游的作用并不是固定不变,而是存在非线性关系。其三,入境旅游除了受出口贸易影响外,还受世界遗产数量、人均收入、国际汇率、法律完善程度等因素的影响,而且经济因素,比如人均收入、国际汇率等,对入境旅游的影响要大于非经济因素,比如法律完善程度。在以和平发展为时代主题的今天,在未发生战争、灾害、恐怖袭击等极端事件下,经济是影响旅游者出境旅游的重要因素。

（二）"进口贸易对出境旅游的影响"的门槛效应

通过对中国—东盟"进口贸易对出境旅游的影响"进行门槛效应检验与识别(见附图 4 和附表 5),我们发现进口贸易对出境旅游,存在基于进口贸易双重门槛的非线性关系,其中进口效应门槛估计值 γ_3、γ_4 分别为 0.098 和 0.317。

表 5-16　进口贸易效益门槛估计结果

Tab.5-16　The result of import trade efficiency threshold estimation

	估计值	95% 置信区间
门槛值 γ_3	0.098	[0.097，0.114]
门槛值 γ_4	0.317	[0.268，0.339]

接着对"进口贸易对出境旅游的影响"进行门槛效应结果估计,考虑到模型的稳健性,进一步加入相关变量,构建混合回归模型。通过比较混合回归和门槛回归模型结果可见,出口贸易通过 1% 显著性检验,系数符号不变,而且其他各解释变量的显著性和系数符号也基本保持一致,由此可见,模型估计结果及结论是稳健的。

通过门槛回归和混合回归模型分析发现:其一,依据进口贸易效益门槛估计值 γ_3 为 0.098,γ_4 为 0.317,并将进口贸易效益划分为(0,0.098]、(0.098,0.317] 和(0.317,+∞] 三个区间。其二,当进口贸易效益值低于 0.098 时,进口贸易促进出境旅游发展,影响系数为 0.365;当贸易效益迈过第一门槛,位于第二区间内时,进口贸易的系数仍为正,但是进口贸易对出境旅游的带动作用减弱,相关系数为 0.275;当进口贸易效益跨越第二门槛值,进口贸易对出境旅游的促进作用进一步减弱,影响系数为 0.249,说明进口贸易对出境旅游的影响显著存在基于贸易效益水平的双门槛效应,即随着贸易效益的增加,进口贸易对出境旅游的促进作用逐渐减弱。由于出境旅游除了受交通基础设施、签证便利化、旅游资源吸引力等客观因素影响外,还受潜在旅游者收入水平、受教育程度、闲暇时间、工作性质等主观因素的影响。

表 5-17 "进口贸易对出境旅游"模型估计结果

Tab.5-17 Estimated results of "import trade to outbound tourism" model.

变量	$LNOUT_{ijt}$	
	Pan-el Threshold	Pooled OLS
$LNPGDP_{it}$	0.931*** （7.96）	0.554*** （4.12）
$LNHER_{it}$	0.474*** （8.13）	0.365*** （4.49）
$LNEXC_{it}$	−0.035*** （−1.70）	−0.189*** （−4.25）
$LNRUL_{it}$	0.022*** （3.51）	0.018*** （2.46）
RAT_{it}	——	0.067 （3.53）
$LNEXP_{ijt}$	——	0.347*** （5.52）
$LNEXP_{ijt}$ （$\hat{\gamma} \leq 0.098$）	0.365*** （6.01）	——
$LNEXP_{ijt}$ （$0.098 < \hat{\gamma} \leq 0.317$）	0.275*** （5.35）	——
$LNEXP_{ijt}$ （$\hat{\gamma} > 0.317$）	0.249*** （4.84）	——
R^2	0.863	0.825
常数 C	−2.911*** （−3.12）	−1.427*** （−1.34）

注:括号内为 t 值,"*""**""***"分别表示10%、5%和1%水平下显著。

在不同的进口贸易效益门槛下,进口贸易对出境旅游的影响并不是同比例增长,而是到达相应门槛值后,呈逐步减弱态势。部分学者通过其他方面的研究,也证实了出境旅游这一特性。比如李如友、黄常州(2015)以交通基础设施为门槛变量,探讨交通基础设施对旅游的影响,结果表明当交通基础设施水平较低时,交通设施的完善对旅游发展具有较强的促进作用,但随着交通设施不断完善,其对旅游发展的促进作用会逐步减弱。此外,Dai 和 Sun(2014)基于全球95个国家和地区的数据,通过对收入与出境游率之间关系的研究进行比较,发现这两个变量之间存在非线性关系,即人均收入达到特定门槛值后,收入对出境旅游的推动作用会减弱,而且这种非线性关系在不同国家的门槛值也不尽相同[244]。其三,其他各控制变量与前文研究基本一致。中国—东盟出境旅游除了受进口贸易影响外,人均收入水平、世界遗产数量、法制程度等都对出境旅游具有显著影响。如上研究结果再次验证了假设 H6。

(三)"出口对入境"和"进口对出境"门槛效应对比分析

通过"出境—进口"和"入境—出口"门槛模型结果,模拟出不同贸易效益门槛下,中国—东盟贸易与旅游发展的关系可知:首先,随着时间的推移,当贸易效益水平逐年增加时,无论是"出口贸易对入境旅游"还是"进口贸易对出境旅游"的带动作用都会逐步减弱,而且各区间内出口对入境的带动作用,大于进口对出口。

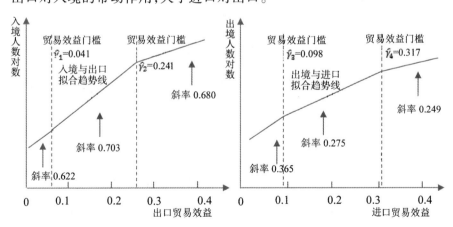

图 5-2 "出口贸易对入境旅游"以及"进口贸易对出境旅游"关系模拟

Fig.5-2 Simulation of the relationship between "export trade and inbound tourism" and "export trade and inbound tourism"

其次，从贸易效益门槛值来看，出口贸易对入境旅游的出口贸易效益门槛值为 0.041 和 0.241；而进口贸易对出境旅游的进口贸易效益门槛值为 0.098 和 0.317。不难发现，后者门槛值明显高于前者，说明进口贸易对出境旅游的促进作用要实现跨越式增长，对贸易效益水平要求更高，而出口贸易对入境旅游要实现跨越式增长，则对效益发展水平要求相对较低。为此，中国和东盟各国应该充分利用出口对入境门槛值小，且作用强度大的特点，加快出口贸易发展步伐，充分发挥出口贸易对入境旅游的促进作用，推动中国入境旅游市场的发展。

最后，由于不同的进出口贸易效益区间内，中国—东盟进、出口贸易对出、入境旅游的带动作用是基于进出口贸易效益双重门槛的非线性关系。为此，结合 1995 年与 2017 年中国与东盟各国贸易效益水平，以及进出口贸易与出入境旅游的门槛区间，结果发现：文莱、老挝、柬埔寨旅游与贸易始终未跨越第一门槛，发展较快的是越南和马来西亚，无论是进口与出境旅游，还是出口与入境旅游均已经跨越第二门槛，同时新加坡和印度尼西亚出现了不同程度的负增长，从以往第二门槛退回第一门槛。另外，整体上看，虽然各国贸易与旅游发展增长较为迅猛，但是出口和进口效益仅有四个国家跨越第二门槛，也说明当前仍有较大的提升空间。

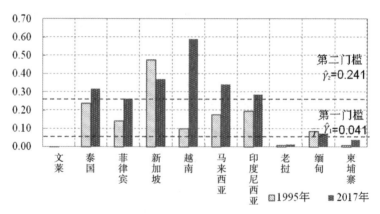

图 5-3　1995 年和 2017 年中国与东盟各国出口效益对比

Fig.5-3 Comparison of "export trade vs. inbound tourism" thresholds between China and A SEAN countries in 1995 and 2017

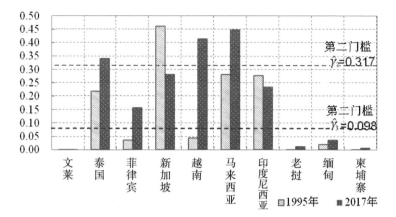

图 5-4　1995 年和 2017 年中国与东盟各国进口效益对比

Fig.5-4 Comparison of "import trade vs. outbound tourism" thresholds between China and ASEAN countries in 1995 and 2017

第六章

中国—东盟旅游与贸易相互影响机理分析

中国与东盟各国间紧密的贸易合作和频繁的人文交流,是各国间关系变化的提示器。国际贸易是各国实现多边或者双边博弈均衡的重要因素,而以出入境旅游为代表的人文交流,则是塑造彼此信任、增进相互了解,柔性解决争端和政治危机的重要途径。中国—东盟旅游和贸易发展是各方面因素相互作用的结果,在不同的经济基础、信息文化水平和交通设施等条件下,旅游与贸易之间的相互作用路径可能也不尽相同。本章基于前文研究旅游与贸易相互作用的基础上,进一步梳理背后可能的原因,探究影响两者关系的因素,从中介效应和调节效应视角,揭示旅游与贸易相互作用的机理。

第一节　旅游与贸易相互影响路径假设

贸易作为国民经济的重要组成部分,快速发展的国际贸易能够促进人们收入的增长,为旅游业基础设施建设提供资金支持,为人们旅游消费提供经济保障。旅游业的发展,将会进一步扩大内需,加快第三产业发展,逐步成为各国经济"稳增长、调结构、惠民生"的重要力量,推动贸易实现全面快速增长。旅游与贸易是相互作用,密不可分的有机体。在结合已有文献,前面各章研究结论的基础上,综合分析中国—东盟旅游与贸易相互影响的关键因素,探讨其背后可能的原因。

一、经济基础是旅游与贸易互动发展的原生动力

经济基础,指一个国家或地区经济发展的总体规模、增长速度,以及所达到的水准。例如国民生产总值、国民收入、人均国民收入、经济增长速度等。其一,就旅游发展推动贸易增长而言。游客在旅游过程中,无论是研学旅游、探亲访友、医疗修养,还是观光游览,都会接触到商业促销、展览信息,刺激游客购买。某种程度上而言,游客在境外的花费,其实质是货物贸易的本地直接出口。游客不仅消费和购买目的地本地商品,而且还会消费和购买非本国生产的商品,从而促进旅游目的地贸易发展。另外,旅游被认为是扩展消费领域、激活消费需求、拉动经济增长的重要手段。除了游客的消费和购买行为能促进贸易发展外,旅游者在目的地的"食、住、行、游、购、娱"等行为,也会增加当地人的收入,提升当地经济水平,而当地经济水平会直接影响进出口贸易发展。一般而言,经济越发达的地区贸易机会也越多,贸易规模也越大。良好的经济基础有利于外商投资生产、外贸加工和销售等。此外,结合第四章和第五章研究结论,也表明经济基础对中国—东盟旅游与贸易互动发展具有促进作用。由此可见,良好的经济基础是中国—东盟旅游发展推动贸易增长的重要因素。

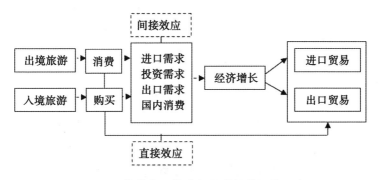

图 6-1　旅游发展推动贸易增长的经济因素

Fig.6-1 Economic factors driving trade growth in tourism development

　　其二,就贸易发展带动旅游增长而言。开展国际贸易必然会刺激企业提升生产效率,加强国际合作、增强企业国际竞争力,获取更多的经济效益。当地经济增长对旅游的促进作用主要体现在如下两个方面:①为旅游提供经济保障。旅游活动受到多方面因素影响,比如可知支配收入、闲暇时间、家庭结构、受教育程度等,在若干影响因素中,可支配收入是影响旅游活动的重要因素。一般而言,一个国家或地区经济基础越好,购买力越强,潜在出游需求越大,而贸易的发展通过促进国家或地区的经济增长,为潜在旅游者提供了充足的可支配收入,为旅游活动的开展提供了经济保障。②提高旅游目的地吸引力。相关研究表明,旅游者受经济因素驱使,在旅游目的地选择上,表现出强烈的经济选择性,换言之,游客具有"嫌贫爱富"选择特征。旅游者更愿意前往经济发达的国家或地区,其交通基础设施更完善,旅游购物和游览更方便,旅游服务质量更高[245],因而对游客的吸引力也更大。此外,第四章和第五章的研究结论也表明,经济基础对中国—东盟旅游和贸易均具有显著的促进作用。由此可见,经济基础是贸易发展带动旅游增长的重要因素。

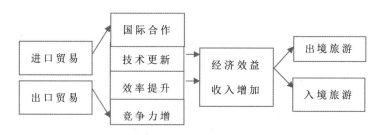

图 6-2　贸易发展带动旅游增长的经济因素

Fig.6-2　The economic factor that trade development drives tourism growth

二、交通设施是旅游与贸易互动发展的重要条件

一方面,从旅游发展推动贸易增长来看,旅游交通主要是指旅游者从居住地前往目的地,以及往来于游览地之间使用的各种交通工具。它是旅游发展的基础条件,主要包括航空客运、铁路客运、公路客运、海上客运等。出入境旅游作为长距离的跨国空间移动,旅游者对交通工具具有极强的依赖性。据相关研究发现,绝大多数出境游客都会选择飞机作为其出行的交通工具,以便缩短旅途时间[246]。特别是对商务旅游者而言,更加注重旅游的便捷性。一般而言,一国或地区交通区位优势越明显,对游客的吸引力就越强。此外,交通基础设施不仅仅是出境旅游的基本保障,也是各国旅游业接待能力的重要体现。完善的交通设施缩短了游客出行时间,节约了旅游成本,增加了游客满意度,完善的交通基础设施对出入境旅游具有积极作用。中国与东盟各国旅游合作,能够"倒逼"各国加快在航空、铁路、公路等交通基础设施领域的投资建设,不仅可以增加各国间贸易产品的流通速度,而且还能促进各国人民间的人文交流,提高各国旅游吸引力,为中国—东盟贸易合作奠定民心基础。目前,中国—东盟互相通航的城市已高达 60 个,每周有近 500 个航班,已经建立了覆盖中国和东盟各国主要城市的航空客运网络。然而与当前中国—东盟日益增长的游客人数相比,中国—东盟航空客运仍然难以满足需求。另一方面,从贸易发展带动旅游增长来看,方便快捷的交通能降低企业运输成本,增加企业投资回报率,而且还可以为企业节省大量时间,提高企业生产和销售效率,从而促进企业进出口贸易发展。随着经济全球化快速发展,国际贸易企业对远洋航运和铁路快运依

赖度更高,交通基础设施的依赖度日益增强;完善的交通基础设施,能够为企业节省大量时间和交通费用,已然成为制约企业进出口贸易发展的重要因素,也是企业选址的重要考量。交通基础设施促进了国际贸易发展,同时,国际贸易的飞速发展,也会进一步促进交通基础设施建设,为中国和东盟各国旅游与贸易发展创造条件。由此可见,交通设施是中国—东盟旅游发展推动贸易增长的重要因素。

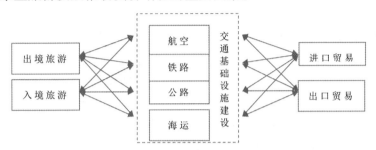

图 6-3 旅游发展推动贸易增长的交通因素

Fig.6-3 The transportation factor that tourism development promotes trade growth

三、彼此信任是旅游与贸易互动发展的重要基石

旅游是民间交往的重要途径之一,虽然属于低级别政治活动[247],但是能够增强不同民族、不同国家、不同社群间的彼此信任和了解,甚至可以超越结构性矛盾的边界,而实现经济、政治、文化、社会等多领域联动。Bustos 和 Fabian(2009)指出,旅游是促进各国间彼此信任的潜在力量,为各国相互沟通,深入了解提供了机会[248]。中国—东盟旅游发展,有助于各国间友好关系的维护,增加彼此的信任,营造良好的经济发展环境。曹正伟(2012)以台湾为例,认为旅游合作有助于增加两岸人民深入交流的机会,有助于增强人民间的彼此信任[249]。此外,吴乐杨(2013)认为旅游具有促进和平的作用[250]。换言之,不同国家间的旅游合作,有利于缓解紧张气氛,促进彼此政治互信。旅游人数的增加,必然对酒店、餐饮、交通、贸易等领域起到显著的推动作用。由此可见,旅游合作有利于增进彼此信任,进而促进国家与地区间的经济贸易发展。经贸关系作为各国间关系的压舱石,快速发展的经贸合作,有助

于增强国与国间的经济联系，增进彼此互信，同时为旅游合作创造良好的合作环境。换言之，经贸合作也将通过促进彼此互信，提高对彼此的关注和兴趣，进而促进旅游增长。

四、缩小文化距离是旅游与贸易互动发展的内在要求

旅游属于一种跨文化传播，能够改变和塑造旅游目的地文化认同。就旅游目的地居民而言，游客属于外来文化群体，他们通过语言、行为、服装等对本地文化产生"涵化"，逐渐对客源国文化理解、接受、适应并认同，逐步缩短两国间的文化距离，为其他各领域的合作奠定基础[251]。换言之，中国与东盟各国，通过游客相互往来，旅游者相互了解和接受目的地文化，缩小心理感知距离。旅游能够增强旅游目的地和客源地国家间的相互理解和感情，使不同国家的人民构建良好的人际关系和经贸关系，从而消减贸易隐性成本，培育合作商机，进而促进贸易发展。另外，国际贸易快速发展，一方面促进了各国间人员往来，增加了民众间相互了解，居民的文化认同心理得以重构[252]，缩小中国与东盟各国在诸多领域的差异，深化各国社会互动关系，进而提高文化认同缩短文化距离，增加对贸易伙伴的兴趣，激发潜在旅游，进而促进旅游发展；另一方面，贸易的发展加快了国与国之间货物的流通，特别是文化产品贸易，有助于加强各国间文化传播，提升各国文化吸引力，增进了各国人们对彼此文化的理解，缩小文化距离，激发人们出游兴趣。

五、信息化建设是旅游与贸易互动发展的重要媒介

一方面，从信息化对旅游的影响来看，信息化是一个国家或地区信息服务和科技能力的体现，也是"软"实力的重要的方面。旅游是一种与信息传播有密切联系的活动，无论是旅游前期的信息收集，旅游途中将美食美景在朋友圈、微博上展示，还是旅游后期的信息分享、旅游体验交流等，都对信息具有天然依赖[253]。旅游者在旅游促进贸易增长中扮演两种信息传播角色：一是作为信息传播的主体。游客为了获得更多的旅游信息，必然会主动在电视、互联网、报纸、宣传手册上搜寻和查阅旅游信息，然后通过切身旅游体验，将旅游价格、服务体验、景点特色

等各种信息加工、整理、放大、传递给亲朋好友及周边熟人。旅游者作为信息传播的主体,在信息传播过程中,能够对周边同事、亲友、熟人产生广告和示范效应或口碑效应。以观光休闲为目的的旅游者,多会主动通过互联网、宣传手册等搜寻旅游信息;以探亲访友为目的的旅游者多是通过亲友介绍、口碑相传而获取信息[254]。二是作为信息传播的介体。游客作为信息的传播者或者携带者,将旅游服务的优劣、旅游景点的价格、旅游商品的优劣等信息,进行吸收、携带和传播。随着互联网技术和信息传播技术的发展,无论是旅游活动,还是旅游业态,均发生了深刻变革。特别是虚拟旅游、4D体验、微博、旅游购买和支付平台等更新发展,使得旅游信息传播更加高效化、多样化、扁平化,已然对旅游服务、旅游消费、旅游产品等产生普遍而深刻的影响。另一方面,从信息化对贸易的影响来看,商务游客通过前期考察、签订订单、落实协议等,将消费者的消费偏好等信息传递给本地企业,企业依据信息改进生产,提高市场满意度,进而促贸易发展。基于上述分析可见,旅游者作为信息的传播者,是推动旅游与贸易互动发展的重要因素。另外,旅游者还可能会通过不自觉传播来影响贸易发展。由此可见,信息化水平是中国—东盟旅游发展促进贸易增长的重要因素。

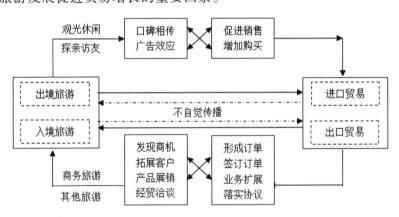

图6-4　旅游发展推动贸易增长的信息传播因素

Fig.6-4　Information dissemination factors for trade growth driven by tourism development

六、对外开放是旅游与贸易互动发展的客观要求

对外开放度是指一个国家或地区对外开放的程度,反映该地区或国家与国际市场联系的紧密程度。旅游业是外向型产业,加快中国和东盟各国对外开放,能比较有效地推动各国旅游业发展。方远平和谢蔓等(2014)研究发现,对外开放每提高1%,入境游客数量规模将提高0.46%[255],即开放程度越高的地区入境游客也越多。特别是对于泰国和新加坡这些入境旅游占比较大的国家而言,对外开放是提高各国旅游收入,促进入境旅游发展极为重要的因素。中国—东盟旅游快速发展的过程中,必然要求各国进一步扩大对外开放,取消各种限制,提升旅游便利化水平,增进各国之间的人员交流。东道国良好的营商环境、优惠的贸易投资政策、开放的市场准入制度,直接关系到外资企业的贸易安全和回报率。便捷的通关条件、良好的交通设施,也将促进各国间国际展销、商务谈判,以及投资和贸易往来,进而促进各国贸易发展。由此可见,对外开放是中国—东盟旅游发展与贸易互动的重要因素。

七、科技水平是旅游与贸易互动发展的重要支撑

根据新经济增长理论,国与国间的进出口贸易发展,不仅可以促进世界贸易发展,还可以推动高新技术、知识文化、高端人才在各国间的流通[256]。科技发展水平是一国或地区信息服务能力和科技能力的重要体现,也是该国或地区"软"实力的重要展示。科技发展通过促进国家或地区产业结构升级,来促进进出口贸易发展[257],整体上科技发展较为落后的东盟国家,更是希望通过吸引外资,引进国外先进技术,提升国内科技创新能力,以促进国内产业结构的升级,使得落后产业逐步向技术含量高、竞争力强、附加值多的行业转型,提高劳动生产率,增强产品的国际竞争力。同时,贸易规模大、产品附加值高、经济效益好的地区,也会反过来"迫使"和"反推"科技水平进一步提高,以巩固现有国际贸易竞争优势。此外,科技发展能明显提高旅游对贸易增长的推动作用。一方面,科技发展可以丰富旅游体验。比如旅游景点利用声光电技术虚拟仿真展示、自助电子导游等。另一方面,现代信息技术在旅游产品推介和旅游支付等领域的广泛应用,极大地提高了服务效率;此外,

高新技术还在旅游交通、特种旅游服务设施、旅游户外产品以及旅游环境保护等方面均有显著支撑和促进作用。一般而言,科技发展水平较高的国家和地区,收入水平较高、闲暇时间较充裕、对旅游的需求和潜力也较大[258,259]。相应的,该国家或地区旅游的服务质量和水平也较高。由此可见,科技发展是贸易发展带动旅游的重要因素,对贸易带动旅游发展具有促进作用。简而言之,科技和贸易及旅游的相互协同,共同促进了该国家或地区的经济增长、环境保护、人均收入、旅游服务水平、进出口贸易发展等,为旅游互动发展提供重要支撑。

第二节 旅游与贸易相互影响路径检验

一、研究方法与数据来源

（一）研究方法

1. 中介效应模型

在研究变量 X 与变量 Y 间的作用路径时,常用的方法是考察变量 X 是否会通过变量 M 来影响变量 Y。假若变量 M 是变量 X 影响变量 Y 的中间变量,则我们可认为变量 M 为解释变量 X 和被解释变量 Y 的中介变量,而 M 的作用为中介效应(见图 6-5)。

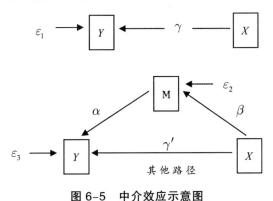

图 6-5 中介效应示意图

Fig.6-5 Schematic diagram of intermediary effect

自变量 X 会通过变量 M 对因变量 Y 产生影响,我们需要检验的是,变量 M 是否是变量 X 影响变量 Y 的中介变量,为此,要对系数 α 和 β 进行显著性检验。在检验方法的选择上,本书借鉴温忠麟等(2004)的 Sobel 检验,构造如下方程组并利用图 6-7 所示的中介效应检验程序进行检验:

$$Y = \gamma X + \varepsilon_1 \qquad (6-1)$$

$$M = \alpha X + \varepsilon_2 \qquad (6-2)$$

$$Y = \gamma' X + \beta M + \varepsilon_3 \qquad (6-3)$$

首先,如果模型 6-1 中系数 γ 显著,则说明变量 X 可以显著影响 Y,进一步地,要想检验变量 M 是否为 X 影响 Y 的中介变量。具体思路是:先检验变量 X 是否会显著地影响变量 M;如果受影响,即系数 α 显著,再检验变量 M 是否会显著地影响变量 Y,即 β 是否显著。如果系数 α 和 β 全部显著,则说明中介效应显著,换言之,变量 M 是变量 X 影响变量 Y 的作用路径。若 α 和 β 至少有一个不显著,则需要进一步做 Sobel 检验[①]。另外,若系数 γ 显著,则说明变量 M 是 X 影响 Y 的一条途径及部分中介效应;若 γ 不显著,则为完全中介效应。中介效应为系数 α 和 β 估计值的乘积。若果 α 和 β 都不显著,则可表明,变量 M 不是变量 X 影响变量 Y 的中介变量,此时可终止中介效应检验。

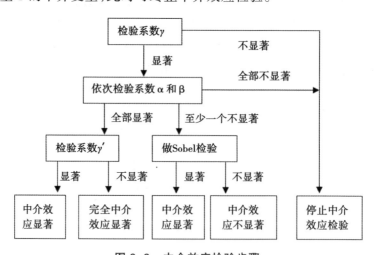

图 6-6 中介效应检验步骤

Fig.6-6 The steps of mediating effect test

---

① 与标准正态分布有所不同,5% 显著性水平上 Sobel 检验统计量的临界值为 0.97 左右。

2. 调节效应模型

温忠麟等（2005）深入探讨了中介效应和调节效应在统计上的意义和在处理方法上的区别[260]。如果某变量 R 可以显著地影响变量 X 对变量 Y 的影响效应，则将变量 R 称为变量 X 和变量 Y 的调节变量。具体如图 6-7 所示。

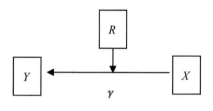

图 6-7　调节效应示意图

Fig.6-7　Schematic diagram of regulating effect

在实际操作中，通常利用交互项的形式检验变量 R 的调节效应是否显著，计量模型如下所示：

$$Y = \alpha X + \beta R + \delta X \times R + \varepsilon \tag{6-4}$$

其中，调节变量对变量 X 影响变量 Y 的调节效应为 δ。如果系数 δ 显著为正，则表示 R 可以显著提高 X 和 Y 的影响幅度；如果 δ 显著为负，则 R 显著降低 X 和 Y 的影响；如果 δ 不显著，则 R 对 X 和 Y 没有调节效应。调节变量和调节效应在经济学中应用广泛，甚至在一定程度上可以当作中介变量和中介效应来使用。其实，这在统计上也有一定的道理，因为在模型 6-4 中，变量 R 的提高会使得变量 X 对变量 Y 的影响幅度更大。换言之，自变量 X 可以通过调节变量 R 影响被解释 Y。

（二）数据来源

在借鉴前人研究成果的基础上，考虑数据的可获得性，进一步整理中国与东盟各国旅游与贸易互动的中介变量：彼此信任（LNBEL）、文化距离（LNCUL）、交通便利化（LNTRA）、经济基础（LNPGDP），以及调节变量：科技水平（LNSCI）、对外开放（LNOPE）、信息化程度（LNINF）等，各变量数据来源于世界银行数据库、外交部网站等。

表 6-1　中介变量和调节变量符号及定义

Tab.6-1　Symbols and definitions of mediating and moderating variables

	变量	符号	定义	数据来源
中介变量	彼此信任	LNBEL	中国与东盟各国间相互信任友好程度	外交部网站
	文化距离	LNCUL	中国与东盟各国文化价值观融合度	Holfstede 网站
	交通设施	LNTRA	航空运输量和铁路运输量对数乘积	世界银行
	经济基础	LNPGDP	人均收入，即人均 GDP	世界银行
调节变量	科技创新	LNSCI	每年专利申请数量	世界银行
	对外开放	LNOPE	东道国 FDI 净流入占 GDP 比重	世界银行
	信息化水平	LNINF	每百万人拥有的互联网服务器个数	世界银行

二、模型设计和变量说明

前文实证检验了贸易与旅游的相互影响,本节在充分肯定旅游与贸易相互促进的基础上,进一步探讨旅游与贸易的影响途径和传导机理。信息化水平、交通基础设施、对外开放水平、科技创新、彼此信任等因素,在旅游与贸易相互作用过程中扮演何种角色? 是中介变量还是调节变量? 中介效应或调解效应到底有多大? 本节将逐一检验。前文已经详细阐述了中介效应检验的原理及模型设计,本书参考温忠麟和侯杰泰等(2004)的做法,在 Sobel 检验的基础上,构造的调节效应和中介效应检验模型,进一步识别出境旅游与进口贸易、入境旅游和出口贸易的作用机理,检验模型设计如下:

$$Y_{ij} = \gamma X_{ij} + \varepsilon_1 \quad M_{ij} = \alpha X_{ij} + \varepsilon_2 \quad Y_{ij} = \gamma' X_{ij} + \beta M_{ij} + \varepsilon_1 \quad (6-5)$$

$$Y_{ij} = \alpha X_{ij} + \beta R_{ij} + \delta X_{ij} \times R_{ij} + \varepsilon_{ij} \quad (6-6)$$

其中, M_{ij} 为作用机理变量,即中介变量,以旅游与贸易相互作用影响因素来表示,具体包括信息化水平、交通基础设施、经济发展水平、对外开放程度、科技水平; R_{ij} 为自贸区政策,变量具体定义见表 6-1; ε_{ij} 为随机扰动项,中介效应由 $\alpha \times \beta$ 衡量,调节效应由 δ 衡量。

在检验一个变量对另一个变量的作用机理方面,借鉴既有研究比如 Rajan 和 Raghuram[261](1998)、于蔚等[262](2012)、温忠麟等[260](2005)、张哄盛[263]（2017）等的方法，先检验变量 X 是否对中介变量 M 具有显著影响；其次，再加入中介变量 M 和解释变量 X 的交互项 MX 后，进一步探讨解释变量 X 对 Y 的影响效应。结合前文构建的旅游与贸易相互作用理论假设，本节从调节效应和中介效应两个方面，进行假设检验。变量具体含义如下：

彼此信任度（LNBEL），选用各国领导人互访频次作为彼此信任代理变量。国家领导人经常接触，不仅有利于加强政府间沟通对话，而且有利于化解矛盾和争端，增强政治互信；科技水平（LNSCI），选用中国与东盟各国专利申请数量，一定程度上能反应该国科技发展水平；对外开放（LNOPE），采用对外国直接投资净流入占 GDP 的百分比来表示；信息化程度（LNTRA），用每百万人所拥有的安全互联网服务器数量来衡量。

第三节　旅游与贸易相互影响的内部系统：中介效应

尽管前文中因素识别与理论分析以及实证结果，已经表明经济基础、交通设施、对外开放、科技创新、信息化建设等对旅游与贸易具有显著促进作用，但是如上变量与出入境旅游之间存在什么样的关联？与进出口贸易又存在什么联系？他们是通过什么路径或机制影响旅游与贸易互动效应的？这些问题仍然需要做进一步研究。

一、旅游—塑造彼此信任—贸易

彼此互信是影响中国和东盟各国间旅游与贸易合作的重要因素。著名学者 Greif（1994）对信任与制度路径依赖进行研究，发现伙伴国间通过构建信任机制，能够约束双方履行协议，从而防止在交易过程中"搭便车"行为[264]。Guiso 等（2006）认为，交易双方相互信任度越高，越有利于交易的完成，且彼此信任能够降低交易成本和风险，促使双方在更广的领域合作[194]。曾艳萍（2019）认为，信任是经贸合作的"润滑剂"，当前贸易摩擦日益严峻，塑造彼此信任将对经贸发展产生重要作用[265]；曹春方等（2019）也发现，提高国家或地区间的信任程度，能够降低异地市场交易成本，促进商业交换[266]。经贸合作的开展与彼此信任密切相关。自古以来，中国商文化里一直秉承着"以信为本"的经商之道。例如徽商作为中国"四大商帮"之一，其发展、崛起和壮大的法宝就是"讲道义、重诚信"，徽商一直坚持"斯商、斯业、斯买、斯卖、斯货、斯财、斯诺"的商训，而"斯商、斯卖、斯诺"的核心要义就是"信"。此外，另一大商帮——潮商的兴起和壮大也和潮商们"信信合璧"经营理念息息相关。"坚守承诺，彼此信任"的经营之道，为潮商带来了更多的合作伙伴、更丰厚的利润和更忠诚的客户，促进了潮商发展壮大，形成天下潮商的经贸格局。由此可见，塑造彼此信任对促进经贸合作具有重要意义。另外，黄立群[267]（2016），魏昀妍和樊秀峰[268]（2017），对中国和其他各国领导人互访频次进行研究，发现两国领导人频繁往来与交流，有助于塑造国与国间彼此信任。国家领导人互访频次能够体现两国间彼此信任程度，无论是学术界还是政府部门，对此都已形成共识。为此，本书在前文构建的中介效应模型的基础上，以中国和东盟各国高层领导人互访频次①作为彼此信任的代理变量，探讨旅游与贸易发展中，通过塑造彼此信任而对各国间旅游与贸易互动发展起的传导作用。

表6-2中模型（1）—（4）汇报了中国与东盟各国出入境旅游发展是否会通过塑造彼此信任而促进进出口贸易发展。出境旅游和入境旅游对彼此信任的回归系数 α 均为正，且通过1%显著性检验，表明旅游业发展有助于增强国与国间的彼此信任。

①　中国与东盟各国国家领导人互访频次数据来源于《中国—东盟统计年鉴》《中国周边外交研究报告》、外交部网站等，鉴于数据可获得性，本节仅以2001—2017年数据为样本。

表 6-2 彼此信任在旅游与贸易互动中的中介效应

Tab.6-2 The intermediary effect of mutual trust in the interaction between tourism and trade

变量名	$LNBEL_{ij}$ (1)	$LNIMP_{ij}$ (2)	$LNBEL_{ij}$ (3)	$LNEXP_{ij}$ (4)
$LNOUB_{ij}$	4.393*** (7.39)	0.915*** (10.35)		
$LNBEL_{ij}$		0.0188 (1.96)		0.0378*** (4.05)
$LNINB_{ij}$			5.267*** (7.20)	1.157*** (9.94)
原控制变量	控制	控制	控制	控制
常数项 C	−41.85*** (−4.74)	10.34*** (8.94)	−49.03*** (−5.01)	7.180*** (5.05)
N	230	230	230	230
调整 R^2	0.459	0.930	0.398	0.898
Sobel 检验	α、β显著，无须 Sobel 检验			
中介效应	显著			

变量名	$LNBEL_{ij}$ (5)	$LNOUB_{ij}$ (6)	$LNBEL_{ij}$ (7)	$LNIMP_{ij}$ (8)
$LNIMP_{ij}$	3.438*** (8.10)	0.584*** (11.18)		
$LNEXP_{ij}$			3.627*** (7.13)	
$LNBEL_{ij}$		0.0207** (3.28)		0.040* (2.26)
$LNOUB_{ij}$				0.438*** (10.99)
原控制变量	控制	控制	控制	控制
常数项 C	−61.10*** (−6.04)	−0.114 (−0.10)	−63.78*** (−5.35)	2.917*** (3.33)
N	230	230	230	230
调整 R^2	0.444	0.896	0.469	0.958
Sobel 检验	α、β显著，无须 Sobel 检验			
中介效应	显著			

注："*"、"**"和"***"分别表示 10%、5% 和 1% 的统计显著性。下同。

在模型（2）和（4）中，彼此信任对进出口贸易的估计系数为0.019和0.038，且在10%和5%的水平上显著，表明彼此信任的中介效应显著，不需要进行Sobel检验。也就是说中国—东盟旅游发展对贸易增长的影响效应，可以通过彼此信任的中介机制实现。在贸易发展促进旅游增长的模型中，模型（6）和（8）彼此信任对出入境旅游增长的回归系数（也即β）为0.021和0.04，并分别在5%和10%水平上显著，说明彼此信任促进了出入境旅游发展。在模型（5）和（7）进口贸易对彼此信任的回归中，进、出口贸易系数（也即α）分别为3.438和3.627，且均通过1%显著性检验，可见α和β均显著为正，无须进行Sobel检验，表明进出口贸易可以通过增强各国间彼此信任来促进出入境旅游发展。简而言之，旅游与贸易可以通过"旅游$\longleftrightarrow$塑造彼此信任$\longleftrightarrow$贸易"作用路径来实现互动发展。

二、旅游—缩小文化差异—贸易

旅游目的地选择是游客消费决策的重要环节，受到学术界广泛关注。许多学者致力于探讨游客选择行为的影响因素，并取得了显著成绩，但是在诸多影响因素中，旅游目的地与客源之间的文化距离因素却很少被关注，尤其是在国际旅游快速发展环境下，文化距离因素显得尤为重要。目前已有少量文献将旅游目的地和客源地文化单独提出来，探讨其对旅游者所做选择的影响。结果发现同一游客对不同旅游目的地的认识和态度不同，而且不同旅游者对同一目的地看法也不尽相同。因此，单一研究客源地或目的地的文化并不能准确、客观地评价文化差异对旅游者决策的影响，为此在这一背景下，有学者进一步引入文化距离来探究游客对旅游目的地的选择行为。纵观已有研究，文化距离对游客目的地选择的影响基本达成一致。大致可以分为三种观点：（1）从自我一致性理论角度，认为游客多会选择与自己个性和生活习惯相近的旅游目的地。因而，两地间的文化距离与游客目的地选择性之间呈现负相关；（2）从旅游动机理论角度，认为文化距离有利于游客对目的地的选择，文化距离越大，越能满足游客求新、求异的心理，所以客源地与目的地文化差异有助于双边出入境旅游发展；（3）认为文化距离与旅游者行为选择之间没有关系。如上三种观点各执一词，但是我认为文化距离与旅游者行为选择需要考虑目的地个体差异,不同国家或民族生活习惯和风俗,使得游客在目的地选择上存在差异,并非绝对正向或负向关系。比如杨畅等(2016)以日本和中国为研究对象,发现日本游客在目的地选择上,显著偏好总体上与日本文化差异较大的国家;而中国游客则会选择文化距离较小的国家为旅游目的地[269];周玲强和毕娟(2016)研究中国入境旅游发现,文化距离与国际入境旅游者目的地选择行为之间呈现出倒 U 形的非线性关系[270]。相比而言,学者们对文化距离与国际贸易间的关系,更容易达成一致。比如 Tadesse,Bedassa 等[271](2010);White,Roger 等[272](2014)已经研究表明,缩小文化距离对进出口贸易具有显著促进作用。因此,出入境旅游的发展有助于缩小中国与东盟各国间的文化距离,促进国际贸易发展,而国际贸易发展,特别是文化产品贸易,有助于加强各国间文化传播,提升各国文化吸引力,激发人们的旅游兴趣,促进出入境旅游发展。为此,本研究在中介效应模型中引入文化距离变量,考察中国与东盟各国旅游与贸易是否会遵循“旅游⟷缩小文化差异⟷贸易”的机理路径相互作用。本书中,文化距离($LNCDIS_{ij}$)采用的是 Hofst-ede 官方网站提供的各国(或地区)文化距离四维度评分,并结合 Kogut 和 Singh[273](1998)提出的文化距离测算指数①(KSL)和公式计算得出。

表 6-15 中模型(1)~(4)汇报了中国与东盟各国出入境旅游是否会通过缩小文化差异影响进出口贸易,结果可知:文化距离 $LNCDIS_{ij}$ 的估计系数分别为 -0.089 和 -0.014 且通过 5% 显著性检验,说明缩小文化距离能够促进进出口贸易增长,进一步的,α 和 β 均显著为负,即文化距离中介效应显著,无须进行 Sobel 检验,换而言之,出入境旅游对进出口贸易的促进效应可以通过缩小文化距离的中介机制实现。模型(5)~(8)汇报进出口贸易是否会通过缩小文化差距影响出入境旅游,从(6)和(8)文化距离估计系数分别为 -0.092 和 -0.011,且在 1% 和 5% 的水平上显著可知,文化距离不利于出、入境旅游发展。进一步的,α 和 β 均显著,文化距离对出入境的中介效应显著,无须进行 Sobel 检验,反映了缩小文化距离是进出口贸易促进出入境旅游的重要途径。

---

① 文化距离测算公式:$CDIS_j = \frac{1}{n}\left[\sum_{i=1}^{n}\frac{(I_{ij}-I_{ii})^2}{V_i}\right]$ 其中,I_j 与 I_i 代表的是中国与 j 国在 i 维度上的分值,另外,V_i 表示第 i 维分值的方差,n 表示文化维度,本节利用 Hofstede 四维度文化量表,即 $n=4$。

表 6–3 文化距离在旅游与贸易互动中的中介效应

Tab.6-3 The intermediary effect of cultural distance in the interaction between tourism and trade

变量名	$LNCDIS_{ij}$ (1)	$LNIMP_{ijt}$ (2)	$LNCDIS_{ij}$ (3)	$LNEXP_{ij}$ (4)
$LNOUB_{ij}$	0.07*** (7.87)	1.053*** (19.17)		
$LNCDIS_{ij}$		-0.0898*** (-7.00)		-0.014** (-3.42)
$LNINB_{ijt}$			0.0796*** (6.16)	1.148*** (12.87)
原控制变量	控制	控制	控制	控制
常数项 C	3004.8*** (6.355)	11.11*** (17.58)	3004.8*** (7.675)	8.352*** (7.29)
调整 R^2	0.930	0.775	0.890	0.872
N	230	230	230	230
Sobel 检验	α、β 显著，无须 Sobel 检验			
中介效应	显著			

变量名	$LNCDIS_{ij}$ (5)	$LNOUB_{ij}$ (6)	$LNCDIS_{ij}$ (7)	$LNINB_{ijt}$ (8)
$LNEXP_{ij}$			0.0398*** (7.31)	0.596*** (17.30)
$LNCDIS_{ij}$		-0.092*** (-6.77)		-0.011** (-3.06)
$LNIMP_{ijt}$	0.0251*** (3.45)	0.424*** (5.28)		
原控制变量	控制	控制	控制	控制
常数项 C	3004.8*** (6.761)	1.444 (0.77)	3004.8*** (6.481)	-0.979 (-1.24)
调整 R^2	0.748	0.871	0.929	0.869
N	230	230	230	230
Sobel 检验	α、β 显著，无须 Sobel 检验			
中介效应	显著			

注："*""**""***"分别表示 10%、5% 和 1% 的统计显著性。下同。

三、旅游—促进经济发展—贸易

一方面,良好的经济基础有利于促进中国—东盟旅游增长。国际贸易发展,促进社会经济发展,为潜在出境旅游提供了经济基础。一般而言,经济基础好的国家或地区,人均收入水平高,消费和购买能力强,也拥有更多的投资和贸易机会,而且经济条件好的国家或地区,基础设施也相对完善,旅游接待和服务水平高,有利于提高商务游客的满意度和吸引力,有助于将"货物流通"转化为"人员流动"。因此,良好的经济基础为进出口贸易的持续发展提供了强大的经济动力,在一定程度上会增加商务旅游业务量和跨国交流,进而促进了商务旅游发展。由此可见,贸易发展对旅游增长的影响可以通过"贸易→经济增长→旅游"的路径进行作用。

此外,国际旅游的发展也能够促进经济增长,进而推动国际贸易增长,但是不同经济条件下,国际旅游对国际贸易的促进作用存在差异。无论是贸易还是旅游,经济基础都对其具有显著正向效应。事实也是如此,中国与新加坡、印度尼西亚、马来西亚等人均收入水平高的国家,在贸易和旅游领域的往来与合作,明显高于老挝、缅甸等国家。以泰国为例,2017 年,旅游业对泰国国内生产总值的贡献值约为 20%,旅游业投资 1048 亿泰铢,旅游业的直接创收加上间接的税收为国民经济贡献超4000 亿泰铢。泰国是东盟典型的以旅游为支柱产业的国家,旅游业作为关联性较强的产业,涉及"食、住、行、游、购、娱"等诸多方面,旅游业的发展,提高了当地居民生活水平,同时也促进了国际贸易,游客到泰国旅游,购买当地特色产品和旅游商品,比如膏药、咖啡、干果等。随着人们生活水平的提高,旅游购物已经不局限于旅游商品,旅游购物逐步倾向生活化的大旅游商品,比如化妆品、电子产品等,旅游对贸易的促进作用更加明显。由此可见,旅游可能沿着"旅游→经济增长→贸易"的作用路径进而促进贸易发展。

表 6-4　经济发展在旅游与贸易互动中的中介效应

Tab.6-4　The intermediary effect of economic development in the interaction between tourism and trade

变量名	$LNPGDP_{it}$ (1)	$LNIMP_{ijt}$ (2)	$LNPGDP_{ij}$ (3)	$LNEXP_{ijt}$ (4)
$LNOUB_{ijt}$	2114.8*** (27.40)	0.38* (2.34)		
$LNPGDP_{it}$		0.0003*** (3.86)		
$LNINB_{jit}$			1792.5*** (5.78)	1.03*** (12.60)
$LNPGDP_{jt}$				0.00007*** (7.88)
原控制变量	控制	控制	控制	控制
常数项 C	-26274.0*** (-23.74)	16.76*** (8.27)	-19305.2*** (-4.82)	9.221*** (8.77)
调整 R^2	0.768	0.796	0.832	0.902
N	230	230	230	230
Sobel 检验	α、β 显著，无须 Sobel 检验			
中介效应	显著			

变量名	$LNPGDP_{it}$ (5)	$LNOUB_{ijt}$ (6)	$LNPGDP_{jt}$ (7)	$LNINB_{jit}$ (8)
$LNEXP_{ijt}$			2180.5*** (8.13)	0.66*** (16.86)
$LNPGDP_{it}$		0.00034*** (14.51)		
$LNIMP_{ijt}$	1060.6*** (6.41)	0.07 (1.50)		
$LNPGDP_{jt}$				0.00003*** (4.84)
原控制变量	控制	控制	控制	控制
常数项 C	-21157.0*** (-5.50)	11.36*** (11.74)	-45809.9*** (-7.47)	-1.886* (-2.16)
调整 R^2	0.462	0.901	0.863	0.933
N	230	230	230	230
Sobel 检验	α、β 显著，无须 Sobel 检验			
中介效应	显著			

注："*""**""***"分别表示 10%、5% 和 1% 的统计显著性。

由表6-3中汇报了中国与东盟各国出入境旅游是否会通过促进经济增长影响进出口贸易。其中,第(1)和(3)展示的是出入境旅游对经济增长的影响,系数均通过1%显著性检验(即α值),且为正,表明旅游对经济增长具有显著促进作用;第(2)和(4)列人均收入的回归系数为0.0003和0.0007(即β值),且在1%水平上显著,表明经济基础的中介效应显著,无须进行Sobel检验,反映了经济基础的中介效应是旅游促进贸易发展的重要作用机制。模型(5)~(8)汇报进出口贸易是否会通过经济基础影响出入境旅游。由第(5)和(7)可知,出口贸易和进口贸易对经济水平具有显著的促进作用;从第(6)和(8)列经济基础估计系数分别为0.00034和0.00003,且在1%的水平上显著可知,经济基础促进了出境旅游和入境旅游增长。进一步的,α和β均显著为正表明,经济基础对出入境的中介效应显著,无须进行Sobel检验,反映了经济基础是进出口贸易促进出入境旅游的重要路径。上述结论,进一步验证了经济基础对中国—东盟旅游与贸易的中介效应,即进口贸易发展通过促进人均收入增加,促进出境旅游增长。这一结论与庞闻[274](2012),石张宇、程乾[91](2019)等研究结果一致。

四、旅游—完善交通设施—贸易

出入境旅游和进出口贸易都属于跨国活动,距离感知必然是影响其决策的重要条件。交通区位好、可达性强的国家和地区,有利于降低游客对目的地的距离感知,减少旅途时间,形成旅游目的地良好感知和印象,从而提升旅游目的地的口碑与形象。旅游业发展过程中,必然会加大对交通基础设施的建设,增加航空线路和班次,开设高铁旅游专线,建设游客服务集散中心等。古典区位论者认为,国家或地区良好的交通可达性,有利于降低进出口企业的营运成本,增加其投资回报率,为进出口贸易企业节省大量时间和经济成本,从而促进企业进出口贸易发展;有助于形成经济空间综合体,由此产生空间扩散和集聚效应[275]。一般而言,交通区位优良的地区更容易获得投资机会,并在空间上形成集聚和扩散效应。由此可见,旅游的发展促进了交通基础设施建设,而良好的交通区位和基础设施,又增加了国家间贸易和投资的机会,进而促进贸易发展。完善的交通设施也有利于中国—东盟贸易发展带动旅游增长。贸易发展对交通便利化的依赖程度较强，贸易发展过程中，也势必会逐步加大对交通基础设施的建设，而方便快捷的交通，良好的区位条件，必然会增加对自驾游、背包客等游客的吸引力。特别是以贸易合作为目的的参考、考察、谈判等商务旅游，时间和经济成本，以及旅途舒适性是其出境旅游的重要衡量标准。据相关研究发现，交通设施完善的国家和地区，入境商务旅游人数要高于交通条件落后的国家和地区[276,277]。此外，国际贸易的发展，也带动了商务旅游发展，提高了贸易对旅游的拉动作用。特别是近年来，世界经济低迷，以投资考察、商务洽谈、贸易展览为主要目的商务旅行，已然成为世界旅游发展的新亮点。由此可见，交通基础设施是旅游与贸易互动发展的重要中介因素。

表6-3的估计结构显示，交通基础设施是旅游与贸易相互影响的中介变量，且作用显著。从模型（1）和（3）来看，出入境旅游对交通基础设施具有显著促进作用，影响系数分别为0.450和0.695，均通过1%显著性检验；模型（2）和（4）回归结果表明，交通基础设施对进出口具有显著的溢出效应，系数α和β均显著为正，交通设施对进出口贸易的中介效应显著，无须进行Sobel检验，反映了交通设施是出入境旅游促进进出口贸易的重要中介变量。模型（5）~（8）汇报了中国与东盟各国进出口贸易是否会通过促进交通基础设施建设来影响出入境旅游。其中，模型（5）和（7）结果显示进出口贸易对交通基础设施回归系数显著为正，分别为0.221和0.579，均通过1%显著性检验，说明贸易发展能够有效促进交通设施建设。模型（6）和（8）中，交通基础设施对进出口贸易系数分别为1.027和0.592，分别通过1%和5%显著性检验，进一步的，系数α和β均显著且为正，表明来自交通设施的中介效应显著，无须进行Sobel检验，进出口贸易对出入境旅游的促进效应可以通过交通设施的中介效应实现。综上所述，旅游和贸易可以通过交通设施建设实现相互促进效应，也就是旅游和贸易通过"旅游↔交通设施建设↔贸易"作用路径进而实现互动发展。

表 6–5 交通设施在旅游与贸易互动中的中介效应

Tab.6-5 The intermediary effect of transportation facilities in the interaction between tourism and trade

变量名	$LNTRA_{ji}$ (1)	$LNIMP_{ji}$ (2)	$LNTRA_{ji}$ (3)	$LNEXP_{ji}$ (4)
$LNOUB_{ji}$	0.450*** (16.56)	0.794*** (9.57)		
$LNTRA_{ji}$		0.575*** (4.46)	0.695*** (14.29)	0.115* (2.04)
$LNINB_{ji}$				1.486*** (22.76)
常数项 C	10.67*** (27.86)	2.273 (1.52)	9.841*** (15.50)	−6.692*** (−9.35)
原控制变量	控制	控制	控制	控制
调整 R^2	0.944	0.781	0.679	0.971
N	230	230	230	230
Sobel 检验		显著		
中介效应	α、β 显著，无须 Sobel 检验	显著		

变量名	$LNTRA_{ji}$ (5)	$LNOUB_{ji}$ (6)	$LNTRA_{ji}$ (7)	$LNINB_{ji}$ (8)
$LNEXP_{ji}$			0.579*** (42.39)	0.253* (2.24)
$LNTRA_{ji}$		0.197*** (3.35)		0.592** (3.00)
$LNIMP_{ji}$	0.221*** (4.98)	1.027*** (8.18)		
常数项 C	11.86*** (11.50)	−7.973*** (−6.14)	5.633*** (18.13)	−3.982** (−2.74)
原控制变量	控制	控制	控制	控制
调整 R^2	0.909	0.849	0.924	0.933
N	230	230	230	230
Sobel 检验		显著		
中介效应	α、β 显著，无须 Sobel 检验	显著		

注："*""**""***"分别表示 10%、5% 和 1% 的统计显著性。

第四节　旅游与贸易相互影响的外部系统：调节效应

随着科学技术和经济全球化发展，世界各国之间的联系日益密切，中国—东盟旅游和贸易也取得了可喜的成绩。出入境旅游和进出口贸易已然成为相互联系、相互促进、相互影响的有机体。基于前文中介效应模型的检验结果，本节进一步从调节效应角度，探讨旅游与贸易的相互作用机理。

一、旅游与贸易互动发展：科技创新的溢出效应

科学技术是第一生产力，创新是引领经济发展的重要动力。科技对旅游与贸易互动发展的溢出效应主要体现在：其一，科技创新有利于发挥贸易发展对旅游的带动作用。根据新经济增长理论，贸易发展不仅能促进世界贸易发展，还能促进高科技人才、先进技术、知识的跨国流动，使贸易伙伴国间的科技水平、人力资源等得到较大提高，即产生国际贸易溢出效应[256]。科技水平越高，劳动力素质越高，越有利于吸引外资，越有利于促进国际贸易发展。科技创新的发展，往往伴随着新的投资机会和贸易机会。科技发达的地区对外商投资的吸引力更强，企业生产率也更高，更有利于国际贸易的发展，由此引发的商务游客也更多。

表 6-6　科技创新在旅游与贸易互动中的调节效应

Tab.6-6 The moderating effect of scientific and technological innovation in the interaction between tourism and trade

变量名	$LNIMP_{ijt}$（1）	$LNEXP_{ijt}$（2）	$LNOUB_{ijt}$（3）	$LNINB_{ijt}$（4）
$LNOUB_{ijt}$	1.133 *** （11.35）			

变量名	$LNIMP_{ijt}$ （1）	$LNEXP_{ijt}$ （2）	$LNOUB_{ijt}$ （3）	$LNINB_{ijt}$ （4）
$LNTEC_{jt}$	0.024*** （7.14）		0.002*** （4.57）	
$LNOUB_{ijt} \times LNTEC_{jt}$	0.016*** （6.19）			
$LNINB_{ijt}$		0.957*** （33.31）		
$LNTEC_{jt}$		0.046*** （7.16）		0.049** （3.13）
$LNINB_{ijt} \times LNTEC_{it}$		0.027*** （5.30）		
$LNIMP_{ijt}$			0.285*** （8.33）	
$LNIMP_{ijt} \times LNTEC_{jt}$			0.083*** （5.02）	
$LNEXP_{ijt}$				0.943*** （28.91）
$LNEXP_{ijt} \times LNTEC_{it}$				0.017* （2.49）
原控制变量	控制	控制	控制	控制
常数项 C	6.333*** （5.58）	9.934*** （30.14）	5.674*** （8.53）	−8.290*** （−12.12）
调整 R^2	0.669	0.904	0.626	0.871
N	230	230	230	230

注："*""**""***"分别表示10%、5%和1%的统计显著性。

其二，科技创新为旅游发展创造了有利条件。科技的发展不仅可以通过技术扩散效应、知识外溢效应、高新技术产业关联带动效应，提高企业生产率，带动传统产业优化升级，进而促进经济增长，提高人们收入水平，为出境旅游提供经济保障，科技创新还可以提高产品附加值和市场竞争力，而且还释放了劳动力，拥有更多的休闲时间，更有利于激发人们的旅游动机[172]。相反，科技水平低的国家或地区，其劳动力素质往往也欠佳，绝大多数劳动者从事繁重的体力劳动，占用大量闲暇时间，获取微薄的劳动收入。一定程度上说，这也不利于人们旅游活动的形成和实现。由此可见，科技创新是旅游和贸易发展的重要调节因素。

前文已经证实中国—东盟旅游与贸易相互促进的关系，为了验证科技创新是否会对旅游和贸易的相互作用程度产生影响，本节加入交互项，检验科技创新对旅游与贸易者两者关系的调节效应。由表6-6中的模型（1）和（2）可知，原模型中加入科技创新与出境旅游和入境旅游的交互项后，交互项系数为正，分别是0.016和0.027，且均通过1%显著性检验，与原模型检验结果相比，拟合优度R^2提高了0.235，所以科技创新对旅游促进贸易增长具有显著的调节效应，且科技创新能促进旅游与贸易之间的正向关系。另外，由模型（3）和（4）可知，进出口贸易与科技创新的交互项系数为正，且分别通过10%和1%显著性检验0.083和0.017，加入交互项后，拟合优度提高（R^2=0.871>0.626），且交互项系数为正，说明科技创新对贸易促进旅游增长具有正向调节效应。综上所述，科技创新对旅游与贸易的相互作用具有显著的调节效应。

二、旅游与贸易互动发展：对外开放的创造效应

除了科技创新有利于旅游与贸易的互动发展外，扩大中国与东盟各国的对外开放，出台更多的旅游便利化政策和旅游免签政策等，也将有利于中国与东盟国家间旅游合作发展。特别是在教育、文化、历史领域的沟通与交流，将有助于增强各国之间的相互了解，增进彼此政治互信，进而为出入境旅游发展提供保障。近年来，中国不断深化以东盟为重点的对外开放合作，简化出入境签证手续，提高旅游通关便利化，促进旅游深度合作。比如2017年中国—东盟各国共同举办"中国—东盟旅游合作年"主题活动；中国—东盟博览会旅游展在桂林举办，搭建立足中国—东盟面向全球的集展示、交流、交易于一体的旅游服务平台，推动中国—东盟旅游一体化发展。

表6-7　对外开放在旅游与贸易互动中的调节效应

Tab.6-7　The moderating effect of opening to the outside world in the interaction between tourism and trade

变量名	$LNIMP_{ijt}$ （1）	$LNEXP_{ijt}$ （2）	$LNOUB_{ijt}$ （3）	$LNINB_{ijt}$ （4）
$LNOUB_{ijt}$	1.195*** （12.54）			
$LNOPE_{jt}$	0.610* （2.48）		0.0648 （0.47）	
$LNOUB_{ijt} \times LNOPE_{jt}$	0.040* （2.22）			
$LNINB_{ijt}$		0.658*** （6.84）		
$LNOPE_{jt}$		1.215*** （3.78）		0.218 （0.33）
$LNINB_{ijt} \times LNOPE_{it}$		0.068** （2.60）		
$LNIMP_{ijt}$			0.408*** （13.22）	
$LNIMP_{ijt} \times LNOPE_{jt}$			0.011* （2.05）	
$LNEXP_{ijt}$				0.925*** （8.49）
$LNEXP_{ijt} \times LNOPE_{jt}$				0.022* （2.28）
原控制 变量	控制	控制	控制	控制
常数项 C	7.013*** （6.03）	15.44*** （12.73）	3.132*** （4.71）	−9.226*** （−3.72）
调整 R^2	0.558	0.868	0.606	0.849
N	230	230	230	230

注："*""**""***"分别表示10%、5%和1%的统计显著性。

此外,扩大对外开放,大力发展中国—东盟旅游的同时,也为中国与各国间的贸易合作奠定了基础,特别是商务旅游、会展旅游等,加深游客对旅游目的地的了解,深化两国人民间的友谊,为进出口贸易奠定基础。其一,对外开放度较高的国家和地区,对外来文化的接纳性和包容性较强,社会氛围更加开放,有利于提升该国或地区的形象,有利于使商务游客形成良好的感知和兴趣,进而提高商务游客向贸易合作和投资转化的概率;同时对外开放度的提升,也为进出口贸易创造了便利,会吸引更多的商务游客前来参观、考察、寻求合作。其二,进一步扩大对外开放,不仅有利于贸易和投资发展,也为各国间政治和民间交流创造良好环境。快速发展的进出口贸易,势必会带来更多的商务旅游客源,入境商务游客找到商机、发现投资机会更有利。自贸区政策越优惠,政府对公共事业的投入也越大,越有利于提升入境商务旅游的服务水平,增加游客满意度。因此,提升中国与东盟各国的对外开放水平,有利于"旅游流"与"贸易流"之间的相互转化。

表 6-23 的估计结果显示,对外开放是中国—东盟旅游与贸易相互影响的重要调节变量。从模型（1）和（2）来看,对外开放度与出境和入境旅游的交互项系数显著为正,分别为 0.04 和 0.07,且分别通过 10% 和 5% 显著性检验,表明对外开放对出入境旅游促进进出口贸易增长过程中发挥正向调节作用。同理,在模型（3）和（4）中,对外开放度与进口和出口的交互项系数分别为 0.011 和 0.022,均通过 10% 显著性检验,即对外开放对中国—东盟进出口贸易影响出入境旅游过程中,发挥正向调节作用,反映了对外开放是贸易影响旅游增长的重要调节因素,能够在一定程度上强化贸易对旅游的影响。另外,通过对比对外开放在旅游影响贸易和贸易影响旅游过程中对二者的作用系数,不难发现对外开放在旅游影响贸易过程中,发挥的作用更大更有效。总而言之,对外开放在旅游与贸易互动发展中起着重要的调节效应。

三、旅游与贸易互动发展:信息化建设的传播效应

一方面,信息化加速了旅游各领域的变革,从而促进国际旅游发展。信息化是当今世界发展的主要趋势,信息化程度已经成为中国和东盟国家旅游和贸易竞争力的重要因素。旅游业是涉及面较广,产业关联性较强,而且极易受外界影响的产业 [278]。信息化建设给中国和东盟旅游各领域发展带来重大变革。比如近年来携程网、途牛网、驴妈妈旅游平台的发展,提高了旅游消费者和旅游供应商间的议价能力,而微信公众

号、朋友圈、博客等更是成为旅游宣传的重要手段[279]。随着信息化发展，旅游者在旅游目的地的信息获取、旅游预订、旅游支付、旅游体验及评价等方面发生了翻天覆地的变革[280]，信息化正在对与旅游活动相关的各个领域产生深刻影响。另一方面，信息化有助于企业获取商品生产改进、开发投资、产品购销等信息，进而促进国际贸易的发展。旅游活动的各个阶段与信息传播紧密相关，对信息具有较强的依赖性。游客在游览过程中，不仅是旅游信息的获取者，还是信息的传播者。旅游者在出游前期的信息收集、旅游过程中与当地居民和有关企业交流彼此感兴趣的信息，以及在旅游结束后，将旅游目的地社会文化、风俗民情、商品需求等信息带回国内。这种信息传播成本低、效率高且具有自发性，能够弥补企业因为信息不对称而错失商机。

表 6-8　信息化在旅游与贸易互动中的调节效应

Tab.6-8　The moderating effect of informationization in the interaction between tourism and trade

变量名	$LNIMP_{ijt}$ （1）	$LNEXP_{ijt}$ （2）	$LNOUB_{ijt}$ （3）	$LNINB_{ijt}$ （4）
$LNOUB_{ijt}$	0.697*** （5.20）			
$LNINF_{jt}$	0.0788*** （4.09）		0.459 （0.74）	
$LNOUB_{ijt} \times LNINF_{jt}$	0.0185*** （4.47）			
$LNINB_{ijt}$		1.211*** （5.37）		
$LNINF_{jt}$		0.633* （2.11）		0.438 （0.53）
$LNINB_{ijt} \times LNINF_{it}$		0.0500* （2.16）		
$LNIMP_{ijt}$			0.277 （1.74）	
$LNIMP_{ijt} \times LNINF_{jt}$			0.0261* （2.17）	

续表

变量名	$LNIMP_{ijt}$（1）	$LNEXP_{ijt}$（2）	$LNOUB_{ijt}$（3）	$LNINB_{ijt}$（4）
$LNEXP_{ijt}$				1.272***（3.68）
$LNEXP_{ijt} \times LNINF_{it}$				0.0171*（2.05）
原控制变量	控制	控制	控制	控制
常数项 C	12.10***（8.00）	7.907**（2.72）	6.166（1.78）	−17.26*（−2.16）
调整 R^2	0.729	0.818	0.645	0.809
N	230	230	230	230

注："*""**""***"分别表示10%、5%和1%的统计显著性。

商务旅游者在目的地参观游览、旅游体验以及旅游购物,对亲属、同事、朋友以及相关企业,都会产生良好的示范和宣传效应,刺激本地居民和企业前往旅游、投资和经商。此外,旅游者文化体验和参观游览过程中,有意或无意地向当地商务人员和经营企业传递需求、偏好和购销信息,当地企业由此进行生产改进、开发投资或经贸合作、产品购销等,进而获得收益,进而促进进出口贸易发展。因此,信息化建设对中国—东盟旅游与贸易互动发展具有重要作用。

为了验证信息化建设是否会对旅游和贸易的相互作用程度产生影响,本书继续加入信息化水平与进出口贸易和出入境旅游的交互项,检验信息化水平对旅游与贸易者两者关系的调节效应。由表6-8中的模型(1)和(2)可知,原模型中加入信息化水平与出境旅游和入境旅游的交互项后,交互项系数为正,分别是0.0185和0.0500,分别通过1%和10%显著性检验,与原模型检验结果相比,拟合优度 R^2 有所提高,所以信息化水平对旅游促进贸易增长具有显著的调节效应,且信息化水平对旅游与贸易之间的相互影响具有正向作用。另外,由模型(3)和(4)可知,进出口贸易与信息化水平的交互项系数为正,且分别通过10%和1%显著性检验0.026和0.017,加入交互项后,拟合优度提高0.164,说明信息化水平对贸易促进旅游增长具有正向调节效应。究其原因:当前互联网技术快速发展,特别是移动互联网的发展,手机、平板、笔记本等电脑终端电子产品日益普及,有助于客源地居民对旅游目的国家的了解,激发人民潜在旅游需求;同时也有助于世界各国产品的网络宣传,让人们更加便捷地获取产品信息,利用互联网购物平台购买产品,并通过自己对产品使用心得的评价,逐步形成宣传效应和口碑效应,促进国际贸易发展。综上所述,信息化水平对旅游与贸易的互动发展具有显著的正向调节效应。

最后,结合前文旅游与贸易相互影响的实证结果,以及旅游与贸易的相关理论,我们构建了"出境旅游—进口贸易"和"入境旅游—出口贸易"的相互作用机理(见图6-8),该框架是将旅游理论和贸易理论进行融合后,形成的"人员流动"和"货物流通"双向对流系统,以塑造彼此信任、缩小文化差异、促进经济发展、完善交通设施作为旅游与贸易相互影响的内部传导路径,以科技创新、对外开放、信息化建设为旅游与贸易相互影响的外部调节因素,共同构建了中国—东盟旅游与贸易相互影响的双向循环系统,其深入阐释了旅游与贸易互动影响的作用机理。

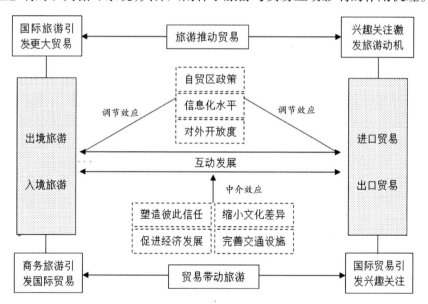

图6-8　中国—东盟旅游与贸易相互影响机理

Fig.6-8 China-ASEAN tourism and trade interaction mechanism

相比其他区域而言,东盟各国经济发展不均衡,有经济较发达的新加坡和文莱,也有仍然属于世界贫困国家的老挝和缅甸;而且交通区位优势差异明显,新加坡拥有天然的国际中转港,而老挝属于内陆国家,没有出海口。本书正是基于中国—东盟旅游与贸易发展现实环境,构建的属于旅游与贸易互动机理,对中国与东盟各国旅游与贸易互动发展,具有重要的现实意义。

第七章

中国—东盟旅游与贸易实证研究结果与建议

　　通过前文分析可知，虽然中国和东盟国家旅游与贸易往来愿望迫切，且已经取得了显著成绩，但随着世界经济低迷、贸易保护主义和逆全球化思潮涌现，以及东盟各国经济基础、资源条件、政治体制等差异，在中国与东盟国家旅游与贸易互动发展中依然存在诸多问题。为此，本章采用混合最小二乘法、固定效应模型、随机效应模型、面板门槛效应、中介效应和调节效应模型等，对中国与东盟各国贸易与旅游现状，不同贸易规模、结构、质量(效益)视角下，深入研究旅游发展对贸易增长，以及贸易发展对旅游增长的影响，并进一步探讨进出口贸易与出入境旅游之间的相互作用机理，最后依据前文理论分析和实证研究结果，提出中国—东盟旅游与贸易互动发展可行性建议与对策。

第一节 中国—东盟旅游与贸易相互影响实证研究结果

一、中国—东盟旅游与贸易发展现实方面

（1）中国与东盟国家彼此互为最大的客源地和目的地，旅游业增长势头强劲。一方面，从旅游规模来看，中国与东盟各国间出入境旅游发展势头强劲。中国已成为东盟第一大客源国，而中国前十五位客源国中，六个是东盟国家。东盟十国中，接待中国游客较多的是泰国、马来西亚、越南，而入境中国游客相对较少的是老挝、缅甸和菲律宾。入境中国的游客中，排名前四位的是：越南、菲律宾、马来西亚、新加坡。另一方面，从旅游结构来看，中国及东盟各国旅游酒店、旅游景区、旅游交通等方面，各成员国间存在较大差异。各国在旅游四大核心要素的资源禀赋，主要分布在中国、泰国、马来西亚、菲律宾等。旅游业四大核心部门间，世界遗产和旅游酒店最具优势的是中国，另外，旅游机构数量较多是越南和泰国。相比而言，中国旅游机构数量严重不足，与旅游景区、旅游酒店和旅游交通严重不匹配。从旅游质量来看，入境旅游质量增长幅度较大的是泰国和柬埔寨；出境旅游质量增长幅度较大的是文莱和新加坡。

（2）中国与东盟国家国际贸易稳中有进，国别差异和更替现象明显。首先，就贸易规模而言，随着中国—东盟自贸区的成立，双边进出口贸易发展较快，取得了显著成绩。中国与东盟各国贸易额由1995年203亿美元增长到2018年5878亿美元，年均增长率达18.5%。中国已经连续多年成为东盟最大贸易伙伴，同时东盟已经成为继美国、欧盟之后的中国第二大贸易伙伴。其次，从贸易结构来看，中国出口东盟国家贸易优势商品主要集中于工业制品，工业制造品出口占比高于初级产品，占比始终维持在较高水平，而且占比逐年增加。整体上东盟国家加工制造业相对薄弱，产业结构层次不高，但随着各国经济快速发展，区

域合作进一步加强,东盟国家在工业制品方面,强劲动力和优势日益展现,贸易结构也得到了很大程度改善,更趋科学合理。最后,从贸易效益而言,进口贸易效益较高的分别是越南、马来西亚、新加坡,较低是印度尼西亚、文莱、老挝、缅甸;而出口贸易效益较高的是越南、柬埔寨、新加坡,较低的是文莱和印度尼西亚。

(3)中国与东盟国家旅游与贸易具有长期稳定的均衡关系,"出境旅游与进口贸易"和"入境旅游和出口贸易"互为因果,另外,两组变量间耦合协调度逐年提高,同升同降趋势明显。首先,通过 ADF 单位根检验结果表明,无论是出、入境旅游与进、出口贸易在 5% 的临界值下都是平稳的,与就是说中国—东盟出境旅游、入境旅游、进口贸易、出口贸易均存在长期稳定均衡关系;鉴于各变量是平稳的,即不存在单位根过程,可以直接对其进行格兰杰因果检验确定各变量之间因果关系。其次,通过格兰杰因果检验,结果发现:中国与东盟各国"出境旅游与进口贸易"以及"入境旅游和出口贸易"互为因果,彼此促进的两组变量,而出境旅游与出口贸易、入境旅游与进口贸易仅为单向因果关系。正是基于此原因,本章选取"出境旅游与进口贸易"和"入境旅游和出口贸易"作为研究对象,以此为视角切入点,探究旅游与贸易相互影响及作用机理。再次,从中国—东盟旅游与贸易耦合协调度来看,"出口贸易与入境旅游"耦合协调度低于"进口贸易与出境旅游"。最后,从中国—东盟旅游与贸易发展趋势来看,具有明显的同升同降趋势,相互推拉作用明显。

二、中国—东盟旅游发展促进贸易增长方面

规模作为衡量发展的基本特征要素,结构决定了规模增长效能大小,而质量则主导规模扩大是否可持续[150]。"规模—结构—质量(效益)"三者是辩证统一的关系,同时也是层层深入、逐步递进的过程,从如上三个方面研究能更好地阐述在旅游发展对贸易增长影响效应。首先,从旅游规模角度,不仅是出境和入境旅游分别对进口和出口贸易具有显著推动作用,且出境对进口的促进作用大于入境对出口。中国与东盟各国间出入境旅游发展,有助于增强文化认同感,提高认可度,促进贸易往来;旅游作为文化交流的重要途径,是加强国与国间文化交流,促进国

际经贸合作的重要方式。各国间相似的宗教信仰、共同语言和价值观，往往能够促进二者间贸易往来；通过旅游可以发现商机，进而促进贸易和投资；另外，旅游作为民间交流的重要途径，中国—东盟旅游发展，促进了各国间的人员和文化交流，丰富民间交流内容，消除了国家间的敌意，促进中国与东盟政治互信的作用，有利于扩大和提高贸易的领域和层次；通过进一步比较出入境旅游对进出口贸易的作用程度。其次，从旅游结构角度，旅游结构变化幅度与贸易增长具有显著的负相关；另外，旅游景区对贸易（进口、出口）的促进作用最大，其次分别是旅游交通、旅游酒店，以及旅游机构。可见，旅游景区是影响贸易的重要因素。最后，从旅游质量角度，"入境旅游对出口贸易"和"出境旅游对进口贸易"均存在基于旅游质量的双重门槛，入境旅游对出口贸易要实现跨越式增长，对旅游质量的要求低于出境旅游对进口贸易。在贸易和旅游发展初期，旅游对贸易的促进作用较为显著，但当旅游与贸易发展到一定程度后，旅游对贸易的促进作用随着旅游质量增加而逐步下降。

三、中国—东盟贸易发展促进旅游增长方面

首先，从贸易规模角度，进口贸易和出口贸易分别对入境旅游和出境旅游存在显著的促进作用；中国—东盟自贸区对贸易促进旅游增长的溢出效应逐步减弱。进出口贸易产品是人们了解贸易伙伴国的重要窗口，贸易的发展，引发了人们对该国的兴趣和关注，进而刺激出境旅游需求。其次，就贸易结构而言，不同贸易产品对旅游的影响程度存在差异。技术密集型产品出口对入境旅游的带动促进作用最大，其次为劳动密集型、资源密集型贸易产品；具体而言，技术密集型产品出口对入境旅游的相关系数为 0.375，其次为劳动密集型，相关系数为 0.372，最后为资源密集型贸易产品 0.118。另外，进出口贸易结构变化幅度对出境和入境旅游，均存在显著的负相关。最后，就贸易效益而言，"出口贸易对入境旅游"和"进口贸易对出境旅游"均存在基于贸易效益的双重门槛，且前者门槛值低于后者；在贸易和旅游发展初期，贸易对旅游的促进作用较为显著，但当贸易效益达到一定程度后，贸易对旅游的促进作用逐步下降。另外，结合与第四章研究结论，整体上中国—东盟贸易对旅游的促进作用，大于旅游对贸易的促进作用，即当前中国—东盟贸

易与旅游,属于贸易推动旅游型。

四、中国—东盟旅游与贸易互动机理方面

结合前文旅游与贸易发展现状和相互影响效应,构建中国—东盟旅游和贸易相互影响作用机理,研究发现:其一,中国—东盟旅游与贸易通过塑造彼此信任、缩小文化差异、促进经济发展、完善交通设施等措施,相互影响彼此促进。具体而言:(1)塑造彼此信任减低交易风险和交易成本,促进贸易双方合作的开展。(2)增强文化认同,缩小中国与东盟各国间的文化距离,促进国际贸易发展,而国际贸易发展,特别是文化产品贸易,有助于加强各国间文化传播,提升各国文化吸引力,激发人们旅游兴趣,促进出入境旅游发展。(3)经济水平是旅游与贸易互动发展的基础,提供经济保障。(4)旅游发展促进了交通基础设施建设,而良好的交通区位和基础设施,又增加了国家间贸易和投资;同时,完善的交通设施有利于中国—东盟贸易发展促进旅游增长。其二,科技创新、对外开放、信息化建设是中国—东盟旅游与贸易相互影响创造了良好的外部环境。(1)科技创新有利于吸引外资,促进国际贸易发展,同时科技创新提高人们收入,释放了劳动力,拥有更多的休闲时间,为出境旅游提供经济保障。(2)扩大对外开放有利于"旅游流"与"贸易流"之间的相互转化。(3)信息化建设不仅加速旅游各领域变革,特别是旅游信息快速传播和精准获取,同时还有利于外贸企业获取产品偏好和购销信息、生产改进、产品购销等信息。

第二节　中国—东盟旅游与贸易发展的政策建议

依据前文的理论分析和旅游与贸易相互影响实证研究结果,基于"海上丝绸之路"建设逐步推进和中国—东盟自贸区"升级版"签署等宏观背景,本节将从规模、结构、质量(效益)视角下,为了中国—东盟旅游与贸易互动发展和高质量增长提供政策建议。

一、推动旅游与贸易相互影响路径建设，为二者互动发展创造条件

通过前文旅游与贸易相互作用机理分析可以发现，旅游与贸易相互作用，不仅通过"旅游—塑造彼此信任—贸易""旅游—缩小文化差异—贸易""旅游—促进经济发展—贸易""旅游—完善交通设施—贸易"四条路径彼此影响；而且还受科技创新、对外开放、信息化建设等因素的调节效应影响。为此，中国与东盟国家应该加快经济发展，加强人文交流，增强彼此信任，增强文化认同，缩小文化距离等，进一步打通旅游与贸易相互作用通道，重点促进经济发展和加强交通设施建设，为实现二者互动发展创造条件。

（一）促进经济发展，为旅游与贸易互动发展奠定基础

中国—东盟旅游与贸易互动发展与各国经济基础密不可分，前文已经证实经济基础对旅游和贸易均具有显著促进作用。为此，各国应该加快经济发展，提高居民收入水平，持续改善民生，为中国—东盟旅游和贸易良性互动发展奠定基础。当前东盟各国经济基础差异较大，新加坡人均收入最高，世界排名第八，其次是文莱，世界排名第二十四，而老挝、缅甸、柬埔寨等国经济水平依然较低。东盟各国在经济基础上的差异，严重阻碍了中国与东盟旅游与贸易区域整体的互动发展，国与国间的经济溢出效应不明显。东盟各国经济整体水平提升，才有利于旅游与贸易的良性互动发展。经济基础是旅游发展推动贸易增长的原生动力，经济基础好的国家和地区，其收入水平相对较高，购买力也强，旅游需求潜力大；同时经济条件好的国家，基础服务设施、交通设施、服务水平、市场购买力也相对较高，贸易和投资机会也更多。因此，中国与东盟国家应该以"21世纪海上丝绸之路"建设为契机，深化产业合作，加快科技创新，促进产业结构调整，加大在人才培训、技术转让、投融资等方面的对接与合作，促进各国经济持续发展和共同繁荣。此外，加强中国与东盟国家信息化水平建设，构建区域信息高速公路，提升东盟国信息化水平，加快商贸信息和旅游推介信息传播，促进中国与东盟各国间的相互了解和信息沟通；扩大对外开放，促进人员、资金、货物空间流动，实现经济快速发展。

(二)加强交通设施建设,为旅游和贸易互动发展创造条件

交通基础设施是中国与东盟各国合作的重点领域,应该加快推进跨国交通合作、落实东盟多方式交通合作框架协议、东盟货物运输便利措施框架协议、推进陆路交通基础设施建设、东盟跨境交通便利化框架协议等,加快推进海洋交通一体化建设,为中国—东盟旅游与贸易互动创造良好的条件。具体而言:其一,加强交通基础设施"硬件"建设,为中国—东盟旅游与贸易发展奠定基础。无论是发展旅游还是进出口贸易,都离不开便利的交通基础设施。中国—东盟应该深化交通基础设施互通互联,建设港口城市网络,缩短航运距离,加快大通关能力建设,降低通关成本,获得交通净收益,拓展双边贸易发展空间,进而挖掘中国—东盟贸易潜力。因此,中国—东盟要借助"海丝路"建设的东风,加快推进中国与东盟47个主要港口的合作,加大资金支持力度,不断完善旅游交通设施和服务设施。中国与东盟成员国比邻相依,进出口贸易发展速度较快,但是中国—东盟航线服务水平仍然较低,不同国家间差距较大。就中国而言,当前中国和东盟的贸易在过去并不是通过中西部内陆地区实现的,主要是通过珠三角、长三角地区。一直以来,内陆地区与东盟经贸合作最大的痛点在于,缺少联通东南亚国家的便捷物流通道。为此,加快中国与东盟国家海上通道建设,尽快将广西北部湾港(北海港、钦州港、防城港)打造成我国中南、西南地区最便捷、最重要的出海口岸,最终形成江海联动、水陆并进、空港衔接、铁海联运等"四位一体"的国际大通道。加快雅万高铁、中泰铁路、中老铁路等铁路和高铁建设,瓜达尔港、汉班托塔港、科伦坡港、缅甸皎漂港等港口建设项目,交通基础设施的完善不仅释放我国进出口潜力,促进经济快速发展,而且还为人们出境旅游提供了经济基础,提高了各国旅游承载力和吸引力,为旅游业发展奠定基础。其二,加强交通基础设施"软件"建设,为中国—东盟旅游与贸易互动发展提供重要支撑。设施联通是合作发展的基础,交通运输肩负"开路先锋"重任,发挥先行引领作用。除了着力推动中国与东盟海上、陆上、天上互联互通外,还应该加强网上联通,构建立体式互联互通网络。具体而言,中国与东盟各国应搭建中国—东盟港口合作网络平台,简化货物通关手续,提高港口物流效率。比如中国与东盟各港口间,除了采取"多点报关、口岸验放""一次申报,一次查验,一次

放行"等传统措施外,更应该利用物联网技术、卫星定位技术、电子数据交换系统等,加强对东盟各国港口信息系统的整合,实现"一体化"的运营,优化口岸软环境、提高通关管理效率;同时,进快推进旅游便利化建设,推进旅游通关"一站式"服务,促进中国与东盟各国旅游发展。通过加大中国—东盟交通基础设施和服务设施建设力度,提升交通基础设施"软、硬"水平,推动中国与东盟国家间人员流动、货物流通、资金融通,为中国与东盟国家旅游与贸易发展注入新活力。

中国与东盟各国除了加快经济发展,加强交通基础设施建设外,还应该加强人文交流,增强彼此信任,增强文化认同,缩小文化距离等,进一步打通旅游与贸易相互作用通道,为实现二者互动发展创造条件。另外,各国还应该高度重视科技创新、对外开放、信息化建设对旅游与贸易互动的调节效应,加快科技创新,扩大对外开放和信息化建设,为二者互动发展创设良好的外部环境,提高中国—东盟旅游与贸易相互溢出效应。

二、促进中国与东盟各国旅游合作,充分发挥旅游对贸易的推动作用

前文研究表明,当前中国—东盟旅游与贸易属于贸易带动旅游型,换言之,旅游对贸易的推动作用还不够,贸易对旅游的带动作用为主导。因此,应该加快各国间旅游合作,充分发挥旅游对贸易的溢出效应。旅游业具有综合性强、拉动作用突出、关联度高等特点,旅游消费除了直接拉动交通、住宿、餐饮等传统产业外,对国际贸易也有着极为重要溢出效应。为此,一方面,推动旅游产品开发、市场对接、线路推广等方面的合作,扩大旅游对贸易的推动作用。除了大力发展进出口贸易外,在中国与东盟各国开展旅游交流与合作,打造中国—东盟国际精品旅游线路,将旅游业作为先导产业和主导产业,在中国和东盟各国形成一个个旅游圈,以点带面,再从线到片,最终逐步形成区域大合作,促进中国与东盟各国间的文化融合、优势互补、互通有无,最终实现共同发展、共同繁荣。进一步挖掘中国—东盟友好往来的历史文化遗产,打造经典旅游产品,促进民心相通,同时加强旅游政策、出入境政策、签证政策对接,打造"智慧旅游"公共服务平台,推进政策沟通。中国与东盟各国要进一步增进旅游交通联动,构建旅游大通道,完善旅游布局,同时建设"一带一路"网上旅游之路,打造统一的中国—东盟旅游市场,促进旅游贸易畅通。在旅游合作开发方面,降低壁垒门槛,简化流程手续,打造跨境旅游产品,进一步简化跨境旅游公共巴士、旅游列车以及自驾游的通关手续。另一方面,充分利用广西、云南与越南接壤的优势,大力发展边境旅游合作,发挥旅游购物对贸易的促进作用。通过国家政府部门间的沟通与合作,建立跨境旅游合作示范区、共同开发旅游资源、打造精品旅游线路等[281];加大旅游融资平台建设、推进边境地区间的交通便利化,不断挖掘边境旅游发展潜力,进一步提升旅游购物对贸易的促进作用。在贸易保护主义日益盛行,世界各国经济增长乏力,出口贸易日益萎缩的背景下,应该大力发展边境旅游。边境旅游具有手续简便、交通成本低、旅游购物需求旺盛等特点,对促进边境地区经济社会发展、提升收入水平、增进友谊,加大入境旅游对出口贸易的溢出效应,有积极作用,并且能为出口贸易发展和扩大,提供广阔的发展和需求空间。最后,建立和完善多层次的旅游合作机制。利用形式多样的旅游合作平台,引导各国政府和旅游企业开展深度旅游合作,建立完善的旅游资源开发机制、旅游环境保护机制、旅游市场联合营销机制、旅游突发事件应急处理机制、旅游预警机制,以及高素质旅游人才培养和培训机制等,促进中国与东盟各国旅游合作发展,进一步发挥旅游对贸易的推动作用。

三、加强中国与东盟各国贸易合作,充分发挥贸易对旅游的带动作用

国际贸易和国际旅游的相互影响是国家层面的经济联系和文化交往。进出口贸易促进了各国间的经济联系,推动了人员交往。前文已经研究表明中国与东盟各国贸易对旅游发展产生正向溢出效应。为此,一方面,中国与东盟国家应该充分利用中国—东盟自贸区"升级版"有关旅游和贸易的优惠政策,切实开展多领域合作,帮助各国企业和人民获得切实利益;在促进经济增长的同时,提高各国间的满意度、信任度,也为旅游发展奠定经济基础,带动旅游业快速发展。具体而言,自贸区政策是以优惠税收和海关特殊监管政策为主要手段,以贸易自由化、便利化为主要目的而实施的各项优惠政策。国家或地区间通过签订合作备忘录等措施,营造良好的营商环境,比如稳定的政局,健全的制度体系,

优惠的引资政策等，为旅游和贸易发展创造良好的发展环境。对于国际贸易而言，外资企业通过选择政治风险低、制度体制完善或税率较低的国家或地区进行贸易往来，以能够降低交易成本，提高两国企业间的信任度，促进各国间贸易发展的同时，带动旅游业快速发展。另一方面，利用产业结构调整来实现中国—东盟贸易结构优化。将中国—东盟自贸区"升级版"和中国产业结构升级紧密结合，与东盟各国间形成优势互补、错位竞争，进而实现互利共赢。特别是大力开展农业、制造业等领域的贸易合作，共同推动双边贸易发展，为中国—东盟政治互信保驾护航，进而带动中国—东盟旅游合作发展。

四、制定旅游与贸易互动发展政策，重视旅游与贸易相互溢出效应

中国和东盟各国应制定有针对性的旅游与贸易互动发展政策，充分发挥相互作用的溢出效应。当前中国—东盟旅游与贸易互动关系重视程度不够，政策发展滞后。部分东盟国家高度重视贸易发展，特别是出口贸易，而忽视旅游与贸易间相互促进作用，然而旅游作为各国经济合作的"软"支撑，有利于各国间的相互了解，缩小文化距离，塑造彼此信任，增进人民间的友谊，进而消除贸易壁垒，推动各国间贸易发展。虽然旅游与贸易作为各国与国际社会进行"文化交流"和"货物往来"两条重要渠道，但是各国在政策制定时，依旧遵循人们长期以来认为贸易与旅游是两个独立"个体"的"普遍共识"，忽视二者内在联系，导致专门针对旅游与贸易互动发展的相关政策，严重滞后于旅游与贸易发展需要。特别是当前世界经济低迷，贸易保护主义日渐盛行，各国贸易萎缩，中国和东盟各国应该高度重视旅游与贸易间的相互溢出效应，为经济寻找新的动力源。为此，中国与东盟各国在制定贸易与贸易发展政策时，不能仅考虑扩大国际贸易的现实需求，还应该充分意识到贸易发展对旅游增长的带动作用；制定旅游合作与发展政策时，也要充分认识到旅游对贸易的推动作用。简而言之，中国与东盟各国旅游政策的制定，需要对进出口贸易增长和出入境旅游发展进行统筹考虑，制定协调发展的规划和政策。

附　录

附表 1　国际贸易标准分类

Tab. 1 Standard classification of international trade

行业代码	行业描述	行业代码	行业描述
SITC 0	食品及活动物	SITC 5	化学品及相关产品
SITC 1	饮料及烟草	SITC 6	按原料分类的制成品
SITC 2	非食用原料	SITC 7	机械及运输设备
SITC 3	矿物燃料、润滑油及有关原料	SITC 8	杂项制品
SITC 4	动植物油、脂肪及蜡	SITC 9	未分类的其他产品

注：采用普遍使用的 SITC（Rev.3）分类标准。

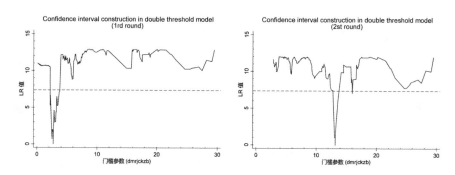

附图 1　入境旅游质量第一和第二门槛估计值识别

Fig. 1 Identification of the estimated value of the first and second threshold of
inbound tourism quality

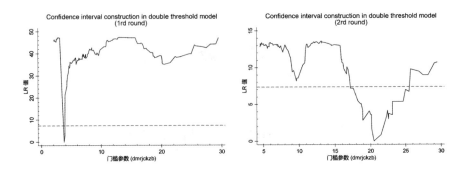

附图 2　出境旅游质量第一和第二门槛估计值识别

Fig. 2　Identification of the estimated value of the first and second threshold of outbound tourism quality

附表 2　入境旅游质量门槛效果检验

Tab. 2 Inspection of quality threshold effect of inbound tourism

模型	临界值					
	F 值	P 值	BS 次数	1%	5%	10%
第一门槛检验	11.975*	0.049	400	41.694	18.995	12.302
第二门槛检验	12.714*	0.050	400	18.528	12.965	8.559
第三门槛检验	−0.000	0.905	400	0.000	0.000	0.000

注：括号内为 t 值，"*""**""***"分别表示 10%、5% 和 1% 水平下显著。

附表 3　出境旅游质量门槛效果检验

Tab. 3　Inspection of quality threshold effect of outbound tourism

模型	临界值					
	F 值	P 值	BS 次数	1%	5%	10%
第一门槛检验	20.625**	0.025	400	24.347	16.882	12.983
第二门槛检验	97.756***	0.000	400	23.228	15.112	10.694
第三门槛检验	−0.000	0.818	400	0.000	0.000	0.000

注：括号内为 t 值，"*""**""***"分别表示 10%、5% 和 1% 水平下显著。

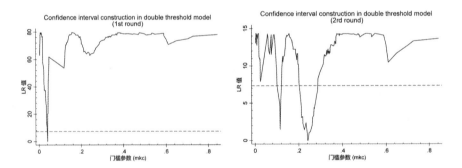

附图 3　出口贸易效益第一和第二估门槛计值识别

Fig. 3　Identification of threshold value for the first and second assessment of
export trade benefits

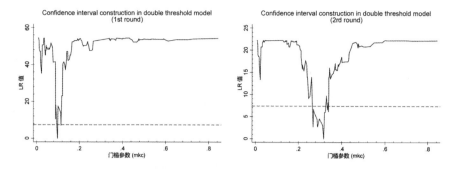

附图 4　进口贸易效益第一和第二门槛估计值识别

Fig. 4　Import trade efficiency first and second threshold estimate value
identification

附表 4　出口贸易效益门槛效果检验

Tab. 4　Export trade efficiency threshold effect test

模型	临界值					
	F 值	*P* 值	BS 次数	1%	5%	10%
第一门槛检验	28.691**	0.045	400	46.230	28.265	20.213
第二门槛检验	70.748***	0.000	400	12.405	0.713	−5.897
第三门槛检验	0.000	0.183	400	0.000	0.000	0.000

注：括号内为 *t* 值，"*" "**" "***" 分别表示 10%、5% 和 1% 水平下显著。

附表 5 进口贸易效益门槛效果检验

Tab. 5 Import trade efficiency threshold effect test

模型	临界值					
	F 值	P 值	BS 次数	1%	5%	10%
第一门槛检验	19.911**	0.058	400	35.742.	21.773	15.642
第二门槛检验	54.399***	0.000	400	47.882	11.031	6.857
第三门槛检验	−0.000	0.688	400	0.000	0.000	0.000

注：括号内为 t 值，"*""**""***"分别表示 10%、5% 和 1% 水平下显著。

附表 6　中国与东盟各国 1500 年遗传基因距离指数

Tab. 6　China and ASEAN countries 1500 years genetic distance index

国家	fst 遗传基因	nei 遗传基因
马来西亚	635	79
印度尼西亚	381	48
泰国	105	13
菲律宾	315	40
新加坡	0	0
文莱	254	26
越南	254	26
老挝	105	13
缅甸	683	93
柬埔寨	254	26

资料来源：孔子学院总部 / 国家汉办官方网站（http://www.hanban.org/）。

附表 7　中国与东盟各国主要港口

Tab. 7　Major ports in China and ASEAN countries

国家	主要港口
马来西亚	巴生港
印度尼西亚	丹戎不碌
泰国	曼谷港
菲律宾	马尼拉
新加坡	新加坡港
文莱	斯里巴加湾港
越南	海防港
老挝	——
缅甸	仰光港
柬埔寨	西哈努克港
中国	上海港

资料来源:《中国—东盟统计年鉴》。

参考文献

[1] 冉泽泽, Ranzeze. 基于 ESDA 的经济空间差异实证研究——以丝绸之路经济带中国西北段核心节点城市为例 [J]. 经济地理, 2017, 37（5）.

[2] 吕本勋. 东盟五国赴中国大陆旅游市场分析与开拓研究 [J]. 广西民族大学学报（哲学社会科学版）, 2013, 35（6）: 108–111.

[3] 姚梦汝, 陈焱明, 周桢津. 中国—东盟旅游流网络结构特征与重心轨迹演变 [J]. 经济地理, 2018, 38（7）: 181–189.

[4] 叶建平, 赵文, 张晓博. 中国与东盟的旅游合作开发 [J]. 瞭望新闻周刊, 2006（44）: 25.

[5] 贺静. 中国与东盟跨境旅游合作的现状与推进新途径 [J]. 对外经贸实务, 2018（4）: 84–87.

[6] 陈忠义. 互联互通视角下中国—东盟基础设施与国际旅游协调发展研究 [J]. 河海大学学报（哲学社会科学版）, 2017, 19（1）: 74–80.

[7] 赵明龙. 中国—新加坡旅游走廊建设研究 [J]. 广西民族研究, 2014（5）: 127–134.

[8] 程成, 石峡. 基于 RTI 的中国—东盟区域旅游发展模式探讨 [J]. 改革与战略, 2007（3）: 76–79.

[9] 全毅, 尹竹. 中国—东盟区域、次区域合作机制与合作模式创新 [J]. 东南亚研究, 2017（6）: 15–36.

[10] 黄爱莲. 东盟旅游合作: 动力、障碍及机制研究 [J]. 改革与战略, 2011, 27（10）: 109–111.

[11] 李志勇,徐红宇.基于欧盟经验的中国—东盟旅游一体化建设研究 [J].广西社会科学,2016（7）:37-41.

[12] 尚庆梅,周荣蓉.开展中国西南与东盟区域旅游经济合作的思考 [J].市场论坛,2007（6）:22-23.

[13] 邓颖颖.21世纪"海上丝绸之路"建设背景下中国—东盟旅游合作探析 [J].广西社会科学,2015（12）:40-45.

[14] 周江林.广西与东盟旅游人力资源开发合作探讨 [J].旅游论坛,2008,1（6）:462-465.

[15] 谷合强."一带一路"与中国—东盟经贸关系的发展 [J].东南亚研究,2018（1）:115-133.

[16] 凌常荣,魏辉.CAFTA背景下广西旅游合作路径探讨 [J].人民论坛,2011（17）:118-119.

[17] 郭满女.新形势下广西旅游拓展东盟市场营销策略探讨——以泰国市场为例 [J].特区经济,2011（6）:154-156.

[18] 苏晓懿.新形势下发展中越区域旅游合作及广西在其中的作用研究 [J].南宁师范高等专科学校学报,2007（2）:13-17.

[19] 王雪芳,廖国一.环北部湾经济圈的区域旅游合作研究 [J].改革与战略,2007（5）:29-31.

[20] 赵天宝.基于中国—东盟博览会背景下南宁市旅游业发展对策研究 [J].改革与战略,2010,26（11）:141-144.

[21] 马超,张青磊."一带一路"与中国—东盟旅游安全合作——基于亚洲新安全观的视角 [J].云南社会科学,2016（4）:19-24.

[22] 邹春萌.东盟区域旅游一体化策略与效应分析 [J].亚太经济,2007（2）:49-52.

[23] 李敏纳,蔡舒,张国俊.闽粤桂琼与东盟滨海旅游业合作发展的SWOT分析与策略选择 [J].改革与战略,2017,33（9）:186-190.

[24] 邹忠全.中国—东盟旅游合作的现状与对策思考——基于中国—东盟《服务贸易协议》视角的分析 [J].广西社会科学,2011（8）:64-67.

[25] 朱环.广西参与中国——东盟无障碍旅游区建设策略与方案探讨 [J].东南亚纵横,2011（1）:32-35.

[26] 滕方琼.加强与东盟旅游业合作的措施 [J].改革与战略,2006

（6）：54-57.

[27] 石超,张荐华.我国与东盟国家贸易关系及贸易潜力研究——基于扩展贸易引力模型[J].广西社会科学,2019（5）：64-71.

[28] 杨正璇,胡志华,刘婵娟."一带一路"背景下中国与东盟国家贸易及跨境物流协作潜力分析[J].计算机应用与软件,2019,36（2）：1-6.

[29] Yang, Wei. China-ASEAN, More Potential to Explore[J]. *China's Foreign Trade*, 2008（7）：30-31.

[30] 程广斌,刘伟青."一带一路"倡议下的中国—东盟产业竞争力实证研究[J].价格月刊,2017（12）：62-68.

[31] Nguyen. The impacts of China-ASEAN Free Trade Area[J]. Science and technology wealth guide, 2013（8）：93-93.

[32] Roberts B A. Analysis of the proposed China-Asean free trade area: A gravity model and RCAI approach[J]. *Masters*, 2005.

[33] 翟崑,王丽娜,刘晓伟.中国—东盟"五通指数"比较研究[J].中国—东盟研究,2017（1）：21-43.

[34] 赵静,于豪谅."一带一路"背景下中国—东盟贸易畅通情况研究[J].经济问题探索,2017（7）：116-123.

[35] 陈乔,程成.海上通道对中国—东盟贸易潜力的影响研究[J].国际商务（对外经济贸易大学学报）,2019（1）：34-46.

[36] 毕红毅,江璐.东盟国家贸易便利化水平对中国出口贸易的影响研究[J].经济与管理评论,2017,33（5）：121-126.

[37] 谭晓丽.中国与东盟双边贸易的互补性分析[D].武汉：华中科技大学,2009.

[38] 蒋冠,霍强.中国—东盟自由贸易区贸易创造效应及贸易潜力——基于引力模型面板数据的实证分析[J],2015,37（2）：60-67.

[39] 聂飞.中国—东盟自贸区战略的贸易创造效应研究——基于合成控制法的实证分析[J].财贸研究,2017,28（7）：36-47.

[40] 谭丹.中国和东盟双视角下CAFTA的农产品贸易效应研究[J].统计与决策,2018,34（16）：134-136.

[41] 王涛.CAFTA框架下中国农产品出口的贸易创造与贸易转移效应[J].世界农业,2017（12）：163-168.

[42] 杨重玉,高岚.中国—东盟自由贸易区的中国农产品出口贸易效应 [J].北京工商大学学报(社会科学版),2018,33（4）：43-52.

[43] 余淼杰,高恺琳.中国—东盟自由贸易区的经济影响和减贫效应 [J].国际经济评论,2018（4）：102-125.

[44] 韦永贵,李红,牛晓彤.中国—东盟文化多样性与相似性测度及其投资效应研究 [J].世界地理研究,2019,28（2）：45-57.

[45] 张欣,王子泰,陈宇豪.中国与东盟国家文化产品贸易效率及潜力分析 [J].统计与决策,2019,35（13）：150-153.

[46] 沈自峥,吴国春,曹玉昆.中国与东盟木质林产品贸易影响因素与贸易潜力的分析——基于引力模型 [J].林业经济问题,2017,37（6）：26-31.

[47] W G E. The spice trade of the R oman Empire 29 B.C — A.D. 641 by J.L.Miller[J]. *Journal of Roman Studies*, 1970, 60（11）：222-224.

[48] M K R . The demand for international travel to and from the United States [J]. *American Economist*, 1997, 1（1）：6-10.

[49] Kulendran N, Wilson K J a E. Is there a relationship between international trade and international travel?[J].Applied economics 2000, 32（8）：1001-1009.

[50] Mckercher B, Ho P S Y, Du Cros H. Relationship between tourism and cultural heritage management：evidence from Hong Kong[J]. *Tourism Management*, 2005, 26（4）：539-548.

[51] Katircioglu S, Altun O. The moderating role of oil price changes in the effects of service trade and tourism on growth：the case of Turkey[J].*Environmental Science and Pollution Eesearch*, 2018, 25（35）：35266-35275.

[52] Santana-Gallego M, Ledesma-Rodríguez F J, Pérez-Rodríguez J V. International trade and tourism flows：An extension of the gravity model[J]. *Economic Modelling*, 2016, 52：1026-1033.

[53] Çalışkan U, Saltik I A, Ceylan R. Panel cointegration analysis of relationship between international trade and tourism：Case of Turkey and silk road countries[J]. *Tourism Management*

Perspectives，2019，31：361–369.

[54] Suresh K G，Tiwari A K. Does international tourism affect international trade and economic growth ？ The Indian experience[J]. *Empirical Economics*，2018，54（3）：945–957.

[55] 李芬英，陈瑛，刘二虎. 中国—澳大利亚旅游与贸易互动关系研究 [J]. 资源开发与市场，2017，33（6）：721–726.

[56] 苏建军，徐璋勇，赵多平. 国际货物贸易与入境旅游的关系及其溢出效应 [J]. 旅游学刊，2013，28（5）：43–52.

[57] 赵多平，孙根年，苏建军. 欧洲七国入境中国旅游与进出口贸易的关系：1985—2009 年的协整分析和 Granger 因果关系检验 [J]. 世界地理研究，2011，20（4）：121–133.

[58] 王洁洁. 入境旅游与进出口贸易关系的实证分析 [J]. 经济问题，2012（11）：99–103.

[59] Aradhyula S，Tronstad R. Does Tourism Promote Cross-Border Trade?[J]. *American Journal of Agricultural Economics*，2003，85（3）：569–579.

[60] Al-Qudair K H. The causal relationship between tourism and international trade in some Islamic countries[J]. *Economic Studies*，2004，5（19）：247–263.

[61] Brida J G，Risso W A. Tourism as a Factor of Long-Run Economic Growth：An Empirical Analysis for Chile[J]. *European Journal of Tourism Research*，2009，2（2）：178–185.

[62] Gautam V，Suresh K. An Empirical Investigation about Relationship between International Trade and Tourist Arrival：Evidence from India[J]. *Business Excellence and Management*，2012，2（3）：53–62.

[63] Massidda C，Mattana P. A SVECM analysis of the relationship between international tourism arrivals，GDP and trade in Italy[J]. *Journal of Travel Research*，2013，52（1）：93–105.

[64] Chaisumpunsakul W，Pholphirul P. Does international trade promote international tourism demand：Evidence from Thailand's trading partners[J]. *Kasetsart Journal of Social Sciences*，2018，39

（3）：393-400.

[65] 陈乔,程成.贸易对旅游的门槛效应和国别差异——基于中国与24个对象国的实证 [J].旅游学刊,2018,33（11）：37-47.

[66] 杨凤美,肖红.香港服务贸易对经济增长的影响研究：基于1980—2009年时序数据的实证分析 [J].国际经贸探索,2010,26（12）：35-40.

[67] 何元贵.加拿大旅游服务贸易现状及中加旅游贸易发展 [J].国际经贸探索,2007（10）：28-32.

[68] 叶莉,陈修谦.基于旅游竞争力评价的中国与东盟国家旅游贸易互动分析 [J].经济地理,2013,33（12）：177-181.

[69] 陈乔,程成,宋建林.中国—东盟旅游与贸易互动关系研究 [J].广西社会科学,2017（10）：72-77.

[70] 刘玉萍,郭郡郡,西南财经大学中国西部经济研究中心.入境旅游与对外贸易的关系：基于中国2001—2008年月度数据的实证分析 [J].经济地理,2011,31（4）：696-700.

[71] 沈树明,曲国明,李占国.服务贸易促进我国旅游产业结构优化调整策略研究 [J].度假旅游,2018（2）：1-3.

[72] 潘菁.我国知识型服务贸易对经济增长影响的实证分析 [J].大连理工大学学报(社会科学版),2010,31（4）：12-17.

[73] Mckercher B. Towards a taxonomy of tourism products[J]. *Tourism Management*, 2016, 54：196-208.

[74] Suresh K G, Tiwari A K, Uddin G S. Tourism, trade, and economic growth in India：a frequency-domain analysis of *causality*[J]. *Anatolia*, 2017：1-7.

[75] Albercaoliver P, Rodríguezoromendía A, Parteesteban L. Measuring the efficiency of trade shows：a Spanish case study[J]. *Tourism Management*,2015, 47：127-137.

[76] 李京京.服务贸易中新的经济增长点 [D].北京：首都经济贸易大学,2006.

[77] 高欣.大力发展会展旅游促进中国服务贸易增长 [J].商业经济,2007（11）：101-103.

[78] 刘丁有,刘信信.陕西旅游服务贸易发展对经济增长影响的实

证研究 [J]. 开发研究, 2012（1）: 32-35.

[79] 许晖, 许守任. 我国入境旅游贸易促进策略研究——基于国际游客感知视角 [C], 2012: 11.

[80] 章秀琴. 旅游传播语境下入境旅游对我国出口贸易的影响 [J]. 四川旅游学院学报, 2019（1）: 70-74.

[81] 刘珍珍, 章锦河, 包曾婷. 旅游流与贸易流的相关性分析 [J]. 旅游论坛, 2009, 2（6）: 801-806.

[82] 孙根年, 安景梅. 中国内蒙古与蒙古国出入境旅游与进出口贸易互动关系分析 [J]. 干旱区资源与环境, 2014, 28（8）: 189-195.

[83] 高楠, 马耀峰, 李天顺. 1993—2010 年中国入境旅游与进口贸易耦合关系时空分异研究 [J]. 经济地理, 2012, 32（11）: 143-148.

[84] 马红红, 孙根年. 1980—2012 年中国香港国际交通—旅游—贸易（3T）互动的统计分析 [J]. 陕西师范大学学报（自然科学版）, 2016, 44（3）: 95-101.

[85] 韩亚芬, 孙根年. 中国主要客源地进出口贸易与入境旅游发展关系的研究 [J]. 资源开发与市场, 2011, 27（8）: 744-746.

[86] 石张宇, 周葆华, 沈惊宏. 亚洲九国入境中国旅游与进出口贸易互动关系研究 [J]. 资源科学, 2015, 37（9）: 1871-1879.

[87] 石张宇, 徐虹, 沈惊宏. 中俄双边旅游与进出口贸易互动关系的实证研究 [J]. 人文地理, 2015, 30（2）: 141-147.

[88] 赵多平, 孙根年, 马丽君. 中国对俄口岸城市出入境旅游与进出口贸易互动关系的研究: 1993—2009 年满洲里市的实证分析 [J]. 经济地理, 2011, 31（10）: 1733-1739.

[89] 马丽君, 郭留留, 龙茂兴. 1994 年来中国入境旅游与对外贸易重心演变及其相关分析 [J]. 经济地理, 2015, 35（11）: 198-204.

[90] 王洁洁, 孙根年, 马丽君. 中韩出入境旅游对进出口贸易推动作用的实证分析 [J]. 软科学, 2010, 24（8）: 30-35.

[91] 石张宇, 程乾, 李海建. 我国国际货物贸易与商务入境旅游间互动关系研究 [J]. 国际商务（对外经济贸易大学学报）, 2019（4）: 28-42.

[92] 卢仁祥. 我国服务贸易与货物贸易联动关系的考察 [J]. 统计与决策, 2017（4）: 142-146.

[93] 张晓英. 中国出境旅游对国际贸易的带动效应及作用机制——

以中美国际旅游为例 [J]. 价格月刊,2018（5）：90-94.

[94] 冯晓阳 . 传统贸易扩张能促进跨境旅游吗——基于中国视角与数据的实证 [J]. 西部皮革,2019,41（9）：100-102.

[95] 包富华 . 多维视角下我国入境旅游与进出口贸易的时空耦合关系研究 [J]. 价格月刊,2019（6）：46-55.

[96] 赵多平,孙根年 . 基于文化关联的旅游与贸易互动路径及机理研究——以宁夏与阿拉伯国家为例 [J]. 地理科学,2017,37（12）：1815-1822.

[97] 孙根年,周露 . 日韩东盟 8 国入境我国旅游与进出口贸易关系的研究 [J]. 人文地理,2012,27（6）：87-94.

[98] 刘祥艳,蒋依依,李玉婷 . 内地—香港出入境旅游与进出口货物贸易之间的相互影响——基于 VECM 模型的实证分析 [J]. 商业研究,2016（2）：117-124.

[99] 徐菊凤 . 关于旅游学科基本概念的共识性问题——兼与若干学者商榷 [C]. 旅游学刊中国旅游研究年会会议,2011.

[100] 李天元 . 旅游学概论(5 版)[M]. 天津：南开大学出版社,2003.

[101] 徐菊凤 . 关于旅游学科基本概念的共识性问题 [J]. 旅游学刊,2011,26（10）：21-30.

[102] 张凌云 . 非惯常环境：旅游核心概念的再研究——建构旅游学研究框架的一种尝试 [J]. 旅游学刊,2009,24（7）：12-17.

[103] 张辉,厉新建 . 旅游经济学原理 [M]. 北京：旅游教育出版社,2011.

[104] 谢彦君 . 旅游的本质及其认识方法——从学科自觉的角度看 [J]. 旅游学刊,2010,25（1）：26-31.

[105] 王玉海 ."旅游"概念新探——兼与谢彦君、张凌云两位教授商榷 [J]. 旅游学刊,2010,25（12）：12-17.

[106] Brida J G, Schubert S F, Risso W A. The Impacts of International Tourism Demand on Economic Growth of a Small Economy[J]. *Revista Turismo & Desenvolvimento*, 2010, 3（2）: págs. 927-928.

[107] Reisinger Yvette. *International tourism：cultures and behavior*[M].Butterworth-Heinemann,2009.

[108] Vellas F，Becherel L. International tourism[J]. *China Monthly Economic Indicators*，2008，19（4）：398-399.

[109] 赵多平.欧洲七国入境中国旅游与进出口贸易的关系研究[D].西安：陕西师范大学,2013.

[110] 张丽苹.旅游业对中国经济增长的影响研究[D].深圳：深圳大学,2018.

[111] 罗欢.重庆市入境旅游服务贸易影响因素研究[D].重庆：重庆大学,2014.

[112] 吴琳萍.旅游服务对我国入境旅游停留时间的影响[J].鹭江职业大学学报,2005.

[113] 钟慧聪.入境旅游对海南经济增长影响的研究[D].三亚：海南热带海洋学院,2019.

[114] 安景梅.内蒙古与蒙古国出入境旅游与进出口贸易互动关系研究[D].西安：陕西师范大学,2015.

[115] Stefańska M，Nestorowicz R. *Development of the Fair Trade Idea in Europe and the United States*[M].Butterwortr Group,2015.

[116] Gilpin A. *Dictionary of economic terms*[M]. Gilpin,1977.

[117] 李小北.国际贸易学学科前沿研究报告[M].北京：经济管理出版社,2013.

[118] 张迪祥.国际经贸地理概论[M].北京：经济科学出版社,1997.

[119] 郎勐.中美国际旅游与国际贸易相关性研究[D].湘潭：湘潭大学,2016.

[120] 江金波,郭祎.中国与"一带一路"沿线国家间出入境旅游与国际贸易互动关系研究[J].旅游导刊,2018,2（5）：89-93.

[121][美]罗伯特·麦金托什,[美]夏希肯特·格波特.旅游学：要素·实践·基本原理[M].薄红,译.上海：上海文化出版社,1985.

[122] 包富华,陈瑛,孙根年.我国入境商务旅游与FDI的空间聚散及形成机制[J].经济管理,2015,37（12）：124-134.

[123] Massidda C，Mattana P. A SVECM Analysis of the Relationship between International Tourism Arrivals，GDP and Trade in Italy[J].*Journal of Travel Research*，2013，52（1）：93-105.

[124] 田里 . 现代旅游学导论 [M]. 昆明：云南大学出版社,1994.

[125] 彭顺生 . 世界旅游发展史 [M]. 北京：中国旅游出版社,2006.

[126][英] 克里斯·库珀, [英] 艾伦·法伊奥 . 旅游学：原理与实践（第 3 版）[M]. 大连：东北财经大学出版社,2007.

[127] Juhász Z, Dudás E, Vágó–Zalán A. A simultaneous search for footprints of early human migration processes using the genetic and folk music data in Eurasia[J]. *Molecular Genetics and Genomics*, 2019.

[128] Vahia M N, Ladiwala U, Mahathe P. Population Dynamics of Early Human Migration in Britain[J]. *Plos One*, 2016, 11（5）: 154641.

[129] Casson L. Travel in the Ancient world[J]. *Classical World*, 1994, 70（5）: 334.

[130] Gibbons A. Ancient Footprints Tell Tales of Travel[J]. *Science*, 2011, 332（6029）: 534–535.

[131] Rossi O. Letters from far away: Ancient epistolary travel writing and the case of Cicero's correspondence[J]. *Dissertations & Theses - Gradworks*, 2010.

[132] Moore J D. *Incidence of travel: recent journeys in ancient South America*[M].University Press of Colorado, 2017.

[133] Kahn R F. The Relation of Home Investment to Unemployment[J]. *Economic Journal*, 1931, 41（162）: 173–198.

[134] Mathieson A, Wall G. Tourism, economic, physical and social impacts[J]. *Geographical Review*, 1982, 73（4）: 466.

[135] 韦永贵,李红 . 中国文化产品出口贸易的影响因素研究——基于文化、地理及制度三维距离的检验 [J]. 现代财经,2016,36（10）: 103–113.

[136] Seaton P. War, Popular Culture and Contents Tourism in East Asia[J]. *Journal of War & Culture Studies*, 2018（2）: 1–7.

[137] 包富华 .FDI 与入境商务旅游的互动关系：过程、格局与机制 [D]. 西安：陕西师范大学,2017.

[138] Radojevic T, Stanisic N, Stanic N. The effects of traveling

for business on customer satisfaction with hotel services[J]. *Tourism Management*, 2018, 67: 326–341.

[139] Nowak J J, Sahli M, Sgro P M. Tourism, Trade and Domestic Welfare[J]. *Pacific Economic Review*, 2003, 8（3）: 245–258.

[140] 刘珍珍,章锦河,包曾婷.旅游流与贸易流的相关性分析 [J].旅游论坛,2009,2（6）:801–806.

[141] 芮明杰,王方华.产业经济学 [M].上海:上海财经大学出版社,1993.

[142] 李红,邹月媚,彭慧丽.国际文化经济学:文化合作经济分析的理论框架 [J].浙江学刊,2013（3）:168–177.

[143] Marrocu E, Paci R. They arrive with new information. Tourism flows and production efficiency in the European regions[J]. *Social Science Electronic Publishing*, 2011, 32（4）: 750–758.

[144] 谢彦君.基础旅游学(第 2 版)[M].2 版.北京:中国旅游出版社,2004.

[145] 勋何,华全.旅游产业结构变动对旅游经济增长和波动的作用机理 [J],2013（8）:104–115.

[146] 罗明义.论旅游经济学的研究对象和内容 [J].旅游研究,2009,1（2）:8–12.

[147] 宋娜.旅游产业技术创新网络模式与特点 [J].企业经济,2012（6）:158–161.

[148] 刘佳,李晨,于水仙.我国沿海地区旅游产业结构与集聚动态关联性研究 [J],2015,61（11）:176–185.

[149] 张沁,王立勇,杨禄尧.贸易自由化对出口产品质量的影响研究——基于中国工业行业面板数据的分析 [J].价格理论与实践,2018（7）:35–38.

[150] 陈晓静.欧盟旅游业发展与经济增长关系研究 [D].上海:华东师范大学,2015.

[151] 何昭丽,张振龙,孙慧.中国旅游专业化与经济增长关系研究 [J].新疆师范大学学报(哲学社会科学版),2018,39（3）:153–162.

[152] Croes R, Ridderstaat J, Niekerk M V. Connecting quality

of life, tourism specialization, and economic growth in small island destinations: The case of Malta[J]. *Tourism Management*, 2018, 65: 212–223.

[153] Romão J, Nijkamp P. Impacts of innovation, productivity and specialization on tourism competitiveness – a spatial econometric analysis on European regions[J]. *Current Issues in Tourism*, 2017（2）: 1–20.

[154] 何昭丽, 张振龙, 孙慧. 中国旅游专业化与经济增长关系研究 [J]. 新疆师范大学学报（哲学社会科学版）, 2018, 39（3）: 151–160.

[155] Vita G D, Kyaw K S. Tourism Specialization, Absorptive Capacity, and Economic Growth[J]. *Journal of Travel Research*, 2016, 56（4）: 0047287516650042.

[156] Chang C L, Khamkaew T, Mcaleer M. IV estimation of a panel threshold model of tourism specialization and economic development[J]. *Social Science Electronic Publishing*, 2012, 18（685）: 5–41.

[157] Arezki R, Cherif R, Piotrowski J. Tourism Specialization and Economic Development: Evidence from the Unesco World Heritage List[J]. *Mpra Paper*, 2009, 9: 1–24.

[158] Giannoni S, Maupertuis M A. Is Tourism Specialization Sustainable for a Small Island Economy? *A Cyclical Perspective*[M]. Advances in modern tourism research, 2007.

[159] 袁冬梅, 魏后凯, 杨焕. 对外开放、贸易商品结构与中国城乡收入差距——基于省际面板数据的实证分析 [J]. 中国软科学, 2011(6): 47–56.

[160] 丁振辉, 翟立强. 高竞争力产品复杂度覆盖率: 贸易质量新指标（基于中日两国的比较）[J]. 国际商务研究, 2016, 37（2）: 30–38.

[161] 赵桢桢, 张华. 我国重要商品出口贸易的质量测度与比较 [J]. 价格月刊, 2019（7）: 39–45.

[162] 王忠文. 浅谈对外贸易的经济效益 [J]. 南开管理评论, 1994（3）: 39–41.

[163] 滑冬玲. 我国对外贸易经济效益问题研究 [J]. 兰州商学院学

报,2001（S2）:123-126.

[164] 徐润兰.中国对外贸易经济效益评价研究 [D].上海:上海外国语大学,2017.

[165] 史小芳.山西煤炭出口贸易经济效益分析 [D].太原:山西财经大学,2008.

[166] 王明涛,谢建国.自由贸易协定与中国出口产品质量——以中国制造业出口产品为例 [J].国际贸易问题,2019（4）:50-63.

[167] 韩会朝,徐康宁.中国产品出口"质量门槛"假说及其检验 [J].中国工业经济,2014（4）:58-70.

[168] Throsby D. *Economics and culture*[M]. Cambridge University Press, 2001.

[169] 李永芬.东南亚入境旅游发展现状浅析 [J].现代商业,2011（15）:153-155.

[170] Kuchiki A, Gokan T, *Maruya T. Railway-Led Formation of the Agriculture-Food-Tourism Industry Cluster: Escaping the Middle-Income Trap*[M]. Palgrave Macmillan, 2017.

[171] 何昭丽,张振龙,孙慧.中国旅游专业化与经济增长关系研究 [J].新疆师范大学学报(哲学社会科学版),2018,39（3）:151-160.

[172] 张达君.东北地区高技术产业发展对经济增长的影响研究 [D].长春:东北师范大学,2018.

[173] 郝艳萍.中国与一带一路沿线国家贸易结构对产业结构的影响研究 [D].哈尔滨:哈尔滨工业大学,2018.

[174] Shi C. On the trade-off between the future benefits and riskiness of R&D: a bondholders' perspective[J]. *Journal of Accounting & Economics*, 2003, 35（2）: 227-254.

[175] Postmus D, Richard S, Bere N. Individual Trade-Offs Between Possible Benefits and Risks of Cancer Treatments: Results from a Stated Preference Study with Patients with Multiple Myeloma[J]. *Oncologist*, 2018, 23（1）: 44-51.

[176] Wilson J S, Mann C L, Otsuki T. Assessing the Benefits of Trade Facilitation: A Global Perspective[J]. *World Economy*, 2010, 28（6）: 841-871.

[177] 杜兴鹏.中国—东盟海上互联互通建设研究 [D]. 南宁：广西大学,2015.

[178] 陈辉.法国介入马里内战、朝鲜重开核试验、缅甸内战何时休？[J]. 华北民兵,2013（3）：54-55.

[179] 王公为,乌铁红.内蒙古入境旅游与进出口贸易关系的区域差异——基于 12 个盟市面板数据的实证检验 [J]. 干旱区资源与环境,2017,31（2）：203-208.

[180] 刘祥艳.旅游流与货物贸易的相互影响：来自内地和香港地区的数据 [J]. 旅游研究,2016,8（1）：70-75.

[181] 樊欢欢,凌云.Eviews 统计分析与应用 [M]. 北京：机械工业出版社,2009.

[182] 储昭昉,王强.航空物流与国际贸易的关系：基于中国的实证研究 [J]. 国际贸易问题,2010（5）：19-24.

[183] 吴连霞,赵媛,马定国.江西省人口与经济发展时空耦合研究 [J],2015,35（6）：742-748.

[184] 陈虹,杨成玉.“一带一路”国家战略的国际经济效应研究——基于 CGE 模型的分析 [J]. 国际贸易问题,2015（10）：4-13.

[185] 张勇,蒲勇健,陈立泰.城镇化与服务业集聚——基于系统耦合互动的观点 [J],2013（6）：57-69.

[186] 梁碧波.美国的贸易保护："国家利益"决定抑或"利益集团"导向（基于美国制造业的实证分析）[J],2009（9）：19-25.

[187] Tinbergen J. *Shaping the World Economy：Suggestions for an International Economic Policy*[M]. New York：The Twentieth Century Fund,1962.

[188] Pöyhönen P. A Tentative Model for the Volume of Trade between Countries[J]. *Weltwirtschaftliches Archiv*, 1963, 90：93-100.

[189] Chen X. Study on Xinjiang's bilateral trade using a gravity model[J]. *Asia Europe Journal*, 2008, 6（3-4）：507-517.

[190] Lu H. Learning outcomes for Chinese outbound group tourists[J]. Publications arising from this thesis are available from the Related URLs field. The publications are：Pearce, Philip L., and Lu, Huan（Ella）（2011）A framework for studying the learning outcomes

of Chinese outbound group tourists. *Journal of China Tourism*, 2013.

[191] Lee C G. The dynamic interactions between hotel room rates and international inbound tourists: Evidence from Singapore[J]. *International Journal of Hospitality Management*, 2010, 29（4）: 758-760.

[192] 黄庆波.“一带一路”倡议下我国与沿线国家的贸易格局重构分析 [J]. 国际贸易, 2017（1）: 56-60.

[193] 黄新飞, 翟爱梅, 李腾. 双边贸易距离有多远: 一个文化异质性的思考 [J]. 国际贸易问题, 2013（9）: 28-36.

[194] Guiso L, Sapienza P, Zingales L. Does Culture Affect Economic Outcomes? [J]. *Cepr Discussion Papers*, 2006, 20（2）: 23-48.

[195] 朱晓文, 吕长江. 家族企业代际传承: 海外培养还是国内培养？ [J]. 经济研究, 2019, 54（1）: 70-86.

[196] 黄新飞. 国际贸易、FDI 和国际 R&D 溢出——基于中国省份面板数据的实证分析 [J]. 中山大学学报(社会科学版), 2018, 58（2）: 187-196.

[197] 黄新飞, 关楠, 翟爱梅. 遗传距离对跨国收入差距的影响研究: 理论和中国的实证分析 [J]. 经济学(季刊), 2014, 13（3）: 1127-1146.

[198] 黄新飞, 舒元, 徐裕敏. Institutional Distance and Cross National Income Gaps[J]. 中国经济学人: 英文版, 2014, 9（2）: 76-89.

[199] Spolaore E, Wacziarg R. The Diffusion of Development[J]. *The Quarterly Journal of Economics*, 2009, 124（2）: 469-529.

[200] 黄新飞, 李元剑, 张勇如. 地理因素、国际贸易与经济增长研究——基于我国 286 个地级以上城市的截面分析 [J]. 国际贸易问题, 2014（5）: 45-53.

[201] Ashraf Q, Galor O. Dynamics and stagnation in the Malthusian epoch[J]. *American Economic Review*, 2011, 101（5）: 41.

[202] Frankham G J, Hinds M C, Johnson R N. Development of 16 forensically informative microsatellite loci to detect the illegal trade of broad headed snakes（Hoplocephalus bungaroides）[J]. *Conservation*

Genetics Resources, 2015, 7（2）: 533-535.

[203] Bellina B. Development of maritime Trade Polities and diffusion of the "South China Sea Sphere of Interaction pan-regional culture": The Khao Sek excavations and industries' studies contribution[J].*Archaeological Research in Asia*, 2017.

[204] Aziz N, Hossain B, Mowlah I. Does the quality of political institutions affect intra-industry trade within trade blocs？ The ASEAN perspective[J]. *Applied Economics*, 2018（3）: 1-15.

[205] Wang C. China-ASEAN Free Trade Area Development Status Quo and Trade Effect Analysis[J].*Modern Economy*, 2018.

[206] 王亚玲, 李振环. 国内出境旅游的研究综述 [J]. 国土与自然资源研究, 2017（1）: 82-84.

[207] 黎文靖, 郑曼妮. 实质性创新还是策略性创新——宏观产业政策对微观企业创新的影响 [J]. 经济研究, 2016, 51（4）: 60-73.

[208] Bending Z J. Improving conservation outcomes: understanding scientific, historical and cultural dimensions of the illicit trade in rhinoceros horn[J]. *Environment & History*, 2018, 24（2）.

[209] Baigol I G, J. Travel agencies[J]. *Estudis De Turisme De Catalunya*, 2001.

[210] Shapiro D, Shi X. Market Segmentation: The Role of Opaque Travel Agencies[J]. *Journal of Economics & Management Strategy*, 2008, 17（4）: 803-837.

[211] Khalaf R W. World Heritage policy on reconstruction: from exceptional case to conservation treatment[J]. *International Journal of Cultural Policy*, 2018（2）: 1-15.

[212] Ripp M, Rodwell D. *Governance in UNESCO World Heritage Sites: Reframing the Role of Management Plans as a Tool to Improve Community Engagement*[M]. Aspects of Management Planning for Cultural World Heritage Sites. 2018.

[213] Huang C W. Assessment of efficiency of manual and non-manual human resources for tourist hotel industry[J]. *International*

Journal of Contemporary Hospitality Management, 2017, 29 （4）: 1074-1095.

[214] Gutiérrez M D, Tørset T, Skjetne E. Tourist traffic simulation as a protected area management tool. The case of Serengeti National Park in Tanzania[J]. *Tourism Management Perspectives*, 2017, 22: 54-63.

[215] Liu C J, Feng X G, Gao J. Changes in the structure of the tourism industry and their effect on the growth of the tourism economy in China[J]. *Tourism Tribune*, 2014, 29 （8）: 37-49.

[216] Valente S, Brau R, Lanza A. Specialised trade, growth differentials and the performance of tourism economies[C]. Papers From the "second International Conference on Tourism and Sustainable Economic Development: Macro and MICRO Economic Issues", Sardinia, Italy, 15-16 September, 2008.

[217] 李坤望, 王有鑫 .FDI 促进了中国出口产品质量升级吗——基于动态面板系统 GMM 方法的研究 [J]. 世界经济研究, 2013 （5）: 60-66.

[218] Lanza A, Temple P, Urga G. The implications of tourism specialisation in the long run: an econometric analysis for 13 OECD economies[J].*Tourism Management*, 2003, 24 （3）: 315-321.

[219] Hansen B E J J O E. Threshold effects in non-dynamic panels: Estimation, testing, and inference[J].*Boston College Department of Economics*, 1999,93 （2）: 345-368.

[220] 刘京星, 黄健柏, 刘天琦 . 中国与 "一带一路" 国家钢铁产能合作影响因素研究——基于多维动态距离的新视角 [J]. 经济地理, 2018 （10）: 99-110.

[221] 綦建红, 杨丽 . 中国 OFDI 的区位决定因素——基于地理距离与文化距离的检验 [J]. 经济地理, 2012,32 （12）: 40-46.

[222] 韦永贵, 李红周 . 城市外交会引致文化产品出口贸易增长吗——基于友好城市数据的实证检验 [J]. 现代经济探讨, 2018 （2）: 62-71.

[223] Santos A, Cincera M. Tourism demand, low cost carriers

and European institutions: The case of Brussels[J]. *Journal of Transport Geography*, 2018, 73.

[224] Moutinho L, Curry B, Rita P. *Expert Systems in Tourism Marketing*[M]. 1996.

[225] 刘志彪, 张杰. 我国本土制造业企业出口决定因素的实证分析 [J]. 经济研究, 2009（8）: 99-112.

[226] 杨逢珉, 程凯. 贸易便利化对出口产品质量的影响研究 [J]. 世界经济研究, 2019（1）: 93-104.

[227] Sachs J D, Warner A, Åslund A. Economic Reform and the Process of Global Integration[J]. *Brookings Papers on Economic Activity*, 1995, 1995（1）: 1-118.

[228] Dollar D. Outward-Oriented Developing Economies Really Do Grow More Rapidly: Evidence from 95 LDCs, 1976-1985[J]. *Economic Development & Cultural Change*, 1992, 40（3）: 523-544.

[229] Harrison A. Openness and growth: A time-series, cross-country analysis for developing countries[J]. *Journal of Development Economics*, 1996, 48（2）: 419-447.

[230] Arezki R, Rick V D P. Can the Natural Resource Curse Be Turned Into a Blessing？ The Role of Trade Policies and Institutions[J]. *Oxcarre Working Papers*, 2008（7）: 55.

[231] 贾中华, 梁柱. 贸易开放与经济增长——基于不同模型设定和工具变量策略的考察 [J]. 国际贸易问题, 2014（4）: 14-22.

[232] 陈怡, 田靖, 孙文远. 国际贸易对性别工资差距的影响: 基于 CHFS 数据的研究 [J]. 世界经济研究, 2018（5）: 95-111.

[233] 黄玖立, 李坤望, 晓鸥. 出口开放、地区市场规模和经济增长 [J]. 经济研究, 2006（6）: 27-38.

[234] Kali R, Méndez F, Reyes J. Trade structure and economic growth[J]. *Journal of International Trade & Economic Development*, 2007, 16（2）: 245-269.

[235] Bendix R F. *Culture and Value: Tourism, Heritage, and Property*[M]. 2018.

[236] 李杨, 车丽波. 中国 OFDI 的贸易产品结构效应——基于国

家异质性的分析 [J]. 湖北大学学报（哲学社会科学版）,2019,46（4）:145–152.

[237] 隋月红,赵振华.出口贸易结构的形成机理：基于我国1980–2005年的经验研究 [J]. 国际贸易问题,2008（3）:9–16.

[238] 陈蕾.我国知识密集型服务贸易发展及其经济效应研究 [D].武汉：武汉理工大学,2012.

[239] 刘玉萍,郭郡郡.入境旅游与对外贸易的关系——基于中国2001—2008年月度数据的实证分析 [J]. 经济地理,2011,31（4）:696–700.

[240] 黄蓉.中国对外贸易结构与产业结构的互动关系研究 [D].上海：上海社会科学院,2014.

[241] 石张宇.我国国际货物贸易与出入境旅游的互动关系及其溢出效应 [J]. 统计与决策,2019,35（6）:124–127.

[242] 李如友,黄常州.中国交通基础设施对区域旅游发展的影响研究——基于门槛回归模型的证据 [J]. 旅游科学,2015,29（2）:1–13.

[243] 陶元磊,李强.高校科研经费配置结构与科研绩效的门槛效应——以教育部直属高校为例 [J]. 技术经济,2016,35（2）:42–48.

[244] Dai X F, Sun P P. Non-linear relationships between income and outbound tourism rate: empirical evidence based on threshold panel models[J]. *Tourism Tribune*,2014, 29（9）: 13–23.

[245] 倪永华.谈商务旅游者的心理特点 [J]. 旅游科学,1994（1）:31–35.

[246] 吴晋峰,潘旭莉.入境旅游流网络与航空网络的关系研究 [J]. 旅游学刊,2010,25（11）:39–43.

[247] 吴乐杨.旅游与和平：旅游互动在两岸关系和平发展中的功能机制分析 [J]. 厦门特区党校学报,2013（4）:52–57.

[248] Bustos F, López J, Julián VSTRS: Social Network Based Recommender System for Tourism Enhanced with Trust[C]. International Symposium on Distributed Computing & Artificial Intelligence, 2009.

[249] 曹正伟.两岸旅游发展与政治关系之间的交互影响 [J]. 旅游学刊,2012,27（11）:81–88.

[250] 吴乐杨.旅游与政治：观光旅游在两岸关系和平发展中的角色功能 [J].湖北行政学院学报,2013（5）:36-40.

[251] Chen Q, Cheng J, Wu Z. Evolution of the Cultural Trade Network in "the Belt and Road" Region: Implication for Global Cultural Sustainability[J]. *Sustainability*, 2019, 11（10）: 2744.

[252] 卿志军.旅游文化传播学研究 [M].成都:四川大学出版社,2009.

[253] 王慧轩.城市商务旅游运行系统研究 [D].天津:天津大学,2010.

[254] Chaangiuan H, Lin M H, Chen H M. Web users' behavioural patterns of tourism information search: from online to offline[J]. *Tourism Management*, 2012, 33（6）: 1468-1482.

[255] 方远平,谢蔓,毕斗斗.中国入境旅游的空间关联特征及其影响因素探析——基于地理加权回归的视角 [J].旅游科学,2014,28（3）:22-35.

[256] 唐志.中国进口技术溢出效应实证研究 [J].改革与战略,2008,24（2）:42-44.

[257] 张遵东.论科学技术对旅游业发展的影响 [J].贵州省党校学报,2003（2）:56-58.

[258] 汪德根,宋玉芹,刘昌雪.商务旅游城市发展的系统动力学仿真研究——以苏州工业园区为例 [J].地理科学进展,2013,32（3）:486-496.

[259] 宋玉芹.商务旅游城市发展动力系统及运行机理研究——以苏州工业园区为例 [D].苏州:苏州大学,2012.

[260] 温忠麟,侯杰泰,张雷.调节效应与中介效应的比较和应用[J].心理学报,2005（2）:268-274.

[261] Rajan R G, Zingales L. Financial Dependence and Growth, American Economic Review: June, 1998.

[262] 于蔚,汪淼军,金祥荣.政治关联和融资约束:信息效应与资源效应 [J].经济研究,2012,47（9）:125-139.

[263] 张洪胜.贸易自由化、融资约束与中国外贸转型升级 [D].杭州:浙江大学,2017.

[264] Greif A. Cultural Beliefs and the Organization of Society： A Historical and Theoretical Reflection on Collectivist and Individualist Societies[J]. *Journal of Political Economy*，1994，102（5）：912-950.

[265] 曾燕萍. 信任及其对经济发展的影响：一个研究综述 [J]. 国外社会科学,2019,332（2）:76-82.

[266] 曹春方,夏常源,钱先航. 地区间信任与集团异地发展——基于企业边界理论的实证检验 [J]. 管理世界,2019,35（1）:179-191.

[267] 黄立群. 基于共生型国际秩序的中国—东盟命运共同体研究 [D]. 南宁：广西大学,2016.

[268] 魏昀妍,樊秀峰. 双边政治关系与中国对亚欧国家出口贸易增长分析——基于三元边际视角 [J]. 国际经贸探索,2017,33（7）:60-73.

[269] 杨旸,刘宏博,李想. 文化距离对旅游目的地选择的影响——以日本和中国大陆出境游为例 [J]. 旅游学刊,2016,31（10）:45-55.

[270] 周玲强. 文化距离对国际旅游目的地选择行为的影响：以中国入境游市场为例 [J]. 浙江大学学报（人文社会科学版）,2017（4）:132-144.

[271] Tadesse B，White R. Cultural distance as a determinant of bilateral trade flows： do immigrants counter the effect of cultural differences?[J]. *Applied Economics Letters*，2010，17（2）：147-152.

[272] White R，Tadesse B. Cultural Distance and the US Immigrant&ndash；Trade Link[J]. *Global Economy Journal*，2014，31（8）：1078-96.

[273] Kogut B，Singh H. The Effect of National Culture on the Choice of Entry Mode[J]. *Journal of International Business Studies*，1988，19（3）：411-432.

[274] 庞闻,马耀峰,郑鹏. 五种旅游信息传播模式的比较与整合 [J]. 旅游学刊,2012,27（5）:74-79.

[275] Kawano T. Toward an agricultural location theory in practice[J]. *Journal of Ryutsu Keizai University*，1970，32：27-47.

[276] Peeters P，Dubois G. Tourism travel under climate change mitigation constraints[J]. *Journal of Transport Geography*，2010，18

（3）：447–457.

[277] Nazmfar H，Eshghei A，Alavi S. Analysis of travel and tourism competitiveness index in middle-east countries[J]. *Asia Pacific Journal of Tourism Research*，2019，24（6）：501–513.

[278] 孙媛媛.信息化对我国旅游市场影响的实证分析 [J].旅游科学,2016,30（3）: 1–12.

[279] 张世伟,吕世斌.库兹涅茨倒 U 假说:基于相对收入不平等的视角 [C].21 世纪数量经济学(第 7 卷),2006.

[280] Navío-Marco J，Ruiz-Gómez L M，Sevilla-Sevilla C. Progress in information technology and tourism management：30 years on and 20 years after the internet – Revisiting Buhalis & Law's landmark study about eTourism[J]. *Tourism Management*，2018，69：460–470.

[281] 唐睿,冯学钢.中国入境旅游效率测算及影响因素——基于"一带一路"沿线国家随机前沿引力模型的实证 [J].经济问题探索,2018（7）: 60–67.